基督教文化研究丛书

主编 何光沪 高师宁

十编 第 **10** 册

我你他：通向圣灵文学之途

刘 光 耀 著

花木兰文化事业有限公司

国家图书馆出版品预行编目资料

我你他：通向圣灵文学之途／刘光耀 著 –– 初版 –– 新北市：
花木兰文化事业有限公司，2024〔民113〕
序4+ 目2+190 面；19×26公分
（基督教文化研究丛书 十编 第10册）
ISBN 978-626-344-623-6（精装）
1.CST：陀思妥耶夫斯基（Fyodor Dostoyevsky）2.CST：小说
3.CST：基督教 4.CST：宗教文学
240.8   112022498

ISBN-978-626-344-623-6

9 786263 446236

基督教文化研究丛书

十编 第十册   ISBN：978-626-344-623-6

我你他：通向圣灵文学之途

作　　者 刘光耀
主　　编 何光沪、高师宁
执行主编 张　欣
企　　划 北京师范大学基督教文艺研究中心
总 编 辑 杜洁祥
副总编辑 杨嘉乐
编辑主任 许郁翎
编　　辑 潘玟静、蔡正宣　美术编辑 陈逸婷
出　　版 花木兰文化事业有限公司
发 行 人 高小娟
联络地址 台湾235 新北市中和区中安街七二号十三楼
　　　　 电话：02-2923-1455／传真：02-2923-1452
网　　址 http://www.huamulan.tw 信箱 service@huamulans.com
印　　刷 普罗文化出版广告事业
初　　版 2024年3月
定　　价 十编15册（精装）新台币40,000元　　　　版权所有 请勿翻印

我你他：通向圣灵文学之途

刘光耀 著

作者简介

刘光耀，河南省舞阳县后刘村人。湖北文理学院神学美学研究所所长、教授（退休）。主要从事基督教哲学、神学诗学研究（参《基督时报》2018年1月1日"深度访谈：'神学诗学'创始人刘光耀"）及文学评论。自1980年迄今在国内外（加拿大、英国、芬兰、澳洲）发表论文九十余篇，著有《诗学与时间》、《四福音解读》等，编著《神学诗学十四诗人谈》，翻译3种，诗集《爱，死，忧郁，天使的迷狂》，学术论丛《神学美学》主编。

提　要

人称代词我你他的发生是个重要的语言学和生存论事件，人类通往存在之途由之而更行畅达。但人却由"我"的在先性而将"我"从"你"、"他"的三位一体中孤立出来，宰制"你"、"他"，并使"我"成为外在于"你"、"他"的"他"。这种以"我"为大实为独白型小说叙事的原罪渊薮。

陀思妥耶夫斯基的复调型小说，显露出独白型小说叙事乃原罪在文学中的深度藏匿，非基督徒和基督徒作者概莫能外。

陀氏能在叙事中祛除罪的滋扰，缘于对上帝圣灵身位的站入。上帝有父子灵三个位格，由于上帝就是言说本身，这使上帝的位格同时兼具类似我你他的身位性。这既使人凭靠圣灵得与上帝我—你平等对话，并从而使作者站入圣灵的圣灵文学成为可能。

所谓站入圣灵，即作者与上帝、作者与主人公、主人公与主人公皆成为我—你平等对话的主体，同时平等面对似乎不在作品中出场却时时在场的基督。

传统小说致力于描绘主人公的"形象"，陀思妥耶夫斯基复调型小说则致力于呈现主人公的言说"样式"，使作者、主人公、上帝皆成为相互独立平等的"自在之我"和"自在之你"。陀氏实际上完成了小说叙事和基督信仰方式的双重范式转换。由之，本书对所谓圣灵文学及相关的诗学问题做出了新的论述。

献给——

金峰
我的妻子

胶和漆
如此美丽

爱和爱
和永生

神和人，人和人
神人和神人

2020.8.17

"基督教文化研究丛书"总序

何光沪　高师宁

　　基督教产生两千年来，对西方文化以至世界文化产生了广泛深远的影响——包括政治、社会、家庭在内的人生所有方面，包括文学、史学、哲学在内的所有人文学科，包括人类学、社会学、经济学在内的所有社会科学，包括音乐、美术、建筑在内的所有艺术门类……最宽广意义上的"文化"的一切领域，概莫能外。

　　一般公认，从基督教成为国教或从加洛林文艺复兴开始，直到启蒙运动或工业革命为止，欧洲的文化是彻头彻尾、彻里彻外地基督教化的，所以它被称为"基督教文化"，正如中东、南亚和东亚的文化被分别称为"伊斯兰文化"、"印度教文化"和"儒教文化"一样——当然，这些说法细究之下也有问题，例如这些文化的兴衰期限、外来因素和内部多元性等等，或许需要重估。但是，现代学者更应注意到的是，欧洲之外所有人类的生活方式，即文化，都与基督教的传入和影响，发生了或多或少、或深或浅、或直接或间接，或片面或全面的关系或联系，甚至因它而或急或缓、或大或小、或表面或深刻地发生了转变或转型。

　　考虑到这些，现代学术的所谓"基督教文化"研究，就不会限于对"基督教化的"或"基督教性质的"文化的研究，而还要研究全世界各时期各种文化或文化形式与基督教的关系了。这当然是一个多姿多彩的、引人入胜的、万花筒似的研究领域。而且，它也必然需要多种多样的角度和多学科的方法。

　　在中国，远自唐初景教传入，便有了文辞古奥的"大秦景教流行中国碑颂并序"，以及值得研究的"敦煌景教文献"；元朝的"也里可温"问题，催生了民国初期陈垣等人的史学杰作；明末清初的耶稣会士与儒生的交往对话，带来了中西文化交流的丰硕成果；十九世纪初开始的新教传教和文化活动，更造成了中国社会、政治、文化、教育诸方面、全方位、至今不息的千古巨变……所有这些，为中国（和外国）学者进行上述意义的"基督教文化研究"提供了极其丰富、取之不竭的主题和材料。而这种研究，又必定会对中国在各方面的发展，提供重大的参考价值。

就中国大陆而言，这种研究自 1949 年基本中断，至 1980 年代开始复苏。也许因为积压愈久，爆发愈烈，封闭越久，兴致越高，所以到 1990 年代，以其学者在学术界所占比重之小，资源之匮乏、条件之艰难而言，这一研究的成长之快、成果之多、影响之大、领域之广，堪称奇迹。

然而，作为所谓条件艰难之一例，但却是关键的一例，即发表和出版不易的结果，大量的研究成果，经作者辛苦劳作完成之后，却被束之高阁，与读者不得相见。这是令作者抱恨终天、令读者扼腕叹息的事情，当然也是汉语学界以及中国和华语世界的巨大损失！再举一个意义不小的例子来说，由于出版限制而成果难见天日，一些博士研究生由于在答辩前无法满足学校要求出版的规定而毕业受阻，一些年轻教师由于同样原因而晋升无路，最后的结果是有关学术界因为这些新生力量的改行转业，后继乏人而蒙受损失！

因此，借着花木兰出版社甘为学术奉献的牺牲精神，我们现在推出这套采用多学科方法研究此一主题的"基督教文化研究丛书"，不但是要尽力把这个世界最大宗教对人类文化的巨大影响以及二者关联的方方面面呈现给读者，把中国学者在这些方面研究成果的参考价值贡献给读者，更是要尽力把世纪之交几十年中淹没无闻的学者著作，尤其是年轻世代的学者著作对汉语学术此一领域的贡献展现出来，让世人从这些被发掘出来的矿石之中，得以欣赏它们放射的多彩光辉！

2015 年 2 月 25 日
于香港道风山

自 序

　　本书粗浅的研究从我、你、他三个人称代词开始。但这里研究的不是语言学，而是由对人称代词的哲学、神学勘察，探明文学何以走向圣灵文学之途。笔者没有径指圣灵文学，乃是考虑到这里所涉及的事情以前人们所论无多，相关的概念、命题、逻辑构建难以一蹴而就，其中的逻辑脉络需逐渐呈示，这便使得下笔似乎离题万里了。但诗学需要哲学的核准，哲学需要神学的核准，倘缺乏了哲学、神学根基，诗学——这里说的首先是神学诗学——是难站稳的。因此，笔者恳请读者朋友给予些阅读的耐心。好在书薄，不久您即可发现，磨刀不误砍柴工，"离题万里"其实是"近在咫尺"的。

　　本书的研究起点，归结在三个人称代词上。但"归结"却不是说"只有"，而是说作为"能指"符号，每个人称代词都不止一个，其"所指"概念也有区别，但相关的指称对象却只有相应的三个。

　　要对整个人类语言中的人称代词做出计量，即使对渊博的语言学家恐怕也是很难的，更不用说笔者。我的想法仅是依据当下汉语人称代词的情况做出些梳理，以一斑窥豹。即使这样，笔者晓得亦需做出明确的自我限制。因为梳理等也离不开足够的资料。笔者所能做的，主要是以当前汉语中人称代词的使用情况为参照，对人称代词的性质和功能做出些辨析归结。

　　当然，即使仅以现代汉语作论，说人称代词只有我、你、他三个，乍看像也欠妥的。如以第一人称为例，"我"、"吾"、"余"、"俺"、"咱"、"本人"、"鄙人"乃至于"在下"、"洒家"、甚至"朕"等，在一定语境或出于特定修辞考虑，至今也都仍可为指"我"的代词。它们不称"我"而听者知其所指为"我"，并且其还可能表达出"我"所难以表达的更丰富、生动的概念意涵和文化承载。

不过，这也让我们看到，它们虽并不言"我"，却也充任着指称"我"的功能。比如"余"、"吾"，虽然其声音形象与"我"有异，并且其对"我"的概念描绘或表达亦不尽同，但与"我"所指的那个对象，却是一样的。比如，不论张三自称为"我"、"余"、"吾"、"在下"等，它们指的都是他同一个张三。赘言之，它们的声音形象、概念规定、以及文字图像都不同，但它们所指的那个"人"却并无不同。虽然这个人在这些词语中的出场形象有不同，但这个人的自在地在场，却是未变的。正是因为这个原因，不论这个人自称"余"、"吾"、"在下"还是"我"，我们都晓得他说的就是他本人，是他的那个"我"：张三。

显然，这便很容易使人询问：既然说同一个人、同一个"我"的代词不一而足，为什么如今独独"我"被挑选出来作为指"我"之词呢？

实在说，我是不确定的。但显而易见的是，它集中在"我"这个词上，首先便是赋予了该词更普遍的指称品格或指称功能。而这则无疑意味着，在时刻都身处与他人的言说状态中的人，需要一个具有最大普遍性的、相对固定的人称代词。也就是说，人们选中哪个词是次要的，但人们需要这样一个词，这样一个"普遍之词"，却是重要的，是受语言的使用、语言演进（或"演变"等）本身的内在规律、内在逻各斯所推动的。语言言说本身的需要，要求把各种各样、五光十色的称"我"之词集中在一个词身上，要求一个关于"我"的"普遍之词"。在汉语里，这个词落在了"我"身上。在英语中它成了"I"，德语是"Ich"，法语为"Je"，如此等等。我们做汉语翻译时，通常都将之译为"我"，原因也在这里。尽管翻译难免会遗漏些什么，但在指称对象为"我"这个人这一点上，它们与"我"是契合无间的。它们是相应语种中指称"我"的那个"普遍之词"，与"我"在汉语中的情形相同。或者说，我们认为它们基本相同，否则我们也就不会以"我"相译了。当我们说人称代词只有三个时，也便是在这个意义上说的。

接下来的问题便是：一个人称代词若要被挑出来充任那个"普遍之词"的话，它需要具备什么样的条件呢？

仍以"我"为例。我们知道，人称代词不是随着语言的出现一开始就出现的，它与人意识的成长、存在方式、语言能力和表达方式等密相牵缠，这也是

"朕"、"余"、"吾"等说的虽都是"我"那个人，但却语义彼此不同的原因。这就是说，若说"我"成了人称代词中的幸运儿，它自身本有的内在语义含义也一定与之有关，其间一定存在着某种堪称"语义相关性"的东西。这种相关性甚至关乎于文字的图形，因作为象形性文字，汉语之所指概念并不与文字图符相分离。我不敢妄言其它语言，但在汉语，情形应是如此。

那么，"我"的什么语义品性使得它成了这样一个词呢？

从字形上看，作为会意字，"我"是"执戈为我"的。显然，一个人手执矛戈，无疑是个炫耀、诉诸武力、强梁或攻击性的意象，与充满谦卑意味的"余"、不乏忠厚意味的"吾"，以及不卑不亢而略含谦卑的"本人"等判然有别。"朕"、"孤"、"寡"也与之判然有别。"朕"、"孤"、"寡"虽也指"我"那个人，但那人却是与人孤立、分离、缺乏相互对待的，而"我"却以人与人在言说中的相互对待、共在为前提。而且，更关键的还在于，它能够"幸运"地成为那个"普遍之词"，还恰恰在于其"执戈为我"的那种主动或强势所在。因在逻各斯上，在我、你、他三造中，"我"总是"你"、"他"的规定者，"你"、"他"都是"我"的"你"、"他"，都因"我"而来，乃"我"的产物。"你"显然是对"我"而言的，只有当"我"称你为"你"之际，你才是一个"你"。虽然"他"之为"他"与"你"的存在或介入相关，无"你"则无以言"他"，但由于无"我"则无"你"，"我"仍系"他"的最终命名者。我想，我们后来的分析应已努力表明，不论在逻辑或实际上，大体都是这样的。

使"我"得被挑选出来的，也许还有更广大的原因，即现代性发生后，个体主体意识的醒觉、确立。而这一点的根基则恰在于基督教关于上帝是绝对者、上帝爱人的信仰。这种信仰从意识上彻底解除了世界对人的任何拘限，使人得在对上帝的崇拜中，在与上帝召唤-应答的互动中，成为彻底的个体性、主体性的、与上帝也平起平坐存在。这里的辩证法在于：这种主体性首先是消极性的，它最大限度地解除了世界对人的约束，从而使人获得了最大限度的自由，即消极的、对世界说"不"的自由；其次，它又是积极的，使人获得了从未有过的主体身份，以至于能够直面上帝，与上帝自由对话。

必须强调，由于这种主体性的消极性，"我"在语义上那种"执戈为我"的攻击、强势，也悄悄然是被消解掉了，只是成为标示在与对话伙伴关系中"我"的所处位置（即"身位"。详后）的标志；另一方面，由于这种主体性的积极性，在身位中，"我"获得了与上帝三一的某种同构（详后）。正是我你他三一与上帝三一的某种同构，为我们开出了通向所谓圣灵文学的道路。

　　该书应该是笔者最后一本有关神哲学、神学诗学的书了，虽然阅读和思考不会止息，但这样的书却很难再写了，毕竟岁数不饶人呢。想到这里，我不禁对三十多年来一直引导并兄长般扶持我成长的老师何光沪、高世宁两位先生，倍觉感激。有诗为证：

　　　　恩师啊，
　　　　容我记着您的名字！
　　　　您的胸前——
　　　　也容我靠依；
　　　　有一日，在天国芳庄
　　　　容我再去叩响您的家门，
　　　　再次地——披满
　　　　师母的洞见、美善，
　　　　满屋的光明漫溢！

于 2022.11.24（感恩节）

目次

一、我你他的哲学审视

1

我们的语言何其恢弘奇奥，词汇何其璀璨浩瀚——真如未有霾雾以前的夏夜星空！

可我们所有的人称代词实际上却几乎只能归结为三个：我、你、他！[1] 多一个都没有了！

是的，还有"我们"、"你们"、"他们"。可它们岂不只是前者的依附、量上的增扩？个体附会扩展成了群体，一个人附会扩展成了一群人。因"们"仅是个附缀，其存在和涵义端赖其附着其上的主词"我"、"你"、"他"所规定。没有"们"，"我"、"你"、"他"的所指清晰明白，毫不含糊，可单独的"们"则不知所云。如"我们"的语义立足于"我"，不过是以"我"的所指为标志或以"我"为主体或代言的一群人。试想："我们"不刚就是"我"站在我的位置、因着我与之同在的缘故所指称的那个群体吗？同理，"你们"、"他们"也只不过是我站在我的位置上对与我不相属的相关人群的称谓了。

2

这情形让人多么惊讶！

以人类数量之巨、历史之久、语言创造力之大，何故至今竟无哪怕再多一个的人称代词被创造出来？自古至今，人的数量多如恒河之沙，人与人间相交

---

1 参本书"自序"。

相待的行为、方式岂"无以数计"之能了得？在"言说"这个恢弘浩大、气象万千的舞台上，曾经并正在登台的人物何其光怪陆离，人的语言行为何其缤纷杂陈，气象万千，可我们却只有这区区三个人称代词！人称代词何竟如此贫乏，人类亦何竟允许自己只有可怜的三个人称代词来代指所有的人？难道我们就只能非此即彼或他地分属这三个代词中的一个？竟不能再多造出些人称代词了吗？人创造人称代词的才能何竟如此渺小，如此微弱不堪？

可事情就是这样！

这不禁使人询问：就中可有什么奥秘吗？

3

不难看出，在说话的逻各斯（logos）上，"我"是"你"、"他"在事实和逻辑两方面的起点。

在事实上，只能是"我"先称你为"你"，而不可能是"你"先称我为"我"。逻辑上亦然：若没"我"，没我如此这般称你为"你"，则你之为"你"将从何来？在事实和逻辑两个方面，"你"都只是相对于"我"而言的，都是"我"的创造物，是我称之为"你"的，你不可能称你为"你"。

这就是说，我是在先的、首要的、第一位的，"你"则是在后、次要、第二位的。"我"所以是"第一人称"，缘由在此。

4

"你"由"我"称，那么，是谁称我为"我"呢？

（1）是我。我是"我"的命名者。也就是说，我当然知道我的名字，我姓啥名谁："刘子"；但我的名字是别人的口所起（一般是这样。即使后来我又给自己重新起了名字，但起初，即我最早的名字，一定是别人起的），并且是为了给别人的口所称叫的。别人只会叫我的名字，没有谁会叫我为"我"的。现在，我自己给自己取了个新名字："我"。并且，这个名字仅限于我自己自我称呼，别人不能如此称。它是我用来取代别人称呼我的名字的"代"词——代替词或替词。

（2）既然我称我为"我"，便意味着我已然"知道"我就是"我"，已然自己意识"着"、意识"到"了我是谁，即意识到了我之所是：我就是我，就是我之所是。

（3）由于我知道我是我，于是，当我看到你或与你面对面时，我便"知道"我可以称我面前的你为"你"。

为什么呢?

理由是简单的:我已然称我为"我",由于你不是我,故我就不能再称你为"我",不能用称呼我的同一个名称称你。否则,就要有语义的混淆发生了。当然,我可以对你仍然以姓名相称。比如,我仍用你的名字"金子"称你,和我未以"我"自称之前称你"金子"一样。就像我们所熟知的,若我们在本来可以对面前的人以"你"相称的地方却仍然指名道姓地称呼他/她,一般是为要表达某种"特别"或"特殊"的情愫,如格外的亲近、温馨、温柔、加重语气、引起注意以及涉及我的蔑视、恼怒、愤恨等情绪。譬如,当我面对着金子说话,却不对之说"你",而仍旧称其为"金子"时,我是为要唤起其对我下面将说之话的注意,或表达我的某种情意——爱啦、语重心长啦、疾言厉色啦等等。

但所谓特别、特殊,恰是对着某种"一般"、"普遍"而言的。而一般、普遍之为一般、普遍,则是由我之称我为"我"的那个我,即我自己所规定的。也就是说,我既然以"我"自称,我便需要用一个和这个"我"在性质、品质、涵意等方面相等的名称,即一个与"我"平行的词语称呼你。因若不然,我们两个岂不就显然是没在同一个"层次"或"维度"上吗?我岂不就没有足够平等、尊重地对待你吗?没有足够的平等、尊重,有意义的对话如何可能呢?

于是,我就用了和"我"同样品次、同样质地的词,即人称代词"你"来代指你的名字,就像我用"我"代指自己的名字那样。我不以我的名字自称,也不以你的名字称你,对我、你都同样地使用代替名字的"代(用之)词"。

(4)这也就再次显露出来,"我"是第一个人称代词,是人类(在发生学上,也就是某一个个体的人,如"刘子")用来代指人(如"我"本人)之名字("刘子")的第一个代词。在这之后,我(刘子)称你(金子)为"你"。这就是第二个人称代词"你"的诞生了吧。

(5)因此说,"你"是由"我"派生出来的。我不用谁来教导或授权我称你为"你"。"你"像是我无师自通地知道、权柄天赋地称你为"你"的。易言之,在自称"我"之后,"我"自然就称所面对着的你为"你"了。

这像"道法自然"。[2]若我在自称我为"我"之后能够自然而然地称你为

---

2 老子第25章。参陈鼓应:《老子今注今译》,北京:商务印书馆,2004年,第169页。

"你"，这其中便一定是潜含着某种必然性逻辑、必然性的言说之逻各斯的。即在"我"这个词里，内在地蕴含着称你为"你"的逻各斯与逻辑——"逻辑"是说："同声相应，同气相求"，"我"既已然发出声音，依着声学规律，与"我"所相互面对之物自然要发出回声，称你为"你"便既是"我"对这回声的回应，也是这回声对"我"的无形的要求，这两者之间有着内在的逻辑规定。

它们之间的逻各斯则是说："我"乃一新的语词。这样，一方面，它的出现必仰赖于相应的言说系统和规则，由其所孕育；另一方面，这个新词既然已经脱颖而出，它所言及之处，它所言及的东西，便无可逃避地要被它词语的网络所捕获，要进入"我"的言说逻各斯了，要对"我"做出同质的——也就是前边所谓同"层次"、同"维度"——的呼应了。"你"是在"我"的言说的呼唤之中应声而出的词语。

（6）当然，毋庸赘言，要使此间逻辑和逻各斯的东西成为事实的东西，前提是我需要面对面地与你相互面对。这一点甚至是首要的。因无论如何，说话的、使用逻辑的都是人，若无人存在，则逻各斯、逻辑的东西无从显身。诚然，"语言是存之家"，[3]人栖居于语言之家。然而，若"家"中无人，唯有空屋，则何以家为？语言是存在的家，人却是存在的使者，唯有人的存在方可使语言光华璀璨，诗意朗现。因此，虽我可自称为"我"，但也唯有当你出现在我面前，与我面对面地相待之时，"我"才能说出"你"这个词，才能使"我"称你为"你"的潜在逻辑长成为事实，使你栖居于"你"之中，并从而使我和你一起存在于"我-你"之维。

5

诘难者说："我"、"你"应是相对而言的；两者互为对象、前提，不分轩轾，谁对谁都不能说存在着什么先在性；诚可说没"我"则没"你"，但反之亦然。因"高下相盈，音声相和，前后相随"，[4]若没有"你"，"我"的边界、语义岂不无从界定，无从得来吗？故不可说是"我"命名了"你"。人们（如写《1844年经济学-哲学手稿》的马克思）不是常说人是对象性的存在物，人自我意识的形成有赖于人的对象化以及对象的人化吗？没有对象做镜

3 [德]海德格尔：《在通向语言的途中》，孙周兴译，北京：商务印书馆，1997年，第229页。

1 老子第2章。参陈鼓应：《老子今注今译》，北京：商务印书馆，2001年，第80页。

子，人如何能看见自己、能形成对自己的意识，从而晓得"我"是何许人呢？故"我"、"你"之间的逻辑应是：若说人知道了自己的那个"我"，那便一定意味着，在他面前出现了与他不同的另外一个人；那人的出现，让他看到了自己的独特性，看到了他与他人的不同，于是那人便是让他得以认识了自己的那个对象之"你"。这就意味着那个对象之"你"便是"我"的涵义的规定者。

另一方面，当人通过那对象而获得了自己的"我"之际，那对象岂不同时也会意识到自己也是个"我"，而其对面的人则是他面前的另外一个"你"吗？这就是说，"我"同时既是我自己的"我"，又是对方的"你"；而对方既同时是你的"你"，却又同时是他自己的"我"。故"我"、"你"是同时互为对象的，并不存在孰先孰后的问题，逻辑上他俩之间并无区分谁第一第二的可能。

6

上述说法似是而非。

这里的关键是：人称代词只是一个"代词"，是用来"代"指人自己，以及与他处在平等相待关系中的人的。人原先当然已有自己的名字，其在与人相互面对而处之"前"已然存在，且在与人相互面对之"际"和之"后"仍然存在。就其自身来说，他存在着、"有"着这一点，不会因其是不是与某人相互面对而有所改变。如没有金子来做我的"你"，"刘子"我仍是刘子，反之亦然。在我、你互为"我"、"你"之前，我俩都已各有自己的名字，即各自被人指称和自我指称的姓名了。也就是说，在我见到金子之前，我已经拥有我就是刘子的"自我意识"了，并不是说非得等到金子出现在我面前之时，我才能意识到我叫刘子的。

这就是说，人对自身存在的意识、对自身意志的自觉、对自己理念世界的自我表象、对自己情感的直观感知，以及对自己生命力量的自我体验、决断和确证等，即对他之为他的全部质素、成就和潜力来说，在与某个他称之为"你"的人相遇之前，都是已然存在、已然备具了的。他和他称为"你"的那人的相遇，就是带着自身所有那些已然备具之物所发生的。他之所以知道、意识到自己，毋需直到等"你"在他面前出现时才得可能。他作为他之所是，作为他的我之为我，和与你是否相互面对并无直接牵连。

7

将人意识的对象性作为"我"之依赖于"你"的逻辑依据，从而作为解构"我"对"你"的在先性的理据，更致命性的错谬还在于其没看到，对象性的意识只是意向性的，除此之外，人还拥有非对象性即非意向性的意识，而又恰是后者才是前者的根基、根源，给了前者以最终依恃。

比如，不言而喻，"我"是我对自己（刘子）的一个反思性、反观性的称谓，即仿佛是我站在我自己之外，称自己为"我"的。这意味着什么呢？岂不正意味着：作为反思性的称谓，"我"的依据不正是我自己吗？只不过这个时候的我仿佛是出离了自己、站在我自己身外的我罢了。也就是说，"被观看"着的那个我（刘子）是个被意向性地观看的对象，而那个在那里"观看"并称刘子为"我"的那个我却不是意向性的对象，因他只是在"观看"，而没有"被观看"。这就是说，我可以意向性地观看我自己，但意向性地观看之中的我却是非意向性的，但这个我不同样是我吗？是这个我看到了我对象性、意向性地所观看的我。所以，既然如此，不就是没有理由说"我"的产生必须要以对象性的"你"为前提了吗？

8

这让我们看到，人称代词问题，"我"的在先性、"我"称你为"你"这样的问题，首先不是认识论的事情，而是语言学的；首先不是认识论事件，而是语言学事件，是语言言说的事情。它不是循认识论之法则、逻辑出现的，而是循语言言说的法则、循说话的逻各斯而出现的。当然，认识和语言密不可分，没有无语言的认识，反之亦然。不过二者也并不全然等同，[5]语言要大于和先在于认识。

比如，倘我说"我爱你"，便并不表明我"认识"你什么，它表明的更多的当是我的"存在"之弦被你让我心颤地拨动了，我的生命向着你发出了若不得回应便残缺、萎靡甚至窒息的声息。"我爱你"并不是我要认识你，而是在吁请你，向你表达、敞开我自己呢。敞开我，是我要说出我对你的情意，要向你呈现我当下的生命祈向，向你敞开我的存在之门，我的存在之光向你奔流，奉献于你的脚下，期待着你的允若；吁请你，是我的存在要邀请你的进入，邀请你携你的存在之光向着我的存在场域流泻，使我和你在存在的融合中共

---

5 后面我们将更多地说到这一点。

同步入一种新的即爱的存在：你本是我的骨中骨，肉中肉，[6]现在，我你终要骨肉团员了。

9

我的意思是：人称代词我、你等就是"我爱你"那样的语言，不是认识性的，而是存在性的，是存在在语言中的显现。人称代词的出现乃一种新存在、即"人称代词性存在"的出场。故我在称我为"我"，即在我进入了人称代词存在之后称你为"你"，恰应是人称代词在把我带入新的存在之域的同时向你所发出的邀请，邀你步入我已经在场的存在之域，即使一种新的存在之向你朗现。这不刚好是语言之言说吗？故虽然我叫"刘子"，但我称呼你为"你"之时，其实却不是"刘子"，而是"我"在如此这般称呼"你"，是我在"我"的存在之中在向"你"的存在的呈现、吁请。

呈现什么？

呈现我之为"我"，让我的"我"中之在作为我的新存在向你敞开。

为什么说"我"是"呈现"了我的存在或"新存在"呢？难道在说出"我"之词以前，即当我以"刘子"之名面向你的时候，我还没有或还不会作为存在向你敞开吗？莫非"刘子"遮蔽了我的存在吗？

10

不用说，作为"刘子"，我首先呈示给人的是我的姓氏"刘"，然后是包蕴在"子"之中的各种各样或明或暗的讲述、阐释："刘"是汉族人的一个姓氏，刘子是汉族人；"子"的意思太多啦：大概率可由之断定他是男性，意味着他或他的家长希望他成为一个有德性和学问的人，因老子、孔子等都是被称为"子"的；刘子名叫"子"，很可能其家长——首先，可能其父亲；因汉族人为儿子取名的一般是父亲——是读书人，谦谦君子，并对儿子寄有厚望，汉族人喜欢"望子成龙"嘛……等等。

与"刘子"相连且可透出的东西还可列举很多，它们大约都可看为"刘子"身上的"本质"。可如今"我"、"你"作为一个代词，把刘子取代了，原本它赋给刘子的种种规定、限定，一下全被"我"消解了。"我"就是且仅

---

6 创 2:21-23。中文圣经启导本编辑委员会《中文圣经启导本》简体字版，南京，1997年。本书所引圣经经文均出自该书，极个别处笔者略有变动。引文只注明篇名章节，页码从略。

是"我"，没有任何词语、概念、观念等附着其上，来对我进行规限。规限自然就是遮蔽，人被名字所遮蔽。这样，去掉了我名字的"我"就是纯然之我了，"我"即我之所是，我的纯然之所在。并且，正是由于"我"即纯然之我，由于"我"的存在之光流泻、奔涌向"你"——金子，于是，"你"的光也突然迸发，流泻奔涌，我两便在相互的面对之中成了在存在之光里共在的"我-你"，我两的存在成了种"共在"了。

<h2 style="text-align:center">11</h2>

人也许说，并不是"我"、"你"把刘子、金子带入了新存在的。相反，他们本来就已经身处那种存在之境了，他们本来就已是相互面对着的人了，人称代词只不过是给了他们另外一个"代词"，以代指他们原来的名字而已。若无两个人实际上相互面对的存在之状，便不会有什么人称代词冒出来指称这种状况。要知道，"代词"之"代"，不就是用一个"符号"来"代"指那本有之人的吗？也就是说，若本来没有那样的人，没有那样之人的那种存在之事，"代词""代"谁呢？

<h2 style="text-align:center">12</h2>

这些话需要分辨。

当我称我为"我"、称你为"你"之时，情况显然是：我在创造、命名着一个新的前所未有之词。理由十分简单：在我说出"我"、"你"之前，"我"、"你"这两个词是不存在的，那时存在的只有"刘子"、"金子"，而它们的命名者是别人，是两个源于别人，并让别人称呼的词（当然，人亦可自称）——即使你的名字是你后来自己又起的，也同样改变不了在起源上它们源自别人这一点。因一方面，你给自己起名是发生在别人先已给你起了名后的事，另一方面，你为自己起名或改名这种行为归根结底只不过是对别人给你命名之行为的模仿。并且，十分重要的是，你起的名字也首先是或主要是为给别人称呼你用，而不是让你自己称呼自己用的，虽然在特定情形下你亦可以之自称。

在这种情形下，人拥有"称人"——称呼别人——之词，却没有自称之词；人可以在"称人"（"刘子"、"金子"）之词中称呼别人，却没有在自称的词里去称呼别人的词。当然，人也可以用别人称呼他的词语（他的名字）称呼自己。可十分明显的是，那样一来，他实实在在地不是自己称呼自己，而是自己站在他人的位置上、像他人那样称呼自己了。也就是说，此时他自己实际上是已经被自己的名字屏蔽了，他自己本身，他自己的那个本真的"我"，不知不觉之中已然被他的名字所掩埋、遮蔽了。而且，与此类似，还有一个很难被察觉的问题是：当他用别人的名字称呼别人的时，他不是也在又一重地遮蔽着别人吗？

所以，"人称代词"非他，其实即以一个新词语、新名字"代"称我自己以及他人的词语、名字。我当然知道刘子、金子分别是我和她的本有之名，它们或是我们各自的长辈、亲朋所起，或是后来我们自己给自己所重起。现在，我虽仍完好地保留着它们，但在它们之外，我把一个替而"代"之的新名字——"我"、"你"——加在了它们上边。

毋需不厌其烦地说明便可看出，这是一无中生有的语言创造，一纯粹的语言行为、纯粹语言事件。理由仍很简单：它不过是为已经有了的名字另外重新起了一个名来代替它：它是"名字的名字"。

13

"名字的名字"不禁让人想起柏拉图（Plato，前 427-前 347）的说法："影子的影子"。这让人兴味盎然——它们是否有些类似呢？

"影子的影子"说的是事物的符号形象与事物的理念隔着两层，故其与事物之真隔着两层。我们看到，人的名字与人的本尊之真，或本人的存在之真是"隔"了一层的，因为名字本身的涵义是从外面强加给本人的，即使它由本人所重起，它仍然不会是对本人的本真之在的朗然揭示，即它与人的本真的"隔"仍旧如故。

作为"名字的名字"，人称代词与名字所指称的那个人，显然是又"隔"了一层的。比如，"我"代指"刘子"之名，但"刘子"之中包含的那些"意思"——姓氏刘啦、父母对儿望子成龙的盼望啦等等——在"我"中却不存在。也就是说，"我"与"刘子"所规限、所规定地指称的那个人是又多隔了一层的。

然而，吊诡的是，这个"隔了两层"的"名字的名字"，却由此而隔除或消解了名字对真人本尊的遮蔽，从而离其人的本真之在却更近了。作为名字的名字，符号（名字）的符号，人称代词隔开、越过了名字所指的那种堪称"名字之在"或"姓名之在"，使人的本真之在豁然朗现。由于这种新的存在之境是由人称代词带来的，其可"强为之名"曰人的"人称代词之在"。

14

一个与人的姓名之所指"隔了两层"的人称代词，何竟会带出堪称新存在的"人称代词之在"？

15

前说到，作为"称人之词"的名字，起源上就是为要用来"'称'呼别'人'"的，是让别人来称呼你的。当然，相应的，我们也要用别人的名字去称呼人家。你用别人的名字称呼人是"称人"，别人用你的名字称呼你也是"称人"，故谓之"称人之词"。你可用自己的名字自称，但这并未改变它是称人之词。因如前所说，在此这里，你称呼和看待自己的口吻、眼光和别人是一样的。名字使你位之于别人之外，并位于自己之外。

这便显露出来：名字与人的存在的"外位性"相关联。更准确地说，与名字的出现一起出现的，除了本真之在的被遮，还有存在的外在化。当你称呼人的名字时，无疑意味着你是位于那人之外或"外位于"他的，反之亦然。这就是说，一方面，在你名字之中的你，是他人口中、眼中的"他者"，是在人的"外面"即外在于他人的一个"对象"、"客体"。另一方面，由于别人喊你的名字之时你应声答应，这便意味着你是认同、接受着你的这种"外位性"的。这意味着在你名字之中的你一定程度上是外在于你的，它决定了你也多少是自己的外在者、"他者"。

最明显的例子可见诸于幼儿园。比如一名叫"比比"的男孩儿，别人叫他"比比"，而当他要说自己、要指称自己时，也说"比比"："比比要看动画片"、"比比只看一集，不看两集"，等等。在这种情况下，他无疑也自己做了自己的他者或外人。像他是外在于别人的对象、客体一样，他使自己成了外在于自己的对象、客体。

因此，说名字是"称人之词"，也就是说它是"外位于"人的"客体化"、"他者化"词语。

16

诘难者说：小孩儿是这样的，可成年人不是呀！小孩儿不能充分区分内外我他，成年人却能。成年人即使自称自名，也照样清晰意识着自己与世界之界限的。成年人自称姓名与小孩子的自称不可同日而语。

一定意义上这是对的。然而，小孩与成人在自家姓名使用上的这个差别却提醒我们：个体的人有一个甘为客体的、不能区分"称人之词"与"自称之词"的时期，整个人类不也同样如此吗？人称代词出现之后的人以自己的姓名自称，与人称代词没有出现之前的以姓名自称，其意谓应是迥然有异的。人称代词的出现并不必然伴随着人客体化的充分冰释，充分主体性的完全确立，但在其出现之前，人的生存却一定是与人相当程度的客体化状态相牵缠的。

赘言之，名字的所有者是你，名字是"你的"，可它的使用者是别人，你的名字被别人使用，成了别人识别你、标示你的本质面貌的符号。在那里，你（刘子、金子）不再是你自己心中、眼中的刘子、金子了，你仅仅是别人、即"外人"心中、眼中的那个"子"。也就是说，在以名字被称和自称之中，你不知不觉地被外在化、客体化了，成了外在于别人和自己的客体。

17

因此，只有当人不再像幼儿园的比比那样，自称不再称自己的名字而开始称"我"时，即只有当他说"我"要如何如何时，他才自己做了自己的"主体"，才不再自我疏离，把自己做成外在于自己的对象，才是回到或至少是"迈向"了自己的"存在"，他才在自己的存在之中"在场"。若他说"比比要看动画片"，他就是作为一个比比之外的他者在叙述比比是如何如何之状况，即把自己看成是外在于自己的"他"的；若他说"我要看动画片"，则是他自己在言说、呈示、呈现自己之状况的，是他的存在之状的自我朗现。

所以，"人称之词"的意思就是人（我本人）自称时用来"代替"其原有姓名的词：代替"刘子"，我称我刘子为"我"；代替"金子"，我称你金子为"你"。"代替"之词当然就是"代词"了。

不言而喻，从姓名到人称代词，从称人之词到人称之词，在人类语言的整个历程上，这点变化乍看微不足道，几乎可忽略不计，人们也似乎并不觉得有对之作思辨之劳的必要。然而，从人的存在看，这个变化却是翻天覆地的：人由此踏上了从客体变为主体、从存在者变为或变回存在、从他者之在变为自我之在，变为为我之在、自由之在的旅程。

18

理解这一点显然不难。因海德格尔（M. Heidegger）以降，"语言是存在的家"已广被认可。这样，当一种新词语浮现之际，那无疑便意味着一种新存在的莅临。依海氏，所谓存在并非自然而然就在那里的，唯有语言方能使之朗现，带人人于其中。词语并不"仅仅是具有命名作用的对已经被表象出来的在场者的把捉，不只是用来描绘眼前之物的工具。相反，唯词语才赋予在场，亦即存在——在其中，某物才显现为存在者"。[7]这就像亚当通由给动物起名而将它们带入人的存在，并将人带入动物的存在，否则人与动物在存在上将互不相干一样，不是只有人称代词"我"、"你"才使我与面前的人（如金子）成为"我"与"你"，并在"我"、"你"的人称代词存在之中相牵连吗？试想：若无"我"、"你"两词，刘子、金子如何会在"我"与"你"的存在情景中相遇呢？他们当然仍可面对面相遇，但那却是在"刘子"、"金子"之名之中，即相互在"他"的身份之中、在互为"他者"之中相待的啊，那与在"我"与"你"之中的相待会是何等不同！

19

那么，"我"、"你"相干的存在究竟意味着什么？

（1）首先，我、你分别成了"我"和"你"了。我当然仍是刘子（你仍是金子），但却又不再是了。因在"刘子"之中被别人称呼的我，乃是"外在于"人的外人、他者，在其中我乃是对象性、客体性的存在者。但在"我"、"你"之中，这样的存在者消隐了，隐到了非对象性、非客体性的"我"、"你"中，即隐到了我自己之中了，我成了在我自己之中自我称谓的人了。即我不再作为对象、客体，而是作为非对象的、主体的人自己对自己的"自称"，而不是再被"别人"被当作"别人"所称了。

（2）那么，问题来了：当"我"称你为"你"之时，你是不是对象性、客体性的呢？那时"我"不是把你当对象、客体看的吗？

不是。

这里的逻辑是：一方面，这时这样称呼你的我是处身于新存在，在所谓人称代词之在中，即作为主体称呼你的；另一方面，由于我称呼你的这个"你"，是和"我"处于同一个存在之域的新词语，便与我的"我"这个词一起，也把你带入了新存在之中了。即与称呼你的名字相比，这时我已经不再以外在于你的客体的、他者的眼光看待你，不再把你看成客体、他者了，你的客体性已随之消解于无形。也就是说，这两个人称代词同时使我俩成为主体，成为主体性

7　[德]海德格尔：《在通向语言的途中》，孙周兴译，北京：商务印书馆，1997年，第102页。

的存在，在主体性中出场、相遇了。在作为主体、作为在人称代词存在的在场之中的相互对待里，我俩的存在开始了新的交集、融合，堪称"存在的融合"。我俩都不再是封闭的、单向度的存在，而是成了彼此开放的、双向度的"我-你"（马丁·布伯语）共在了——"我"在使你成为我的"你"时，你也就同时使你成为你的"我"，并使我成为你的"你"。这种互为人称代词之在的在，就是人称代词这一语言事件所敞开、澄明出的新存在。

20

新在何处？

这需先问：我们为什么不能一直用各自本有的名字相称，却非要节外生枝，仿佛故意叠床架屋似地，另用"人称代词"来自我指代并指代别人呢？这是否只简单地是为了说话上的方便，是因为自称为"我"、称你为"你"，比我自称"刘子"、称你"金子"要简便省事呢？

21

求简便的因素也许存在。不过，若考虑到前述比比由自称比比到自称为"我"之中所发生的他对自己与他人的区分、向自身的归返等，求简便之说便不足言道了。因求简可能会是某种心理上的触媒，但它也许触及了某种语言之"用"，却未及于语言之"体"，未及于就中的必然性因素，未及于言说之逻各斯。虽然言说的发生总与某些使用的和偶然性因素，如当时当地、当情当境之中自然环境和人的情感状态等的牵缠，[8] 但这样的联系却大多只是语言学的，而不是存在论的。因某个词语所以被从言说中创造或"拣选"出来，根本原因应是由于唯它方可能使存在出场，使之在言说中有声有色、有形有质地临在。

另一种可能的原因也许是，人本来已经拥有某种东西，但由于相应的词语隐而未彰，尚未被"道将出来"，那些东西便被遮蔽着，游荡着，无处安身。如今，由于该词之被"道出"，就像上帝一言既出，有形有质的万物便应声朗现一样，随着人称代词的创造，在人（刘子、金子等）身上原来隐而未彰的"存在"，就像演员得到聚光灯的照耀，于舞台上赫然灿然"在场"了。

---

8 [法]让-雅克·卢梭：《语言的起源》，洪涛译，上海：上海人民出版社，2003年，第14-15、50-51页。

22

那么，"我"、"你"这些人称代词显明了我们身上何样之"存在"呢？

它显明在我们身上，在我们与他人相遇、相处之际，原来除了我们分别是刘子、金子等之外，我们还分别是"我"、"你"，还各自拥有另外一个面相。也就是说，我们不仅身在刘子、金子那里，且还在"我"、"你"那里；不仅站在刘子、金子的位置，且还站在"我"、"你"的位置上。这时相互面对着的，不是站在刘子、金子位置上的"刘子"、"金子"，而是站在"我"、"你"位置上的"我"、"你"了。"我"、"你"实乃我们两人相互面对时各自的"处身位置"了。

23

稍仔细些看，"处身位置"的意思及理路可大体如下。

（1）它首先指：在我们与人相互面对之际，我们各自身处何处，我们身体所处的位置。

"位置"当然有物理上的空间义，其必与某种空间性处所相关。当我们说"出场"、"在场"之际，不用说是出现、现身在某个"场地"的。"位置"的语义植根于空间，即我们身体的"位"所"置"何处，我们这个人之"所在或所占的地方"。[9]

（2）由于空间与时间不可分割，故稍深入一点看，"处身位置"还有时间上的含义，即那个"位置"在时间之轴的哪一个点上。巴门尼德（Parmenides）是有道理的：即使"飞矢"也要不停地在其飞过的一个个"点"上顺次短暂停留。故人称代词我、你以及他等，皆有一个在时间序列中的先后位置问题。

（3）这样便要说，"我"是最先出场，在"处身位置"上最先现身的一定是"我"。因在逻各斯上，无法不想象必是先有"我"，然后才可能有"你"以及"他"。

在逻各斯上，"我"一定是由我最先说出，只能是我自己对自己的重新命名，而绝不可能是我之外的任何人要求或教诲于我的。你不可能教导我说："刘子啊，你称呼自己时，要称自己作'我'。你要用'我'来代指自己的名

9　中国社会科学院语言研究所词典编辑室编：《新华字典》，北京：商务印书馆，1978年，第1315页。

字。然后，当你要称呼你面前的人，譬如'金子'时，则不要称'金子'，只是称'你'吧。"

这里的道理很明显：一方面，若"我"指的即"本人"，那么，当你要我称自己为"我"时，岂不就意味着是你在规定称自己为"我"的吗？而如果你规定别人称自己为"我"，你岂不一定先已经就称自己为"我"了吗？很明显，在逻各斯上，我们无法想象：你让我自称时称"我"，而你自称时却不这么做。[10]

（4）这就是说，"我"必是我自己所命名的，我必是自称为"我"的第一人，是"第一人称"的"始作俑者"。

故在时间上，"我"必是最先出现的。所谓第一人称不仅是说把"我""叫作"第一人称代词，更首先是说它就"是"第一或最先出现的人称代词，它位之于人称代词出现的时间之轴的最前端、始源点。仅是在"我"之后，才有了"你"等等。

这也就是说，"你"不是你自己对自己的称呼，不是你规定称你为"你"的。因为在逻各斯上，你是不可能说"我不是'我'；我是'你'；故你要称我为'你'"。这么说在言说上是荒谬错乱的。正像你不能规定我称我为"我"一样，你也同样不能规定我称你为"你"。因为，当你说"你要称我为'你'"的时候，你就已经先称你为"我"了。这也就是说，"你"这个词不是你而是我创造的，是我在称我为"我"之后，才得以顺次称你为"你"的。

（5）故"你"是"第二人称"。不仅在逻各斯上，在逻辑上也同样如此。因为在逻辑上，我自称"我"的前提，是我成为主体，意识到我是我所是，意识到我的"体"和"是"与你不同。否则，我如何能意识到你之为主体、之为你之所是呢？前边说到，人称代词的出现创造出了我和你的"存在的融合"，创造出了一种新存在"人称代词之在"。在这里，这种情形进一步得到了表露：我既意识到、意识着我之所是，并同时意识到、意识着了你之所是。在我的意识里，我俩的存在融合起来，这不是"存在的融合"又是什么？而这种融合得益于人称代词的说出。

因此，当且仅我自称为"我"之后，我才能称你为"你"。另一方面，我也只能是称你而不可能称任何别人为"你"。因在此时空之中与我相互面对着只是你。当然，如果此时与我相面对的是另外一个人，我自然也要称那人为

10 类似的说法还可以设想。但不论怎样，逻辑上都是难以成立的。可不赘。

"你"的。在人称代词的时空轴上，"你"一定是"我"的直接面对面者。

（6）赘言之，你是不可能自称为"你"的。显而易见，就整个人类意识和语言的成长来说，当某个人意识到要称自己为"我"，说出了"我"之词之际，许许多多人也会差不多在同一时间抵达该意识域，也会同时能够领悟、说出这个词。因若非如此，若单只某一个人称己为"我"、称人为"你"的话，别人岂不是不知所云？倘若这样，"我"、"你"之词将不会是内在于语言，不会进入言说的。因所谓言说，都只能是"语言言说"，是发生在"语言"之内的，因是语言在规约、规定并驱动着言说的。当第一个人说出了"我"之词时，虽然我们可以想象他能够凭借手势、神情向别人表明该词的涵义，但毫无疑问，这种主体性的自我意识，这种人称代词之词，已然在人群中成熟，已然为人们先行准备了理解和接受"我"、"你"何意的语言、语境了，只须待那位"始作俑"者说出"我"即可。

24

勘察了"我"、"你"在人"处身位置"中的先后，便可进而看"处身位置"中的"身"了。

显然，此"身"不仅包括人的身体，且更包括人的精神、心灵、人格。因为相互面对的两造，不仅有着各自独立的身体，还同时有各自独立的理智、情感、意志及信仰，即拥有独立的主体性、整全的人格。处身之身，乃是身心俱备之身。

因此，如果说"处身位置"是说人在人称代词中的角色（我、你、他）担当，而由于相对于姓名来说，人称代词所指称的人是一更具主体性、更本真、人格更见纯粹的人，故"处身位置"亦可曰"人格位置"。又由于这种位置是由人称代词所带入、彰显，故亦可将在这里所呈现的人格称为"人称代词人格"吧。这三个说法应是从三个侧面对同一件事情的不同描述，核心是"人称代词人格"，因是人称代词规定了人的"处身位置"，显明了人新的存在之境。

25

进一步的分辨将表明，"处身位置"上的人格，其实也是一种"位格"。它与基督教上帝三位一体中的位格相似，只不过人那里的位格是非本原的、小写的"person"，而上帝的则是本原的、大写的"Person"。我们可以把这种

"处身位置"上的人格"person"称为人的身位或身位性，即由人称代词所带入或澄明的人的存在。与上帝的位格类似，"处身位置"上的身位所表征的也是不同的主体在其相互交集的场域中的联系和区分、疏离及融合。

不言而喻，上帝三位一体中"三位"的"位"乃不可混淆、各自独立的真神。"位格"者乃他们既具人格而又超人格的品质，"一体"则是他们虽"三位"而又浑然共在的独一实体。人称代词所呈现的人的"处身位置"或"身位"也有"三位"，即"我"、"你"、"他"，他们每一位也皆有其人格；该"处身位置"或"身位"也是"一体"的，即我、你、他在时空和精神、人格意义上是共处、同在的。

当然，在人称代词所呈示的处身位置中的位格，与上帝之位格又无疑迥异。上帝是无限、绝对、纯粹精神性的存在，用人所能理喻的语言和理路来说，其三位格的联系、区分也仅仅是精神性、逻辑性的，而人则是物质（肉身）性、时空性的存在，其人格具精神性却又非纯粹的精神，其中混合有与物质肉身相牵缠的感觉、心理及所谓心灵、灵魂的东西。上帝是绝对、无限、无"身"，人则相对、有限、有"身"。在类比意义上，其与上帝位格的类似则是无疑的。

26

除了"身位"与上帝"位格"的相似，在"位"的数量上，和圣父、圣子、圣灵为三一样，人称代词也是三个："我"、"你"、"他"。

27

前边说，就"我"、"你"言，"我"在前，"你"在后。这既是逻各斯上、逻辑上的，也是事实上的，并且正由于是逻各斯和逻辑上的，它也才是事实上的。

当然，此处所谓事实，是说"我"、"你"、"他"的出现是一个生存事件，一个生活中的实事。不过，这个实事由于首先是个逻各斯的即言说的实事，故它亦首先是逻辑性的。事实与逻辑在此完全统一，但这个"事实"，这个"生活中的实事"所以出现，却首先是作为逻各斯与逻辑存在着的，是因为代替姓名为"人称代词"的内在要求，才使得人说出人称代词成了"事实"或"生活中的实事"的。这也就是说，"我"对"你"的在先性，本质上是逻辑上的在先性。也正因如此，可以并且也应该说是"我""生"出了"你"。当然，此之"生"本质上首先是逻各斯、逻辑意义上的，然后才显现为是事实义上的。赘言之，先有说人称代词之词的逻辑、逻各斯，才有说出人称代词之词的实事。

"他"的情形与此似。

28

不用说，"他"是"第三人称"。这可有三层含义。

（1）首先，在三个人称代词产生的顺序上，"他"是第三位。

而且这个"第三位"的"三"，也同样是从"我"而不是从"你"的身位去看的。因直接与"我"面对着的必首先是"你"，必是"我"在先看到了"你"、先称你为"你"之后，又"转眼""去看"或"看到了"在我、你之外的又一个人时，我才称他为"他"的。无疑，若在我、你之外没有第三人进入我的视野，就没有"第三人称""他"了。同理，如果在我、你相互面对之外，有第三人进入了你的视野，你也同样会称其为"他"，正如你也会自称为"我"，称我为"你"一样。这也就是说，"我"、"你"是分别属于我们各自个人的，但"他"则同时属于我们两个人。因从你的身位看，你是你自己的"我"，而我则是你眼中的"你"。我们是分别属于对方一个人的，而"他"则同时属于我俩，是我俩共同的"他"。后面将说到，这一点是意味深长的。

（2）在逻辑或言说的逻各斯上，"你"直接由"我"而生，"你"的产生只与"我"相关。"他"的命名归根结底也是出于"我"，是"我"对在"你"、"我"之外、之后的第三个人的称谓。不过，与不需要别人介入、"我"一个人直接就称你为"你"不同，我对"他"的命名却是因着或指着我和你两个人才有的。即乃是因着已有了我、你两个身位的确然存在来说的，即是在我、你共有的"身位关联"或"身位场域"之中来说的。称他为"他"者是我，但我却是在你与我目光的共同注视、见证之下说的——更确切些，是你的目光在我的带动下，随着我的目光也看向"他"的情形下，我才称他为"他"的。当然，我称他为"他"，并没有事先征得你的明言准允。但由于我是在我俩的身位场域、身位关联之中称他为"他"的，故我虽未"事'先'"征得你的准允，但在"事'中'"，即在说话的逻各斯和逻辑上，却是已然征得了你未言之言的准允的。因我与你的身位性处境、身位性共处共在已然构成为一种格式塔（Getalt），使我可对所遇到的任何人赋予其身位品质，规定其"处身位置"了。

这也就是说，在形式上，是"我"一个人称他为"他"的；但实质上，却是"我"、"你"共同这么称呼他的。故一定意义上堪言："他"是"我"、"你"共同所"生"的。

（3）这样，在类比的意义上可以说："我"类似于上帝三一体里的圣父，"你"类似于其中的圣子，"他"则类似于圣灵。因为依某种传统教义，圣父"生"圣子，圣灵之"生"有圣父、圣子的共同参与，乃圣父和圣子的"和子"。圣经让我们看到，一方面，圣灵出于圣父，是圣父差派来为耶稣作证的；[11]另一方面，圣灵之降临于人，又是圣子耶稣基督升天后，为人向圣父所求的。圣子若求，圣父就不会差派圣灵降临。[12]

29

可对"他"的身位性再深入些分析。

（1）"我"、"你"的身位性关联是直接由我俩的相互面对所构成，"他"的身位性则是在我俩身位关联的基础上才发生的，不论对我或你，其一定程度上都是间接地形成的。

（2）我、你身位的直接性缘于我俩直接面对面的相遇相待，但"他"同我俩的身位牵连，情形则要复杂许多。

〈1〉他可以是直接面对着你我，直接参与到我俩的身位行为之中的。比如，他作为我你之外的"第三人"或者直接参与我你的对话，或者在一旁观看、聆听，并调停我俩的争执，对我俩的言说、对谈发表看法，做出或肯或否、孰对孰错的评判，或在我俩之外另提出他自己的主张等。

〈2〉他也可默默聆听、观看，对我们的对谈虽有看法却不置评，只是不置可否地予以参与性的关注。

〈3〉他也可完全置身事外，知道我俩在对话，但却听而不闻，视而不见，只做个事不关己、不言不语的旁观者，一个完全"外在于"我俩的"外人"。

〈4〉我俩的身位互动完全发生在我俩之间，既无人参与，亦无人知晓，第三者"他"完全缺席。

---

11 太 3:16-17。

12 约 14:26、16:7。

〈5〉还有一种情形：作为"外在于"我俩的"外人"，他对我俩双方或其中某一人的话发表谈论、评价，但我俩或其中那个被他谈论、评价的人却并不知晓。这里又可有两种情形：一，谈论我俩者与我们处于同一时空，有人晓得其对我们的谈论，但却无人告诉我们；二，谈论者与我们时空相异，其谈论我们根本无从得知。

比如，今天仍有不少人谈论阿贝拉尔（Peler Abaelard，1079-1144）和海萝丽丝（Heloise，1098-1164）的恋情，可他俩谁会知道呢？他们早不在了。

〈6〉显然，这里又显出一种新情况：谈论者"我"是直接以他俩的"他"的身份出现的，在我和他俩之间并没有一个"你"，我是直接就把他俩称为"他"或"他们"的。这里要说的是，这种情形与前述"他"发生在"我"、"你"之后的说法并不抵牾。因所谓在我、你之后，不啻于在我、你之外，且首先是在"我"之外。因所谓你为你，端因"我"之既在，因在我既在之后，"你"来到了我的面前；你若不来，我亦然是我。很明显，这就给了我将任何在我之外的人称之为"他"的授权。这种授权甚大，我只能称与我相面对的人为"你"，但却可称任何不在我面前者为"他"。同理，任何不在我面前者既为我的"他"，我也便自然成为任何不在我面前者的他了。这是件十分有趣的事情：在有了"我"之后，人便获有了将不是与之相互面对面的人称为"他"的权柄，并同时身不由己、不可避免地落入了他人之他的境地。

30

这样，

（1）在第一种情形下，"他"是一个自觉的、参与性的、直接在场的"他"，自觉的"处身位置"，直接参与着我、你的身位交往，在"我"、"你"之中居有完全的人称代词之在，与我俩拥有共同的身位性的"存在的融合"。

（2）在第二种情形下，"他"虽然也可以是我俩身位交往的自觉参与者，因为他的"沉默不语"在我俩对谈的语境之中也可以成为某种无语之语，某种"默语"。但这种"默语"的身位性相应地却是消极的，对我俩的身位性存在缺乏更为密切的"切'身'"性。对我俩的身位存在他虽在场，但这种在场却是不充分或残缺的。因为我俩与他之间最多只是相互有"听"，却没有"说"。他"听"我俩而没有对我们说什么，我俩亦同样对他无所说而只有听

——其实也就是"看",即"看"到他对我俩的言说默默无语的样子。赘言之,我俩与他之间发生的只有"无'说'之'听'"。身位离不开相互言说,故这种无说之听的身位性显然是不充分的。

(3)在第三种情形下,"他"对我俩的身位性存在是冷漠的、遥远的,仅仅在"知晓"的意义上,他可以作为我俩发生过身位交往的一个微弱的、形式性而非实质性的见证者。

(4)对第四种情形,"他"实际上并不存在。如果说是存在的,那仅是种完全抽象的存在。也就是说,仅仅由于已有的生存经验,我们知道世界上并非只有我们俩,在我俩之外的人正不可胜数。在此意义上,我们知道除了我俩的"我"、"你"之外,还存在着无数对我俩来说堪称"他人"的人。但对我俩的身位性交往、身位性"存在的融合"言,这些"他"的存在则是抽象的,不相干的。并且,由于这种抽象性,我俩与他们之间所有的关系也便是非个体、非人格的。若说这无数的"他"作为外人是存在的,则其存在完全是抽象的和客体性的。

(5)第五种情形是特殊的:我俩不知有"他",但他却知有我俩,并有对我俩或其中某一位有某种评价,因而"他"与我俩或其中的一位有某种关联。不过,需看到的是,这种关联是"形式"性的,它只在形式上而非身位上涉及我俩之存在,与我俩的身位性其实并不相干。

进一步说,这种关涉形式是"认识性"的。即他将我俩视作确曾存在过或如今依然存在着的客观认识对象、认识客体,单方面地施动(认识)于我们,但对这种施动,我们却石头般或死人般(也许那时我们也确已过世)即"客体"性地毫无察觉。"他""形式"上于我们有关涉,在"实质"上尤其在身位性上,与我俩则无牵涉。这就是说,对人身位性的"认识性关涉"不过是一种"形式性关涉",堪称"形式/认识关涉",那关涉者与我们乃为"没有身位交往的身位相关者"。

(6)第六种情形与第五种基本相同。即"他"与之相关的人主要是认知性而非身位性的,主要是"他"的认识客体。

31

不难想象,这种"形式/认识关涉"所以发生,所以会有"没有身位交往的身位相关者"出现,应该是人类生活的某种普遍性情状的结果。这位与我们

"没有身位交往"的"他"之所以能够成为我们的"身位相关者"，只能设想是通过我们所不知道的、外在于我们的途径，在外在于我们的时空，间接地知悉了我们的身位行为，从而我们的身位性存在也无疑是以我们所不知的外在于我们的途径，在外在于我们的时空对他发生了影响，使得他成为我们"没有身位交往的身位相关者"，从而只能对我们做出"形式/认识关涉"，即客体性关涉。白居易作为"外在于"唐明皇、杨贵妃俩人的"他"，其《长恨歌》对他俩之间"此恨绵绵无绝期"的"我-你"交往，就是这样一种"没有身位交往的身位相关者"的认识行为。当然，白居易对他们两人的吟唱一往情深，但这种深情却由于缺乏面对面的"存在的融合"而仍然是非身位的，或者至少是身位性单薄的。也就是说，由于唐明皇、杨贵妃完全是外位于白居易的，对白居易他俩仅是个认识的对象而已，虽然是"艺术认识"的对象。

32

前已说到，在起源上"他"是"我"、"你"的"和子"，由"我"、"你"共同所"生"。并且，由于我们周围的人群如此广大，在我、你之外还同时存在着无以数计的人与我们有着无数看不见的相互交集的可能性，这就使得在"我"和"我-你"之外，有潜在的"他"无形地存在于我、你的身位场域。这使得即使没有第三人作为我们的"他"赫然在场，我们其实也仍然是潜在地面对着"他"的。这就是说，不论或隐或显地，我们的身位性存在总始终是一个"我"、"你"、"他"三位一体的存在。

不过，在"处身位置"上，这个潜在的"他"却与"我"、"你"具有十分清晰的疏离性，及与此相关的甚为广阔的自由："他"对我、你可远可近、可即可离，我、你却只能被动听命，随影而舞。没有"我"称你为"你"，你就不是"你"，就没有"你"；而如果没有"你"，则"我"的身位性也无从彰显和丰满、完全，但"他"在逻辑上虽是始终存在于"我"、"你"、"他"的三一体之中的，但如前所言，其与"我"、"你"的关切方式则甚为自由、多种多样，逻辑上始终存在，而事实上却可能不然的。

33

最后，还有一种十分重要的情形，即身位性或人称代词人格所带来的"我"的独立性、先在性。

一方面，发生学上，"我"是"你"、"他"的身位存在赖以顺序发生的逻辑起点，"我"对"你"、"他"是优位和独立的。另一方面，由于发生上的优势，在人的身位存在、代词人格发生之后，"我"的优位性、独立性也不仅丝毫不减，而且还像是益行增加，以至于高出于"你"、"他"。原因很简单：试想，当"我"意识到我就是"你"、"他"的先在根源之际，即使我面前并无任何人，我岂不仍强烈晓得我就是"我"，并毫不犹豫地将身外的一切人都看为无名或吾毋需知其之名的他或他们吗？这时，我不会视任何在我之外的人为"你"，而只会视其为"他"或"他们"。原因：他们中任何人的身位身份可能是"你"，也可能是"他"，他们的身位性是游弋未定的，而我之为"我"则确定不动。这就是说，虽然在发生上是因在我面前有你之故，我才称在我你之外的人为"他"的，但在"我"或我的"处身位置"既已发生之后，在逻辑上，我却获得了即使没有你，我仍同样可称任何人为"他"的权利。"我"的处身位置为"我"没有"你"而照样能随意称任何人为"他"赋权。

这便显露出来，"我"的这种权能不是我自我赋与的，而是语言本身的赠予。因为随着"我"之词的出场，我、你、他三位一体的逻辑结构便已然内在地在场、构建了，三个人称代词之间逻各斯的、逻辑的必然性规定，便使得我得以越过"你"而称任何人为"他"，并在你尚未出场之时，将尚处于潜在状态的你也同样称为"他"。"我"如此这般的权柄乃人称代词"我"之赠予。这实在是很有意思的："'你'是'我'辈愚人所吟，'他'只有语言才能赋"。[13]

---

[13] 戏仿美国诗人菊叶斯·基尔默（Joyce Kilmer）《树》诗句："诗是我辈愚人所吟，树只有上帝才能赋"。见郭沫若：《英诗译稿》，上海：上海译文出版社，1981年，第45页。

二、我你他的神学想象

1

前边说到了人称代词的创造将人带入了新存在即身位性存在，还说到人称代词的创造乃一种语言创造，人称代词及人身位之诞生皆为语言事件，而非认识论事件。

接下来需进一步说明，由于身位性存在的诞生是人称代词的结果，这使我们有理由进一步推论：人称代词乃为一标志，标志着人类迈入了一种更为自觉自由的语言性存在，一种新的由语言言说引导、照亮的存在之途得以开启。

2

不用说，语言不是从人称代词开始的。究明人称代词诞生的具体时间恐怕是难的。不过根据皮亚杰（J. P. Piajet）儿童心理发生是人类心理发生之复制、人类心理成长历程与儿童心理成长历程同构说可以推测，就像小孩儿是先学会以自己的名字自称，然后在一定时期后开始学会称"我"那样，在语言发展的整体历程上人类应也曾有过虽会使用姓名但却人称代词缺如的阶段。由于人称代词与人身位性的诞生相关，人称代词缺如自然意味着人身位性存在的缺如，而缺少身位性存在的存在显然无疑是残缺的或尚幼稚的存在，即如幼儿园里以自己的名字自称的三四岁小孩儿（比比）那样。

故虽说语言是存在的家，但语言显然也是在渐次向人吐露的。依海德格尔，语言也具有双重性，既可"去蔽"，也可"遮蔽"，既是命名在场者，将物指为存在物的词，也是暗示在场者之在场、显明存在物之存在，即所谓

"存在本身"的词。这既是"在场与在场者的从两者之纯一性而来的二重性"，也是语言的二重性。[1]也许正是这一点，使人不得不始终处于"通向语言的途中"。

这里的意思是说，虽然人称代词并未消除这种二重性，但人称代词的诞生却使人的语言向成熟和完全又迈进了许多，人的存在也才攀上了更高的阶梯，其"家"也才相应地更见敞亮、安稳。因就像从不会以"我"自称、以"你"称你、以"他"称他到会，标志着小孩儿思维、言说能力大大提升，标志着其自我意识、"主体性"日渐成熟那样，从非身位性存在到身位性存在，从非人称代词人格到人称代词人格，人类之存在也显然是更高地飞升了："永恒的女性，领我们飞升"，[2]人称代词如今就像是那引领的女性了吧。

3

应能看出，说人称代词使人之存在达乎更高，也就是说它是使人的言说更趋近其存在、更能使人这一"在场者"站入其"在场"的语言。

这意思首先有二。

（1）人称代词的以语词言说语词，即以言说言、以词说词，是乃让存在对人敞开的更纯粹的方式。

与任何一个我、你、他相对应的人本都各有各自的名字，它们无疑是"语言"、语词，语言中的专有名词；现在，在人的名字之外又另造了来代指那本有之名的词语即人称代词；由于人称代词当然也是"语言"，故它自然也就是以词（人称代词）说词（姓名）的词，或曰"以语言言说语言的语言"了。显然的，这样所显明的存在堪称"以词说词"、"以语言言说语言"所显明的存在了。

（2）语言本来的功能是以能指（声音-符号）指称所指（概念-事物）的，但在人称代词这里则是以能指（"我"、"你"、"他"的声音符号）来指称能指（"刘子"、"金子"等的声音符号）的，堪称"指称能指的能指"，即以词说词的词、以言（人称代词"我"、"你"、"他"）说言（姓名"刘子"、"金子"等）的语言了。应能看出，这种"指称能指的能指"是更高地悬浮于语言（"刘子"、"金子"等专名）之上的语言，故可称其为更"纯

1 [德]海德格尔：《在通向语言的途中》，孙周兴译，北京：商务印书馆，1987年，第100-101页。

2 歌德：《浮士德》，钱春绮译，上海：上海译文出版社，1982年，第737页。

粹"的语言了。

"纯粹"首先是说，它仅仅是以能指（人称代词"我"、"你"、"他"的声音符号）指称能指（姓名"刘子"、"金子"等的声音符号），完全没有所指。因姓名的所指乃姓名作为能指之所指，人称代词的所指却仅仅是作为能指的姓名，与姓名的所指尚"隔一层"。

这也就是说，通常的语言总是以能指来指所指，能指有着具体的指称对象和幅度，所指之概念与相应的事物总有着某种牵连，其适用范围总是具体而狭小的。不言而喻，如果某一能指的外延或范围较大，则它所指的内涵便越抽象、狭窄。如"人"在外延上可以将古往今来所有的人都包括进去，但其之内涵比具体的某个人却很贫乏。它只能包括人最普遍因而也最抽象的面相，却不能顾及人鲜活的具体特性。

但人称代词却显然不同。比如，所有的人都可以用人称代词"我"来自指，在外延上它涵括的范围不比"人"这个集群概念小。但令人惊异的是，"我"却绝非集群概念，而且在内涵上，每个人所说的"我"，却又细致入微地涵盖了他本人个性的全部内在。而且我们后面还要说到，这个"全部内在"，既包括其已有之"既在"、"既济"，也包括其将在的未在、"未济"，即其朦胧未明但却踊跃蒸腾的生命祈向、意向。

这也就是说，人称代词这种"指称能指的能指"既是高度普遍、抽象的，又同时是高度具体、感性而开放的。其外延极度宽泛、粗疏，内涵却又极度丰富、细致。这种高度普遍、抽象与高度具体、感性的统一，赋予了人称代词非同寻常的语言力量或言说能量。就像是宇宙大爆炸的奇点产生了整个宇宙那样，从人称代词"我"、"你"、"他"之中可以走出古往今来所有的"我"、"你"、"他"来。因所有的人都可以自称为"我"，称与之面对面的人为"你"，并称其他的人"他"的。在这个意义上，可说人称代词是更"纯粹"，距"存在"更近的语言吧——此为人称代词乃"纯粹"之词之所在吧。

4

诘难者说：什么？"指称能指的能指"？这是个什么奇思怪想？这么说岂不轻率？

也许吧。

不过，但愿不是。若我们将之与海德格尔对特拉克尔（G. Trakl，1887-

1914)《冬夜》等的分析[3]联系起来看，那些出色的诗歌岂不正是"指称能指的能指"吗？

如拿我们更熟悉的陶渊明《饮酒》诗句"采菊东篱下，悠然见南山。山气日夕佳，飞鸟相与还。此中有真意，欲辨已忘言"来说，"采菊"、"东篱下"啊，"悠然"啊，"南山"啊，以及"山气日夕佳，飞鸟相与还"等，其中每一个"能指"的"所指"不是清清楚楚吗？可是，诗歌告诉人的难道是能指所指的那些东西——"菊"啊、"篱"啊、"山气"、"飞鸟"——吗？难道这些能指岂不是连同它们的所指一起，又重新构成了一种"新能指"，从而指明在诗歌里没有任何一个能指（"菊"、"篱"、"山气"、"飞鸟"等）可以指明的东西，即那个"欲辨已忘言"的"真意"吗？为什么这个"真意"的能指找不着，"欲辨已忘言"呢？岂不是该"真意"不能用一个能指指明，而需要诗中所有的能指一起协同发声，从而形构出一个新的能指方能将其指明吗？也就是说，这个能够指明那"真意"的能指之词并不静态、单独地存在，它存在于诗中所有那些能指之词的流动里，在它们的流动、运动之中那个能指明那"真意"的能指之词无形而又有形地灿然而现了！它不是静态、孤立地置身于某一个能指之中的。就像巴门尼德的飞箭一样，它既时时刻刻停留于每一个似乎静止的点上，却又同样时时刻刻地离开、越过每一个点，使静止的点川流不息，从而在流动之中形成不动的新的能指。

5

这是不是可以说，诗歌语言之中其实是有一个"处身位置"的问题呢？

这至少是值得思考的。

通常的语言无此问题。因在那里每个词语的能指和所指都是确定的。但诗歌却不大一样。譬如陶渊明前诗，"菊"、"东篱"、"飞鸟"却是既是菊、东篱、飞鸟，既在菊、东篱、飞鸟那里，却又不是、不在那里的，这便自然有了它究竟"处身"何处，即类似于人称代词的处身位置的问题。正像人称代词"我"指的正是我"刘子"，却又与之不同，"你"指的正是你"金子"，却又与你金子不同一样。也正是每一个能指的"处身位置"的运动，才带来或塑造了新的能指之词！当然，诗歌语词的所谓处身位置与人称代词不可等量齐

3　[德]海德格尔：《通向语言的途中》，孙周兴译，北京：商务印书馆，1997 年，第 6-23 页。

观，但在塑造新能指，构建新的指称关系，从而带来所指或指称概念的变化上，
二者却是一致的。

6

需要对诗歌形塑新能指的情形做些深入分析。

由于词语"处身位置"的变化，一方面，这种"能指的能指"便堪称"复
合能指"，因它既保留了原来的能指，却又跨越了原来能指的边界，使之成了
一种新能指，是新旧两种能指的复合。另一方面，由于它实现了对原有能指的
跨越，即它既在自身（原有能指）之中，又跨越到了自身之外（成为新能指），
故其又堪称"跨越能指"。

依据语言的逻各斯，既为"能指"，便意味着它们皆有相应的"所指"。

一方面，作为"复合能指"，它本身的声音形象是双重的、非单一的。与
之相应，它的所指概念-对象自然也应该是复合的、双重的，"不一而足"，
既在此，而又在彼的。

另一方面，作为"跨越能指"，它的声音形象既在于自身之内，又出于自
身之外；与之相应，它的所指概念-对象自然也应该是既在于自身之内，又出
离于自身之外，即所谓跨越了自己的。

"复合所指"意味着，被指的概念-事物已然不是原来单纯的概念-事物本
身，而是打上了它原来所没有而又在某种意义上与之相关的概念-事物的印迹
了；

"跨越所指"意味着，原本的概念-事物已然越出它自己了，它在自身，
却又出离、跨越了自身，走出或走到了自身之外。易言之，它既是原来的、固
有的自己，却又不再是自己、是已然超越了的自己了。

7

人称代词与此类似。它也创造了自己的"复合"和"跨越"，以及由之为
标志的人的新存在。

（1）复合。

首先，它与其所代指的姓名复合。比如，"我"既是"我"，又是"刘
子"，这两个能指是复合的。

（2）跨越。

"我"当然即"刘子"，可是又"怎一个'刘子'了得"。由于"我"比

"刘子"既具有更自觉、鲜明的主体性（"我是我所是"；或者"我是我"），更高远的超脱性（我是"刘子"，可"刘"的姓氏意味、"子"的德性意味等等在"我"中皆退隐不见了），又具有更广阔的自由和更大的普遍性——一方面，"我"仿佛有权柄地可以自由地称任何人为"你"、"他"，另一方面，我可以同时既是我的"我"，又是你的"你"、他的"他"，以"我"独有的处身位置而同时参与到"你"、"他"的身位性存在之中。这一点与处于姓名里的人是不同的。在姓名中，我（刘子）也同时与许多人有着些牵缠，但这种牵缠不论隐显，都是不确定的，都会因时空、情景而变动不居，而我作为"我"与任何一个"你"、"他"的身位牵缠，都是身位性的，都处于身位性的场域。如此等等。

（3）新存在。

很明显，这种不论在能指还是所指上，都既是此时此地的"既济"的自己，又同时是彼时彼地的"未济"的自己；既在自身之中，又跨越于自身之外的情形，不刚好是一种新存在：人的身位性存在吗？

不言而喻，同样明显的是：这种新存在最大的特点，即对事物-人单纯、孤立的客体性、对象性的消解。也就是说，"处身位置"改变了人的在场情态。这种处身位置使每一个人都不再是原来的那个人，不再是原来的那个刘子、金子或比比了。它让每个人都成了我、你、他人称代词场域之中的人，并且在逻各斯上、逻辑上都成了我、你、他三人之中的第一个。后面我们将会看到，这就是为什么陀思妥耶夫斯基复调型小说不允许将主人公看作"外位于"作者的"他"，而要求让主人公仅仅以"你"身位说话的原因了。而陀思妥耶夫斯基之所以在其后期创作中摒弃独白型小说的写法，便在于独白型小说作者仍然固守于身位性稀薄的、"外位于"主人公的处身位置。

<h2 style="text-align:center">8</h2>

这便显露出来，与诗歌语词相似，"处身位置"上的人称代词意味着："处身"于形成、走向新能指的运动情态之中，而非静止、孤立、与具体语境无涉的抽象语词。

如"桌子"。不论在谁的言说、甚至不论是否在言说中出现，其所指的概念内涵都是同样的。但对于人称代词来说，一方面，如果"我"（刘子）"你"（金子）"他"（比比）没有进入言说，没被某人在一定的处身位置上"称"

呼出，没有哪个人实实在在地站出来说，我就是"我"、你就是"你"、他就是"他"的时候，单就这三个词语来说，它们便只有语法涵义，便只是停留于其能指本身，它的所指则是阙如的。由于人称代词只有三个，而人的数量则无以数计，且任何人都可以是"我"、"你"或"他"，这就意味着，同一个人称代词的能指——比如"我"——是一样的，而其之所指则千差万别——比如，我口中的"我"与你口中的"我"在能指上当然是同一个，但我俩却是全然不同的两个人。这就是说，在人皆可自称"我"，皆可被称为"你"、"他"上，可看出它的"复合"性，而在同一个人称代词却可以指称无数的人上来说，则可看出其"跨越"性。当然，人称代词的语法性概念，也是其之所指的概念。但即使是在这里，它也仍然是复合和跨越的。我们知道，在言说之中，它们的能指也是复合的——如在语法意义上，"我"的发声不变，但它同时却跨越了自己，与自称为"我"的"刘子"的这个名字的发音暗中复合；在语法意义上，"我"的所指概念不变，但在言说中，"我"却大大地跨越了"我"的语法涵义，"我"不再是"我"，而成了"刘子"，"刘子"的概念涵义与"我"自然就大相径庭了。

9

这就是说，作为言说事件的产物，人称代词的诞生将人的语言变成了"处身位置"中的语言，使人的存在成了人称代词性的存在。也就是说，唯有进入具体的"处身位置"、进入具体处身位置的言说之中，存在者之在场才可能趋近于澄明。

比如，只有在我用"我"指称自己，说出"我"这个词之际，世界上才开始有"我"这个能指，以及它的所指，"我"的概念才开始明确。否则，与"我"相关的对象便不存在。另一方面，也只有在我用"我"自指时，才有了在场者"我"，有了"我"这个能指的所指。同理，也只有我在称你为"你"、称他为"他"时，才有了在场者"你"、"他"，"你"、"他"也才方存在。这也就是说，人称代词是复合的、跨越的，只有当其语法涵义与相应的概念涵义，即只有当表征不同处身位置的人称代词，与那相应处身位置的上人在言说中贯通起来、合二为一之时，人本真的存在才对人朗现。因为只有在这个时候，人称代词才由于其"复合"和"跨越"，而成为像诗歌语言那样使在场者之在场豁然开朗的纯粹之词。

10

人称代词的这种"纯粹"，与圣经关于语言和上帝的说法有相仿之处。

依圣经，上帝乃最纯粹的语言，纯粹到上帝就是语言本身、言说本身。故欲谈语言之纯粹问题，最好的参照尺规便非圣经所描述的上帝莫属。因若要勘察一种处于较低状态之中的东西，要对其本质、潜力、嬗变前景等做出判断，最可取的参照当然便是与之相较而更高级的东西了。依基督教，上帝就是这样一种比所有语言更高级的语言。与人不同，上帝的语言乃语言本身，乃"太初之言"：

> 太初有道，道与上帝同在，道就是上帝。这道太初与上帝同在。[4]

中文圣经启导本阐释说："'道'字的希腊原文为 Logos，英文本圣经译为'Word'（话语）。……中文把 Logos 译为'道'，既有'充塞天地之理'的意思，也有'言'与'说'的含义，是此字十分恰当的翻译。"[5]

当然，译"Logos"或"Word"为"道"亦可，因诚如启导本所说，上帝的"Word"也确然是"充塞天地之理"，而"道"也含有将什么什么"'道'将出来"的意思。不过，由于"道可道非常道，名可名非常名"，"道隐无名"，[6]以及"天不变道亦不变"等说法，"道"上总是沾染、萦绕着某种既成之物、既成且万世不变之理或秩序的影子。但希腊意义上的逻各斯，强调的则是真理要在言说之中方能形成、显身，且它变动不居、生生不息，而且这言说还必须是要遵循相应的规则、经过动态的辩证过程方能实现的。它是言说行为、言说规则、言说方式以及概念之间的逻各斯运动等所融汇而成之"理"或曰"道"。这样的"道"不言而喻为中国传统所谓"道"之所无。

11

故愚以为这里的"道"以译为"言说"为宜。这样，《约翰福音》开首几节便成为：

> 太初有言说，言说与上帝同在，言说就是上帝。这言说太初与

---

4 约 1:1-3。

5 中文圣经启导本编辑委员会：《中文圣经启导本》，南京，1997 年，第 1482 页。

6 老子第 41 章。参陈鼓应：《老子今注今译》，北京：商务印书馆，2004 年，第 229 页。

上帝同在。

（1）首先，"言说"的重点在"说"。无论是上帝的以言创世，颁布律法，还是"道成肉身"向人言明真理、成就救恩，都是语言言说行动，是上帝作为太初之言的言说行为。从上帝方面看，上帝不说则人不知上帝；从人方面看，既然"言说就是上帝"，我们便无法设想上帝竟会不言不语：因若上帝不语，上帝将何之以在呢？

（2）其次，"言说"自然是有"言（话）"要说，故"言说"还同时意指着所说出的话，即被"说"出之"言"。

（3）既然是"有言（话）要说"，相应地，这自然意味着"无言（话）不说"，也就是如果没有话，则无从说之，所以要说，乃是因为有言语、话语在后面推动着、催促着此之"说"。这也就是说，"言"是在"说"之前的。

（4）在这个意义上，"言说"中的"言"也就同时是"语言"意义上的言了。这样一来，"言说"就有了"语言在言说"、"语言'的'言说"义。而这自然意味着，一方面，这种言说是在语言的规则（语法、形式逻辑、修辞规则等），另一方面，则是在语言言说的逻各斯，即语言的内在辩证法、词语、概念等的相互作用方式、思想的运动生成方式和逻辑等的规约下进行的。因为语言归根结底是要呈现或生成思想、让存在现身的。

（5）这就意味着，将《约翰福音》首句译为"太初有言说"，应更能彰显上帝之道实即语言言说之道，即所谓道本身——上帝之道——的道说之道。这便将上帝之道与任何所谓不言不语之"道"，如老子"道隐无名"、[7]道为"无名之朴"、[8]孔子"天何言哉"[9]等明确区别开来了，从而使上帝之道作为太初之言说，作为自始自终、无始无终、不息不绝的言说即逻各斯，乃言说、规则、真理的统一得到彰显。

12

人称代词既是纯粹性更强的词语，其之言说更是身位性、人格性的言说。而上帝不仅乃纯粹的语言本身，且我们知道，上帝亦为人格性的，虽然其具人格而又超人格，是为位格。显然，这便为通由人称代词言说方式与上帝言说方

7　老子第 41 章。参陈鼓应：《老子今译今注》，北京：商务印书馆，2004 年，第 229 页。

8　陈鼓应：《老子今译今注》，第 212 页。

9　《论语·阳货》17 章 19 节。参杨伯峻：《论语译注》，北京：中华书局，1980 年，第 188 页。

式的类比，由观察两者之间的似与不似，来对人称代词进行更深入的勘察提供了必要和可能。

13

两者的类似首先在于，上帝有父、子、灵三个位格，人称代词则有我、你、他三个身位，可简言曰"人称三身位"。另一方面，若说上帝是太初言说、言说本身，那么，我们下面将尝试识辩明，上帝作为言说，正是其三个位格之间的言说，而人称三身位间的言说恰与之类似。

不言而喻，相似不是相同。不过，却也正是在这似与不似"之间"，留下了让哲学、诗学以及神学兴趣盎然、神往不已的议题，以及令人欲罢之而不能、欲从之而后快的"意趣"——它甚至让人觉得这是一种"使命"吧。

14

为了叙述上的方便，我们先看上帝位格与人称身位之间的似与不似。

15

先看相似。

（1）人称身位是说每个人称代词都具有与他人相异、唯独属于自己的"处身位置"；上帝位格亦然，三个位格在三一体中所处位置各有所属，不可互换。

（2）不论时间或逻辑上，人称代词的身位性都有先有后。即如果我不先自称、确认我为"我"，则我无从称你为"你"，称他为"他"。在逻辑上，我称我为"我"，是称你为"你"、称他为"他"的起点，"你"、"他"由"我"而来。这种逻辑在人的言说里显现为一经验事实。在实际之言说经验中，"我"、"你"、"他"的逻辑得以顺序展开。在人称代词这里，时间上与逻辑上的先后是统一的。

另一方面，如传统基督教教义所说：上帝三位格之中是圣父在先，圣子次之，圣灵又次之的。由于"先后"无疑首先意味着时间上的先后，故我们无法将时间意味从上帝三位格的顺序秩序里完全排除。但由于上帝是超时空的，完全在时间意义上理解这个先后，逻辑上显然是谬误。故三位格的先后本质上只能理解为是逻辑意义上的。逻辑是发生在概念、理念之间的一种运演、置换关系，是概念、理念之间推展、运动的辩证法，是它们之间纵横交错的触类旁通、推演衍生，呈现为具有规则的言说的逻各斯，其与上帝作为"太初之言说"的本质恰好相谐。故上帝三位格之间的先后只能理解为纯粹是逻辑意义上的。不过，另一方面，由于概念、理念都是可"表象"的，其皆无形象、皆不可见却又都包含着某些、某种"象"，即"形象"、形式和"质"的质素，虽然那"象""恍兮惚兮"、"惚兮恍兮"，有点像老子的"道"中之"象"，道中之"物"。[10]故上帝三位格的先后超越时间而又是包含有时间意味的，正如上帝超越人性而又包含着人性一样。在这个意义上来理解上帝三位格的先后区别，与上帝的绝对、无限和永恒等也并不抵牾。

（3）人的身位的本质特征，可说是人理知、情感、意志、信仰等融合一体的人格，人的身和心俱在其中。即身位之身既有"肉身"义，也有"人格"义。相应的，故身位之"位"也既有空间义，亦有人格义，且人格义更重。上帝位格的本质表征也同样是既指上帝的"格"，即上帝超越而又包含有人格的神圣人格，也还指上帝父、子、灵三人格的"位"，即他们各自在三一体中的角色，也就是所谓"处身位置"。易言之，位格除了"人格"义，也还有"身位"义，与人称身位性有似。

（4）两者最大的相似，应在其言说性。

如前所言，人称代词及与之相关的人身位性之诞生是个不同寻常的言说事件。人称代词是关于名称（刘子、金子、比比等"专名"）的名称（"我"、"你"、"他"），是对于言说（对"刘子"、"金子"、"比比"的称呼）的言说（"刘子"、"金子"、"比比"皆可自称为"我"，并可互称"你"、"他"）。也就是说，人称代词不是为了要说什么"外部事物"而说，却是为要说语词本身而说的——赘言之，人的姓名是要说"外部事物"即某个人（刘子、金子等之实体）的，而人称代词说的却只是语词本身（不是任何"实体"，而只是相应的实体即某个人的名字）。不言而喻，这与上帝就是言说类似：作为绝对者，上帝之言说除了言说自身之外，怎么可能还会说其身外的"外部事物"呢？上帝言外无物，故上帝之言乃纯粹之言，上帝之言只说自己之言，只言说其之言说。在这个意义上，人称代词是与上帝之言说类似的，它不是说物（人）之名，而是说名（刘子、金子……）之名。

（5）人称代词言说是在我你他三个人之间进行的，是这样三个身位之间

---

10 老子第 21 章。参陈鼓应：《老子今注今译》，北京：商务印书馆，2004 年，第 156 页。

的互语。由此不难想象，上帝的言说与之类似，也必是在其三个位格之间进行的，是三位格之间的互言互语。因父、子、灵虽同为"一体"，不是三个不同的神，但他们却又各为独立的主体，不可互相混淆和取代。故若说上帝是言说，最易于、逻辑上也最可能想象的便只能是其三位格之间的相互对谈了。《创世记》记载上帝造人时自语说"我们要照着我们的形象，按着我们的样式造人"，[11] "我们"不正意味着圣父是对着另外两位即圣子和圣灵在说话吗？而且，试想：如果不将上帝是言说理解为是上帝三位格之间的相互言说，像人称代词的我、你、他那样，又该如何想象上帝的言说呢？

16

人称身位与上帝位格的不似可大体如下。

（1）上帝的位格是三位一体，人称身位却是三位三体。

关于上帝三位格的一体性，俄罗斯哲学家、神学家索洛维约夫（W. Solovjeff，1853-1900）所论也许最贴切、传神。考虑到接下来的分析，容稍作赘述。

索氏的思路是将上帝的三个位格看作类似于人的理智、情感、意志三种心智功能，这三种功能的共同作用对象即上帝本身的理念。其中意志"愿望"上帝的善，为三一体中的"意志者"；理智则"表象"上帝的真，为三一体中的"表象者"；情感要做的是"感觉"上帝的美，为三一体中的"感觉者"。这三个主体"它们已是独立的了，由此它们之间也将是相互独立的"，各居其位，互不混淆。但这三个主体又都同属于同一个上帝本人，乃上帝不同的存在方式和行为方式。由于知情意不可分割，在每一个主体——理智、情感、意志——作为独立的主体在"前台"显现、作为之时，另外两个也并没有被排除在人的存在之外，而只是隐而未彰地潜含在同一个人自身之中，并且，还都以其不同的方式参与到"前台"主体的显现行为之中。也就是说，上帝作为一个存在者，当其"在自己的意志里显现时，存在者除了意志外，还拥有了表象和感觉，但它们是服从意志的因素；其次，在自己的表象里显现时，存在者除了表象外，还拥有意志和感觉，但它们也只是服从表象的因素；最后，在感觉里肯定自己时，存在者在感觉里还拥有意志和表象，它们是由感觉所决定的，依赖于感觉的因素"。赘言之，当意志主体"愿望"着时，他还同时"表象着和感

---

11 创 1:26。

觉着"，只是它们从属于愿望。同样的，当认知主体"表象"着时，他还同时"愿望着和感觉着"，只是后者受表象的支配；感觉主体"感觉"着时，他也还同时"表象着和愿望着"，只是后二者受前者支配。[12]

17

当然，神圣三位一体何以是三个位格、三个各自独立的主体，却又是一个神，乃旷古未有的奥秘，至今不能说人已有了透彻的理解和说明，尽管我们相信上帝就是这样的三一体。但索洛维约夫的理解至少是独辟蹊径，且十分给人启发的。因人是上帝的"形象"，而知、情、意在人身上的确是三个独立的心智功能——易言之，也就是三个独立心智主体，却又和谐无间地共为一个心智主体。它们在同一个人身上的确既界限分明、各有其"位"、各司其职，却又在人身上浑然交融，融贯一体。这种知情意在人身上三位而又一体的情形明显而又确定，作为理解人与上帝奥秘的类比参照，便显得是颇富启发的。

18

当然，索洛维约夫的不足也很明显的。因为上帝乃"太初之言说"，而知情意却只是心智功能，其与言说相关，但无关处亦颇多。

不过，作为类比，索洛维约夫在这里仍是十分出色的。因理智、情感、意志虽非直接的语言言说，但毕竟都是心智性、认识性的，与言说密不可分。认识之与语言相关自不必说，感情、意志的养成和塑造也均有语言的千丝万缕的渗透、参与。这样，虽然他尚未把人认知性的三种心智功能拿来与上帝的位格性做类比的详细理据做出阐释，但其类比仍是有效的，因人类毕竟只能类比地谈论上帝。由于"上帝是精神"，[13]将人精神性的心智功能拿来与之类比，其合理性也显然不言而喻，其与奥古斯丁（Augustine，354-430）联系记忆、感觉、希望等三种心理品质与过去、现在、未来三个时间向度的关联来解索上帝之永恒性的路径近似。

不过很清楚的是，既然上帝即言说本身，以人类言说直接来类比上帝之言说，应能更接近地来谈论或认知人与上帝吧。因无论是索洛维约夫的理智、情

---

12 [俄]弗拉基米尔·索洛维约夫：《神人类讲座》，张百春译，北京：华夏出版社，2000年，第103-105页。

13 约4:24。对上帝的精神性别尔嘉耶夫论之甚精。参氏著《精神王国与凯撒王国》，安启念、周靖波译，杭州：浙江人民出版社，2000年，第18页。

感、意志，还是奥古斯丁的感觉、记忆、希望，在认知的品质和力量上与语言虽然密不可分，但与语言之区别亦应是不遑多论的。因为感觉、记忆与希望虽与语言千丝万缕相互牵缠，也毕竟不是直接的言说行为。当然，即使我们直接从言说层面来类比上帝与人，其合法性（validity）也同样有限。因人类言说毕竟只能是对上帝言说的牙牙学语，尽管人的言说也因这样的学语而与上帝之言说一定程度上同质同构。我们盼望以索洛维约夫的启发为参照，直接从言说入手，可以对神圣三一的奥秘以及人称代词三身位的涵义会有些看见。

19

说上帝的言说与人称代词的言说有相似之处的理据是：既然皆为言说，便会有大抵类似的结构和逻各斯。

就人来说，所谓言说自然是要有言说者、聆听者，以及言说所需之词语概念、语法规则及词语概念在合乎规则的言说中所需遵循的逻辑与规律即逻各斯等三个要素。一方面，这三要素对言说缺一不可，另一方面，最后一项即"言说所需的词语概念、语法规则及词语概念在合乎规则的言说中所需遵循的逻辑与规律即逻各斯"，也就是所谓"语言"，则是说、听双方都不可或缺，须共同仰赖和遵循的。这当然是重要的。

第三，非常重要的还在于：当那些话语既经说出之后，它们便仿佛获得了自主生命似的，相互之间会自然地发生互动，产生多方向、多层次、多维度的折射、震动、冲撞、应和、回旋与回声，即产生几乎难以穷尽的互文性，从而也便孕育出言说这事情的极为波云诡谲、令人叹为观止的诸种面相来。

20

在这诸面相中需先说者有三。

（1）首先，言说要有一个"言说者"。这是言说的第一个角色。因说话自须有说话人，是某某人说，而不是话自己在说。即使是话"借"人说，这话仍须经过某人之"口"。在此意义上，在任何言说中，言说者必是第一位的。

（2）其次，言说要有聆听者。言说者所以说，必因"有话要说"，而且其所以要说此而非彼，自是"事出有因"，即他在说之前必是先"了解"、或"听到"了什么，其之所说乃是对其之所听的"回应"。他先前的"听"是"前因"，说乃是"后果"。人在说之前的所听必至少部分是"来"于或"关切"于聆听者一方的。故言说一开始就是巴赫金（M. M. Bakhtin,1895-1975）

所谓复调型的，是双向度、双声道的对话，而非单向度、单声道的宣说。

（3）面相三：言说的鉴察者、见证者。

言说者之"思"、"听"之来源可有：一，他自身知情意世界既有的"前理解"，与其在相关语境中所听所见之物的"视界融合"；二，这是更重要的：他的言说得以从中孕育、构形的相关语言图景图式，即相关词语、概念、观念及它们相互作用的规则、变化生成的肌理、机制所构成的语言逻各斯，乃言说者之思想、"聆听"和"言说"得以实现的源泉。不用说，这对聆听者亦然。

当然，当言说者说时他也许并未自觉意识到其所置身于其中的这个源泉，但该源泉却始终存在，始终在那里源源不断地供给着他言说的资源。而且，重要的还有：一方面，在为他提供资源支持的同时，该语言图景自然是以其全部蕴含、潜能始终形影不离地伴随着他的言说过程的；另一方面，这种伴随毫无疑问也同时是一种"见证"，堪称其言说的"见证者"。因为（一），既然是"伴随"，其便拥有"现场目击者"的身份，可以作为言说事件全过程的见证人，或言说事件的观察员、书记员。（二），与伴随、书记等一起发生的是"鉴察"，因为她是言说的语言整体图景、整体图式的给出者，她要求言说必须在其给出的语言图式之中进行，不得偏离。在这个意义上，其堪为言说事件不出场而却始终在场的"鉴察者"。

21

这便说到了上帝三位格在言说三面相之中各自的角色或"处身位置"——既然上述面相在任何言说中缺一不可，我们便有理由想象，在上帝的言说中其三个位格也应各有着不同的角色，且与人称代词表征的人称身位相仿，各自也有着不同的"处身位置"，不同的角色身份与使命的。这使得探讨三位格在上帝言说之中如何互动的问题，不仅成为可能，而且成为必不可少，不可回避。

22

从言说之三要素来看，有理由做出以下推断。

（1）圣父乃"言说者"。

理由：在言说之中，言说者是第一位的，在先的，没有言说者即言说主体，言说就无从发生。说不能与说者分离。在三位格中圣父是第一位的，在先的。福音书以及神学家们都表明是圣父"生"了圣子，都确认了圣父之在先性。"言说与上帝同在"，这自然意味着，圣父是首先的"言说者"。圣经反复告诉人们：圣子耶稣基督所做的都是奉父旨意、遵父之吩咐的，而圣子本人更是时时祈祷天父赐他力量、恩允他怎么行。这无疑皆可看作圣父是圣子的"言说者"这种意思。

不难看出，在"首先说"的意义上，圣父类似于用人称代词自称的"我"。而且，圣父不仅是"我"，还是"原初之我"、"第一个我"、"我"的本体。因只有他才说了"我是自有永有的"，[14]"我是阿拉法，我是俄梅戛，我是初，我是终"。[15]而且，由于这个"我"是原初的，祂便无从解释，因为任何解释都需要将之放入相应的概念秩序里，而这个"我"作为原初的、第一个的概念，应是任何概念的奠基者、给出者和阐释的最终源泉。祂自我给出，自我存在，祂就是存在本身，故若要强为之释，便只能说圣父"我是我所是"了。[16]顺便强调，这也是要人称代词要"取代"、"代"指姓名的存在论上和语言学上的原因：我不是刘子，不是金子；刘子、金子都是在我之下的一个名——一个"非常名"；"我"才是我的"常名"："我"就是我，并仅仅"我"是我，"我是我所是"。

而且，与"我"由对姓名的代指而与姓名对我的规限拉开了距离一样，除了"我是"之外，从"我是我所是"中也看不到上帝其他名字[17]中所透显的上帝的信息。当然，这并非说可由此直接得出结论，说是圣父而非圣子首先以"我"自称的。因为依依库萨的尼古拉（Nicolas. Cusanus,1401-1464），上帝是无限、绝对，而在绝对之中一切都既绝对、无限地歧异，同时又绝对、无限地同一。[18]依此，说圣父是绝对地先于圣子、圣灵而为"原初之我"、"第一个我"似乎不妥，因为神圣三位格中的三个是绝对、无限地同一的。但在绝对、无限之中的一切又绝对、无限地歧异的意义上，这么说却又并无不妥。因为我们知道的上帝仅是已然被他所向人类启示出来的上帝，由于人类是相对的，存在于时间中，上帝却是绝对的，存在于永恒，这样，虽然在自身之中的神圣父

---

14 出 3:13-14。

15 启 21:6。

16 出 3:13-14。其英文为："I AM THAT I AM"。*KJV*, pp.58.

17 据圣经，上帝有七个名字。

18 库萨的尼古拉:《论有学问的无知》，尹大贻、朱新民译，北京：商务印书馆，1999年，第 3-58 页。

子灵无限歧异而又无限同一，三位格之间的先后只能理解为是逻辑上的先后，但当其要进入时间，要在时间中向人类启明自己的时候，父子灵逻辑上的先后也许恰是要展现为时间上的先后的，便难免要发生时间性的牵缠。故既然在逻辑意义上圣父是在先的，圣父耶和华又是最先说话，最先对人自称"我"的，说圣父乃圣三一之中首先称"我"的言说者，便是有理由的吧。

（2）圣子乃"聆听者"。

圣子"道成肉身"是奉圣父所"差遣"的，饮下十字架的"苦杯"，所遵也是父的旨意。他想让"父"将那杯"撤去"，但同时晓得仍要遵循父的旨意行，求父不受他祈求的扰动。[19]他赶鬼治病，行奇能异事也都是要向父祈求，听从父旨的。

同样的，即在圣子作为圣父的听从者、聆听者的意义上，圣子类似于人称代词的"你"。当然，圣子同样称圣父为"你"，但作为"子，"那恰意味着他首先是圣父口中的"你"。耶稣基督作为道（"言说"）成肉身的上帝来到世间，就是受圣父差遣，向万民传讲上帝的福音，因"从来没有人看见神；只有在父怀里的独生子，将他表明出来"。[20]赘言之，在逻各斯上，必是父先喊子、先呼子之名的。

（3）圣灵乃"见证者"。

当圣父耶和华创世时，"神的灵运行在水面上"，那既是参与，亦是见证。[21]当耶稣基督受洗，圣灵则"仿佛鸽子降下，落在他身上"，为他是圣父的"爱子"做见证。[22]耶稣死前说他升天到父那里去后会求父赐下"保惠师"即圣灵给门徒，[23]圣灵在圣灵降临节的降临，更是对耶稣基督所言信实的见证。

这也就是说，在为圣父和圣子"做见证"的意义上，圣灵堪称父和子面前共同的"他"了。

23

说过了"类似"，可以分辨上帝三位格与人称三身位的"不似"。

---

19 太 26:39。

20 约 1:18。

21 创 1:1-2。

22 太 3:16-17。

23 约 16:7。

24

人称三身位分别属于我、你、他不同的三个人，三个人都拥有独属自己而绝不能与人共有或分有的"体"，即负载着其理智、情感、意志（我们还没有说及人的"信仰"。"信"也许不是一种单独的心智功能，但却是所有心智功能的统御者）并与之密不可分的肉身个体，而上帝的三个位格却同属一体，同属一个"独一的真神"，属于同一个"太初言说"。也就是说，人称代词三身位属于三人，而上帝则是一个。人的"体"可以说首先是精神、理念意义上的，但不用说也包括"肉体"：人是身与心一体的。

还要格外强调：这个"太初言说"虽具人格，但同时却又是人所无法思议的纯粹言说，纯粹到无形无像、无质无实，系纯精神性之"灵"，即大写的"SPIRIT"。俄罗斯哲学家、神学家 N·别尔嘉耶夫（N. Berdjajev, 1874-1948）说得好："上帝不是存在，上帝是精神"。[24]这便显露出来，从"上帝就是言说"看，所谓上帝的位格实实在在地应当也就是言说中的上帝的不同的身位。因唯有语言才是人所能想象的既具有可以仿佛"看见"的某种具体"表象"，而又最无形无相、与万物截然不同的抽象存在物。由于言说只能被想象为人与人之间的我、你、他的言说，故所谓上帝是言说，无疑便可类比地被想象为上帝三位格之间的我、你、他之言说了。由于父子灵三位格处于不同的言说位置上，其之"位格"，便颇类似于人在人称代词"处身位置"上的人称身位了。

25

与此相类，人的身位性也来于言说，即由人"我"、"你"、"他"的自我指称和相互指称而来，身位与言说也如影随形，一体两面。只不过带来人身位性的人称代词言说却不是"太初"的本原性、原生性的言说。一方面，整个人类的言说本质上都是派生的，在类比的意义上可说是对上帝言说的模仿；另方面，就人称代词的具体发生而言，它是对人本有姓名的一种代指，是附着于人的本有称谓即姓名身上的。前已言，姓名本来就是指称人的符号，人称"代词"乃是"代指"那符号的符号，是代替了"称人之词"的"人称之词"。

应能看出，上帝之言与其人格直接同一，二者可直接相互指代，即可直接

---

24 [俄]H·A·别尔嘉耶夫：《精神王国与恺撒王国》，安启念、周靖波译，杭州：浙江人民出版社，2000年，第18页。

用称人之词"他"代指"太初言说"（约 1:1-3）。但在人那里，人称代词却只是在进入具体言说事件、言说过程之际，即有了它所具体代指的人时，其与相应的那个人的姓名方可互相指代，否则不可。比如，只是在具体的语境里，你方可是"你"，"你"指的就是你本人，而离开了那个语境则不可，即你不可说你"'就是'你"。因"你"并不专属于某个人的，不是某个人的专用代词，任何人都可称与他所相面对的人为"你"，也都可被其所面对者称为"你"的。

26

由于上帝的三个位格是在上帝自身一体之内的，故尽管每位格都是一独立主体，但他们同时又共为一个主体，就像知情意分别都是人独立的心智功能，却又共存和同属于同一个心智世界，共同拥有同一个人格、共在于同一个人的身心之中一样。这里应可套用索洛维约夫关于知情意三个主体各自独立，而又互相寄寓、互渗互存的说法，对上帝虽"三位"而又"一体"的情形在言说之中既相互分别而又全然一体的情况试做描绘。

（1）圣父向圣子言说。

一方面，他对子所以说此而非彼，应该是缘之于其对子的相关晓知，即对子的相关聆听的。

二，就像人的说和听都要依赖同一个逻各斯资源一样，圣父对圣子的言说也自然要从圣灵获得灵感，从对圣灵的聆听之中创生出向圣子道说的话语。因上帝太初之言当然有其逻各斯。麦奎利（J. Macqarrie, 1919-）深刻理解圣父、圣子、圣灵与逻各斯的共在，充分肯定圣灵与逻各斯的不可分离，[25]圣灵主要的就是逻各斯。

三，在圣父、圣子的说和听之中，圣灵均是同时在场的见证者、鉴察者。也就是说，圣父是在对圣灵和圣子的聆听之中向圣子说，并以自己的道说完成着圣灵的见证，实现着圣子的聆听的。在与人称身位相比较的意义上可以说："我"（圣父）向"你"（圣子）言说，但"我"是在对"他"（圣灵）的聆听之中向"你"言说的，并由之而成就着"你"的聆听，使"你"的听成为可能，且同时成就"他"对"我"之言说的鉴察、见证。

---

25 麦奎利：《基督教神学原理》，何光沪译，上海：上海三联书店，2007 年，第 316-318 页。

（2）圣子聆听圣父，但他的听自然需求助于圣灵，即太初之言的逻各斯。也就是说，圣子是在对圣灵的听、对太初言说之逻各斯的遵从中聆听父，并以自己对父的聆听成就着父的言说，从而实现、完成着圣灵的见证的。而且可以想见，圣子对圣父的听也一定是与圣子相关的说连在一起的。在与人称身位相比较的意义上可以说："你"（子）聆听"我"（父），但"你"（子）对"我"（父）的听是在对"他"（圣灵）的听及对"我"的说中实现的，并由之而成就着"我"的言说，实现着"他"对"你"之聆听的见证。

（3）圣灵向圣父言说，向圣子聆听，并以其说和听参与圣父子间的言说对谈，成为圣父子之间我、你相互言说和聆听的鉴察与见证。同样的，在与人称身位相比较的意义上，可以说："他"（圣灵）向"我"（圣父）言说，向"你"（圣子）聆听，并由之而成就和参与"我"对"你"的言说，且见证"你"对"我"的聆听。

27

不难想见，上帝三位格之间的这种相互言说、聆听和见证，既是"一体"之事，即像知、情、意三心智功能在同一个人心里相互协作、互为体用，而归根结底是同一个人在认知、感受、进行意志决断一样，上帝三位格相互之间的言说、聆听、见证，实实在在也都是同一个上帝自己对自己的言说、聆听、见证。从索洛维约夫看来，这一点很明白，因为上帝就是一切的一切，故上帝"这个主体所愿望的（意志）、所表象的和所感觉的是同一个东西，即自己的一切"。[26]套用这个表达式来说就是：上帝的三个位格在自己的"一体"之内也就是在自己三位格之间的言说之内，"所言说（圣父）、所聆听（圣子）、所见证（圣灵）的是同一个东西，即自己的一切，自己本身"。从前述库萨的尼古拉的思路来看，上述似乎颇嫌复杂、繁复的情形其实是简单的：上帝的三个位格无限独立、无限区分，同时又无限同一、无限融合。个中原因端在于上帝是绝对、无限，而在绝对、无限之中的一切皆绝对、无限地相互区分，又同时是绝对、无限地融合无分的。

28

与上帝虽"三位"而为"一体"不同，人称代词的三个身位虽然在言说

---

26 张百春："索洛维约夫的宗教神学思想概述"，见[俄]弗拉基米尔·索洛维约夫：《神人类讲座》，北京：华夏出版社，2000 年，第 14 页。

中是一体的，但在实存上，却分别属于三个个体或三个主体。这样一来，其之一体性便只能是言说意义、逻辑意义上的，而非身体意义上即实存意义上的。上帝既是太初之言、太初逻各斯，又同时是太初之神，故其位格与其逻各斯是同一的。人称代词三身位间在逻各斯上堪称"一体"，但在身位上却是"三体"。在这里，逻各斯的东西（三个人称身位的言说）与物质的东西（三个人称的相关身位）相互脱节、彼此分离，与上帝那里逻各斯的（上帝言说）与事实的（上帝本人）全然同一迥异。

可以将身位与言说这种在事实的与逻各斯上的脱节称为"身体"与"言说"的脱节，因如前所言，"我"、"你"、"他"三个身位在言说上不可分离，但在人的实存上却是可以分离的。

29

这种事实与逻各斯（以及逻辑。逻各斯显然包含、遵循着逻辑）的脱节还有第二种情形：在一个身位上，比如，在自称为"我"的我身上，却存在着将三个身位"外在地"融合起来的可能，"外在地"使"我"、"你"、"他"三个身位共有一"体"，即共有"我"之体。这一点又可有两种面相。

（1）外在的，我依附他人的。

即需要他人与我一起完成的。也就是说，我可以由我成为"我"，但却必须由你方能成为"你"，因为只有你才能称我为"你"；同理，只有在他称我为"他"时，我方能成为"他"。

（2）内在的，他人依附我的。

即我从我的身位出发，由我建立"你"、"他"与我的身位连接，构建你我他的三身位统一体。

30

需要指出，这两种情形也都是一种"三（身）位一体"，只不过在这里"一体"与"三身位"之间存在情形不一的罅隙。这种罅隙使得"一体"实际上总是"外在"地构建起来。即，要么是"我"外在地看"你"、"他"，即"我"对"你"、"他"的外在，要么是"你"、"他"外在地看"我"，即"你"、"他"处于外在于"我"的位置。

当然，这种看也有内在或"内位于"我的——我对自己的观看，但更多的却是外在或"外位于"我的——你、他对我的观看，故这种"三（身）位一体"

的"一体"在相当程度上是抽象的，甚至是虚幻的，在现实上是很困难的。因我可以是你、他眼和口的"你"、"他"，却不是我自己眼口中的"你"、"他"。我身上的"你"、"他"是别人外在地加之于我的，对我的实存而言，我仍仅有"我"一个身位。前述我身上的"你"、"他"身位对我来说不过是个堪称"身位幻象"的东西，实质上仅属你、他，并不属于我。而且，更重要的还在于，我可以规定我自己的身位，我本身的身位存在，并由之而与"你"、"他"的身位存在交往，但我却不可规定你、他的身位存在的具体内容。否则，你、他便由于被我强制规定而失丧了自己的身位性了。反之亦然：我是我眼中、口中的我，却不是你、他眼口中的我。你、他心目中的我只是你、他之我，而不是我自己之我。赘言之，就我的身位性而言，我仅具"我"的身位性，却不具有"你"、"他"的身位性，我的"处身位置"仅仅是"我"，而不是"你"和"他"。否则，我便陷于身位分裂，成了三重人格，比通常所说的人格的两重分裂还多了一重呢。这种情形，用一句概述性的话说似可叫"身位分裂"吧。这种分裂暴露出："三（身）位一体"幻象掩盖着的实际上只是"三（身）位异体"。

31

应当看到，这种幻象因另外一种情形而被强化：我、你、他三身位盖由"我"出，在这个意义上，我、你、他在"我"身上成为一体。当然，对于别人来说，他成为该"一体"中的某一"（身）位"是被动的、外在的。但意味深长的是：在被动成为某一身位的同时，他也便加入了使别人被动地接受他所给予的身位定位的行列，即加入了强化"三（身）位异体"、以"三（身）位异体"做"三（身）位一体"的行列。

这种情形对人的言说来说，也许是意义重大的。因至少在潜意识、甚至是无意识深处，它为人营造了走向"三（身）位一体"的祈向或趋向，给了人一种强劲的无意识暗示，诱导人以从"三（身）位异体"走向"三（身）位一体"为有意识努力的鹄的。当然，这也许是试图"像上帝一样"的罪的意识。但罪之后出现了救赎。试想：所谓"效法基督"是否至少在形式上与始祖偷食禁果的心理是一样的呢？但在这里它却是让人接近上帝的引导力量。

32

我希望能够表明，将在"一体"上人称和身位的上述幻象和脱节，与上帝位格与其言说、位格与其人称身位的无限统一进行比较观察，也许可以成为一个理解上帝言说、理解人之身位性言说的一个枢纽。因从前述人称代词身位与上帝三位一体之间似与不似的梳解来看，这两者之间双方各自转动，并由于相互之间的某种同构而形成某种互动、呼应和共鸣，由此而逐步展开人与上帝、人言与圣言、人之灵与上帝之灵间多彩多姿的互动，既是可以期望，也是顺理成章和不可推诿的。人称和身位的脱节，上帝位格与其言说及其人称身位的无限统一，这两者之间隐而未彰的牵缠和张力，需要得到细心的勘察。这应是条目前人们还足迹所涉未多的路径。从这里看去，对许多文学、诗学乃至于神学问题，也许可让我们有些喜出望外的看见吧。

三、独白型小说：观看、"他"与原罪

1

文学是人学。故在深处规定着文学创作的诗学祈向或原则的，归根结底乃对人的理解。也就是说，诗学着眼的是艺术形象的创作方式，而艺术形象的创作塑造则关乎作家本人的人生态度，关乎其对人性、人性的根源、嬗变及终极依峙与归宿等问题的理念信念，而这则与宗教、神学、哲学等方面的问题千丝万缕地相缠饶。由于基督教信仰有着独特、丰富的人学内容，故不论对之抱持何种态度，是任何文学、尤其是诗学理论皆不可束之高阁的重要思想资源。

另一方面，前已言，人称代词的出现乃一语言事件，它标志着人语言意识的进一步成熟和向高阶的递进。而在基督教，不仅上帝就是语言本身，道成肉身更是语言事件，是上帝作为言说向自己和向人类更深入的抵近，面对面地对人言说，言说自身。基督教信仰的逻辑起点即作为语言本身的上帝成为有血有肉的人，站在一定的处身位置上即面对面地向人言说，从而为基督教的人学思考，为文学是人学说的拓展开出了新的进路。至少从类比意义上，关于文学的人学，从圣经有关的思想谈起应无不宜的。

2

圣经说，人是上帝按照自己的"形象"和"样式"创造的，[1]此即基督教

---

1 创 1:26。

人学的基石。

饶有意味的是，我们看到，人多是以"人是上帝的'形象'"，而非"人是上帝的'样式'"来作为基督教人学的基本判断的。神学家将此作为人具神性的依据，作为人即使已严重堕落却仍神性未泯的超验根源。"上帝的形象"是基督教人学的关键词，尽管人们知道圣经说的是人乃上帝的"形象和样式"，但大家的着重点仍多只落在"形象"上，对"样式"则多语焉不详，着墨无多。这隐约透显出何为上帝的"样式"更难思索、辨认，也是人们说"形象"多而"样式"少的原因吧。

另一方面，关于"形象"，人们关注的多是些人的美好素质和品质，如人有灵魂、心灵、理性、爱、自由等。[2]在一定意义上这亦不错。因这些被归诸于人身上的上帝"形象"的东西，从圣经对上帝的记述上是确然可见的。不过，这里却有两个堪称荦荦大者的问题，让人感觉这种做法理论上的合法性是颇可怀疑的。

（1）上帝美善品质中的每一种无疑都是上帝形象的一个侧面或侧影，都可作为描绘所谓上帝形象的某种根据。但由于上帝的美善有很多，任何着眼于品质的论述显然皆难免挂一漏万，无从窥见上帝形象的整体特征。另一方面，在神学上，以经验性的归纳概括得到的东西，都显然难以说是充分科学的。因为科学在本质上是演绎的，作为其出发点的根本依据应该是具有充分自明性、充分逻辑生展力量的概念或命题，而非根据有限经验所得的归纳概括。因为经验由于其杂多性，所谓归纳、概括难以充分排除其中的偶然性、随意性，这便使以之为基的理论无从最大限度地获得应有的必然性品质。

（2）上帝美善品质的罗列不足以描绘上帝形象的另一重理由是，每样美善固然都重要，但更重要的却应是将它们聚集在一起的结构形式，亦即"样式"。因我们知道，同样的材料用不同的形式或结构加以组合，事物的质量、性质、性能等会出现巨大歧异。如耶稣基督"登山宝训"里讲到的八种善德，若将之从圣经信仰的整体结构中抽离出来单独地看，它们在儒释道道德体系里也都并不缺乏。若不从整体结构形式看，基督教与儒释道之道德便并无多大差别。但若从儒释道各自信仰、理念的整体架构来看，孤立来看的"八福"之德，其与在儒释道中的涵义则差别甚大了。

---

2 [古罗马]尼撒的格列高利：《论灵魂和复活》，石敏敏译，北京：中国社会科学出版社，2004年，第19-24页。

故若论"形象和样式"，更具深意、更当深入勘察的也许应是"样式"，但其却恰被过分地忽略了。也许因为"样式"涉及结构，结构由于更为内在而不像"形象"较为直观而较易被观察到。对于思辨传统薄弱的中国神学来说，该问题之易被忽视便更不为奇怪了。当然，当上帝说到其"形象和样式"时，也还是把"形象"放在前面的。情况也许是："形象"更为人所易于看见，可只有认识了更内在的"样式"，"形象"方可得到更恰切的认识吧。

3

那么，上帝的"样式"是什么呢？为避免经验思维的随意性，谈论上帝"样式"的逻辑起点应在哪儿呢？

4

应该还在"形象"上。这在逻辑上是明白的：如果说"样式"即结构、形式，那么，它便只能是内在于"形象"的东西，若骨骼内在于皮肤。"形象"是"样式"的外相，"样式"则是"形象"的内相。"内相"隐身在"外相"之中，但唯有由"外"着眼，方得见"内"。

5

应该说，"太初有言说"便是上帝的整体形象了。

试想，还有什么比"太初有言说，言说就是上帝"对何为上帝的形象说得更明白呢？什么是言说？言说什么样子？我们不是都知道吗？说起"言说"，我们脑海里岂不会立即浮现出"言说"的模样，尽管若有若无，但不是十分清晰吗？那就是上帝的样子或"形象"，还用得着那么劳心费神琢磨吗？

当然，也可说这是对上帝本质的描述，因言说、语言都是颇抽象的概念，具象的"形象"成分很少。但应看到，一方面，再抽象的语词也总是含有某种意义及程度上的"像"的；另一方面，上帝不可闻见，人的语言又极为有限，描绘他的语言显得形象稀薄不是很自然吗？

6

另一方面，我们看到，太初之言不仅是上帝的形象，而且是圣经言说上帝的实际起点。

"实际"，是说上帝是以一个言说者的形象出现在世界面前的：他以口中的话创造万物、他在燃烧的荆棘丛中开口对摩西颁下律法、他道（言说）成肉身、他在以色列民中传讲福音、他求父赐圣灵降临讲述上帝的真理、他在十字架被钉而三天后复活等等，所有这些皆是围绕着上帝是言说而展开的。

因此，如果圣经由对上帝是言说为起点而展开对上帝的言说，便至少给了我们一个可能避开言说上帝的经验随意性的可参考进路，更不用说圣经"言说就是上帝"的定义性描述了。故勘察上帝的"样式"，以作为上帝形象的"言说"为起点，应是最大限度地摆脱经验思维之随意性、偶然性的选择吧。

7

言说当然有其样式。那么，上帝的言说样式为何？

前边已言，我们只能由人类的经验出发类比地谈论上帝，即以人的言说样式去类比地接近上帝的言说样式。

我们知道，人类言说可有两类：一，对物的，如科学言说；二，对人的，即人与人之间的对谈。

我们显然不可能以人对物的言说样式类比上帝的言说。因一方面，就人来说，物对人的话不会做出话语回应，故这种言说显然不可作为谈论上帝言说的类比参照。另一方面，也不可想象以上帝对物说话的方式来类比上帝的言说，因创世前有上帝却没有物，创世后上帝是让人对万物命名、[3]管理万物的，[4]也不存在人与物说话的问题。这样，剩下的便惟有人说话的样式可考虑作类比参照了。

人与人的基本言说结构是我、你、他三身位的区分和互动，这使我们可设想上帝言说的样式结构与此相当。因不言而喻的是，上帝虽是一位神，但却有三个位格。故如果说上帝是言说本身，我们只能设想，上帝的言说应是在他的三位格之间进行的。在言说之中，上帝的三位格与人类的三身位显得是类似的。即上帝三位格间的言说方式，可想象为类似于人我、你、他三身位的言说方式。赘言之，言说本身即三位一体上帝的整全"形象"，三位格之间类似于我、你、他三身位的对话应即上帝在"我们"之中相互言说的"样式"吧！

---

3 创 2:19。
4 创 1:26。

8

应可认为，作为一种整体特质，“形象”更多地涉及的似是上帝言说的性质、内涵，即上帝话语中显在的教诲，教诲之中显而易见的德性、观念等内容，这也应是人们将“理性”等视作人身上之上帝形象主要内容的原因。对上帝的言说从内容上做出些梳理相对容易，因其是在概念、语词上是明白的，显在的。但上帝言说的“样式”却是暗藏的，隐而未彰的，故神学家们探索“形象”者多，探索“样式”者稀。不过，“曲径通幽处”，立足于上帝是言说的形象而勘察上帝言说的样式，也许会让我们对基督教人学，进而对神学以及所谓神学诗学会有意想不到的看见吧。

9

如果说上帝三位格间的言说样式类似于人称代词三身位的言说样式，即在言说关系上，上帝三位格在一定程度上类似于人称代词三身位，那么，很明显，说人是上帝的形象，指的不是我、你、他三身位的言说，又会是什么呢？三身位可视为上帝三位格在人身上的投影。也许可以想象，这就是为什么人称代词只有三个的根本原因吧！当然，人称代词三身位在言说结构、样式等方面与上帝三位格的有似亦有不似，有相同亦有差异，深入的思考还待努力，但观察到这些在神学、哲学、人学及诗学上应都是不乏兴味的。我们将首先尝试表明，上帝三位格与人类三身位的这种类似，应成为基督教人学最基本的判断之一。

10

当然，基督教人学广为人知的基本判断乃人有原罪。这样，如果说上帝的“形象和样式”指的是上帝的言说及言说方式，那么，这两者之间在深层肌理上便应该是内在地相连的。也就是说，原罪与人称代词我你他的言说方式之间应该存有内在的逻辑图谱。圣经表明，原罪正是在有关的“说”与“听”之间成形的。也许只有当这中间的逻各斯得被阐明之际，我们对原罪的认知才能更形深入。

11

一般认为罪即人想“像上帝一样能知善恶”的骄傲、自以为大。[5]类似的

---

5 创 3:5。

说法还有不少，如人"不听"、"不服从"上帝，却反而"听"蛇等等。但说得更多的还是人的骄傲、"自以为大"。[6]因受造物人竟然"不听"造物主而自作主张地听蛇，不正是"自以为大"吗？

我们注意到，罪是在蛇出现之后，也就是在亚当、夏娃两人之外有了"第三人"，有了蛇这个"他"之后才出现的。这让人想象：原罪，以及所谓"三身位一体（异体）"问题，是否更多地与"他"相关？因为"我"与"你"始终是面对面的，只有"他"自由地游离着。当然，在蛇之前的第一个"他"乃是"她"，即夏娃。那时，亚当称夏娃为"她"。显然，这意味着，在夏娃被造之前，亚当和上帝已是互为"我"、"你"了。[7]所以，当在他们之外夏娃出现了时，亚当便称其为"她"了。但上帝是造物主，人是被造物，比照朋霍费尔的话可说，伊甸园中的人尚未成人，人与上帝之间平等的身位性对话应尚未发生。故就被造物而言，唯在蛇出现之后，亚当、夏娃才有了完整意义的第三人"他"的。

另一方面，在蛇出现之前，亚当、夏娃虽为两个人，但不论在意识还是在实际上，两人其实也都还是一体未分的。他们虽在身体上是两个，但因夏娃乃从亚当身体所出，共属血肉一体的"骨中的骨，肉中的肉"，相互只有血缘性的"亲"和"爱"，[8]故两人似分而实未分。恰如黑格尔所谓除非法律等社会成分的介入而在家庭内部无法形成人格那样，[9]只是由于蛇这一"社会"成分的介入而偷食禁果、受到上帝责备后，他们才彼此切割断血缘脐带，成为各自独立的个人。[10]如前所言，人格独立、主体性及主体意识的完成，是人称代词发生的前提。故可以说是仅当蛇出现，亚当夏娃彼此指责推诿时，人才算是完成了向身位性存在的转化，亚当、夏娃、蛇的我、你、他才告完全，全部人以及每个人才成了"三身位一体"——当然，是"异体"组成的"一体"——的"成人"，成了身位性的言说共同体。

12

他们各自独立的标志性事件，是在被上帝咒诅后亚当"给他妻子起名叫

6　参拙文："别尔嘉耶夫：原罪的别样阐述"，载《陕西师范大学学报》（哲学社会科学版），2013 年第 3 期，第 169-176 页。
7　创 2:16-17。
8　创 2:21-24。
9　黑格尔：《历史哲学》，王造时译，上海：上海书店出版社，1999 年，第 127-128 页。
10　创 3:11 13。

夏娃，因为她是众生之母"。[11]如前所言，每一个名字背后都站着一个有着独立理智、情感、意志及信仰世界的人，每人都有独属自己的质的限定，"众生之母"当正是对夏娃之"本质"的界定。当然，将他们三个更醒目地区别开来的还是上帝，是上帝对他们各自不同的"咒诅"。即正是由于不一样的"咒诅"，亚当、夏娃、蛇之间的"界限"才被限定，[12]相互区别的"边界"方最后完成。不言而喻，唯有他们三人的相互独立和区分，才使我、你、他三个人称代词的产生有了可能。在这个意义上，失乐园的故事也许可理解为人主体性、身位性的成长故事，人逐步进入人称代词言说、人称代词存在的故事。

13

人称代词是人姓名的代称，姓名先而我你他在后，这似与圣经并不严格地吻合。不过，若不拘泥于细节，说姓名、尤其是人称代词和主体性之成熟是与原罪、伊甸园被逐在同一个时段完成的，应大体不错。因这些都是发生在伊甸园被逐之前的事。他们三个的名字也是随着上帝的咒诅才最后齐备的：亚当的名字最早，像是上帝所起；[13]蛇的名字亦起自亚当。[14]他们各人名字的齐备和独立，为人称代词的"代"准备了对象。

在这里，我们是将非人类的蛇与人相提并论了，也应无不妥。因在上帝所造的"一切活物"[15]里只有蛇像人一样会使用语言，和人说话，系活动于人中的一员。另一方面，圣经创世故事虽某种意义上不是不可作历史记录看，但更大程度上恐怕还是神话象征，或作神话象征解读的读法至少也是合法的。这也与我们生活中的情形恰相合。如我们称十恶不赦的恶徒为"魔鬼"、"毒蛇"就是这样。在圣经创世叙述中，蛇是在亚当夏娃之外，卷入人言说事件之中的"他"吧。而且，在与另外两个人称代词——我、你——相比，"他"拥有大得多的游动性这一点来说，蛇本就是游离于亚当夏娃之外，不请自来地闯入他们两人的相互面对的。

14

那么，"他"怎么会与罪、与作为魔鬼别名的"蛇"牵连起来呢？

---

11 创 3:20。

12 创 3:14-19。

13 创 2:7。

14 创 2:19。

15 创 3:1。

15

如前所述，从人称代词言说的处身位置看，"他"乃"我"、"你"之外的鉴察者、见证者，也是评判者。而且"他"的评判毋需征得"我"、"你"的准允认可便可随意做出。"他"的鉴察、评判等既可是肯定性的、亲善的，亦可是否定性的、仇视的，且肯否、爱恨之权柄在他。这种不受我、你制约的鉴察、评判对我、你来说无论肯否都无疑是种暴力，且我、你皆无从拒绝和阻止。显然，"他"这种行为也就是对于我、你的"自以为大"。

不言而喻，若说自以为大乃原罪的本质，"他"从诞生的那一刻起便仿佛拥有罪的基因，有犯"原罪"的内在倾向或可能性，这与基督教所说每人都犯了罪[16]的情形若合符节。因如前所言，在由人称代词带入的人称身位上，每个人都可以成为一个别人的"他"，每人的"处身位置"随时随地都可能向"他"漂移，而"他"作为鉴察者、评判者的自以为大则时刻都潜伏在其脚下。当然，如前所述，在对"我"、"你"的态度上，"他"可以有多重取向，并非必犯自大之罪。但"他"的这种多重取向，这种在多重处身位置中的游移，显得像是拥有某种自由，而自由既是善的可能性的根据，也同时是罪的可能性的根据。这一点也许没有谁比 N·别尔嘉耶夫说得更深刻了。这就是说，罪的基因就在"他"身上，且与我们每个人都牵缠难分。原罪的种子藏在每人心里，至今亦然。

16

由于人皆既是自己的"我"，并随时可是别人的"你"和"他"，这使得人不仅可虚幻地而且还可实际地成为我你他的三位一体。因为当你站在别人之外，对人加以论断时，你实际上也就是使自己成了别人的他，成了我你他三位一体的统御者，我、你、他是实实在在地统一或汇聚在了你的那个"我"上了。

显然，这的确是一种实在的三位一体。但另一方面，这个三位一体又是虚幻的，是三位"异"体。因别人常常可能不是自觉自愿进入此"一体"的，并且可能还对之毫不知情——最极端的情形是：如果"我"心里默默说"你"、说"他"，他俩怎么会知道呢？再如，"你"、"他"若不在场，怎么晓得他们被"我"在说呢？

---

16 罗 3:23.

不言而喻，我们每人都可能成为这样的三位一体。这种三一体不是人自觉、内在地生成的，却是由别人外在地、非自觉地造成的。这和人对别人自觉自愿的对待、观看相关，更同时与人所非自觉自愿、所不晓得的被别人的对待、观看相关。如当你在"他"的身位上看或说唐明皇、杨贵妃时，你是自觉自愿地做着唐和杨的"他"的；但从唐和杨的身位看，你却无可奈何地只能是他们的一个"他"，一个他们并不知晓的"他"。

17

这便显露出来，如果说罪与"他"相关，而"他"又与人的身位性相待、观看相关，那么接下来便须追问，是这种相待、观看的何样的肌理为"他"埋下了罪即"自以为大"的可能性呢？人怎么"看"着看着就看来了自以为大之罪呢？

18

让我们先从人对自己的观看说起。

吾乡俗语云："人看不见自己"。诚然，人可"揽镜自照"，由镜子观看自己。不过人由镜子看到的却只能是自己的"前"面，其它诸"面"却无法看到。当然，也可用镜子分别一次次地观看各个方"面"，然后拼接起一个完整形象。但不用说这样拼接起来的图像是僵死的，离我们真实鲜活的形象相去甚远。况且镜子对我们样貌的反射、映照，总会受到镜子自身质地（光洁度、平整度等）和周遭环境（光线明暗）及映照角度等的影响，其对我们形象映照的真实性是要打折扣的。

19

在认识论意义上，能称为我们揽镜自照的镜子的，可以是我们所与之打交道的对象，不论其是敌是友，是远是近。在他们身上，不论多少、真幻总能"折射"出我们自己的某种影像，所谓"观其友知其人"。不过与镜子的比喻一样，我们同样不能从这些"对象"身上完整真实地认识我们自己。原因同样简单：虽然你在对象身上可以看到自己的某些影像，因为即使那对象是你的对头，但你与他而非别人作对，他总会折射出你身上的某些面相。不过，也正因为是"折射"，其对你的扭曲、歪曲则是不言而喻的。

20

人认识自己的另一种方式是自我反思。人仿佛可跳出自身之外，"外位于"自己地来观照自己，从而"完整"地认识自己。"不识庐山真面目，只缘身在此山中"，置身于自身"山"外，使人从各个不同的方位立体地认识自己的成为可能，这使人得在宇宙中拥有一种独特的位置。

21

不过，反思对人之观看的完整性仍然是十分有限的。反思中人诚然能"外位于"自身之外，但这个"外"却有限度：他可以"外位于"自己，却不能外位于这个"外位于"。即他可对自己作反思，甚至可以对自己过去的反思进行再反思，不过他却无法在反思之同时又去反思自己的反思，即无法对此时此地正在进行反思的反思加以反思。因反思只能是对过去的我之事的思，但作为一种当下的思，反思不可能既反思着过去，又同时反思此时的反思。如果要这么做，他就要从这个反思后撤。而这样一来，此时之反思就只能告吹。且更重要的还在于，如果要将反思进行到底，则这种反思就得无限地向后回溯，而这是不可能的。因若无限后回溯，会因此而失去最后或终极的根基，其思维会因之而陷于瘫痪。

22

因此，若说反思也须有自己的终极依峙，在逻辑上，那个终极依峙显然便必须是非意向性的思。费希特（J. G. Fichte, 1762-1814）、萨特（J-P. Sarte）、胡塞尔（E. Husserl）等指出，包括反思在内的思，都是意向性的，都有自己指向的对象。作为意向性思维之根基的，应该是非意向性的思，即所谓"自我意会"。对这种自我意会，一方面，人的反思能力再无用武之地，人根本无法再回过头去予以反思；另一方面，它也不需要再对其进行反思，它本身就已经是思的终极根基、终极依峙了。[17]若是这样，若人不能对自我意会加以思考，即若人"看不到"自己的"看"，恰如眼睛可看到眼外的东西，却看不到眼睛一样，那么，无可避免的结论就是那句俗语："人看不见自己"，人靠自己无法达到对自己完整、完全的认识的。

---

17 参周伟迟：《记忆与光照——奥古斯丁神学研究》，北京：社会科学文献出版社，2001 年，第 151-173 页。

23

这就是说，在认识论上，即使人能够"外位于"自己，这个"外"也是有限和不彻底的，因人的意识无法"外"之于意识的意向性，无法外之于自身意识的终极依峙。

另方面，人"外在于"自己的不彻底，还有更深的存在论根源：人是时间性的存在者，只能在自己尚且存活时来意识自己，可尚存活之人则是生生不息、变动不居，亦即尚未最后完成的。而若尚未最后完成，那么，人又如何能观看、认识到一个全然完整的自己呢？人只有在死后才能是完整的，才能"盖棺论定"，可那时人也就不能从事认识活动了。哲学、宗教一直试图超越人的有限和残缺。对于哲学来说，这时人便一只脚踏入宗教了，[18]而对宗教，则两只脚本都在宗教里的。

24

不难看出，"外在于"问题既是认识论问题，更同时是存在论的、宗教信仰的问题；是时间性问题，更是永恒性问题，是时间性存在者对永恒存在者的遭遇。因为想在时间之中认识一个完整的自己或他人，实际上也就是想在时间之中却超逾到时间之外，跻身永恒。彻底的"外位于"，只能是位于时间之外。即一方面，将你所认识的对象看作在时间上已然终结了的，已是"没有"了时间，即是已死之人了；另方面，与此相应，你能对人这么做，必意味着你已将自己置之于时间之外，仿佛可以像一个绝对者、永恒者那样能对终有一死——绝对者、永恒者眼中，即使是活着的人逻辑上也无疑是已然死去之人，因逻辑上他必与人的生与死同在——的人盖棺论定。

在这里，巴赫金（MM. Barkhkin，1895-1975）的提示是深刻的。他说：我无法完整画出我自己的图像或形象来，只有完全"外位于"我者才有可能。而且，这是如此地完整，这位画家所以能把我定格在现在，乃是因为他可以把我看成生命已然终结的人，把我迄今为止所有的一切，直接视为我全部生命拥有的一切，就像我已死去，意识之流已然冰冻，未来对我已戛然而止，我已成了可以盖棺论定的人。

这就是说，在认识论上，真正"外位于"我者实际上是站在了我之意识的

---

18 [英]罗素：《西方哲学史》，何兆武、李约瑟译，北京：商务印书馆，1982 年，第 11 页。

终极之点，已在扮演着我的终极者、终结者的角色。因所谓完整的我，从认识论层面看，当然应是包括了我之意识的全部，即既包括了我意向性的思和反思，也包括了我非意向性的自我意会。而其之"外在于"既然"外"于我的一切，自然意味着也是外在于我意识的终极依峙即自我意会的。另方面，在存在论上，那个"外位于"我的"他"则显然是居于永恒、绝对之域的。居于永恒，是说他能将我与时间之流隔开，是我时间的终结者；居于绝对，是说他对我的评价不容辩驳，仿佛他是全知全能者一样。显然，在逻辑上，唯有时间的给与者，即唯有像"我是初，我是终"[19]的上帝那样，才能不容辩驳地给与时间（始），并终结时间（终）的。

25

前已言，在我你他三身位中，"他"身兼见证者、鉴察者和评判者等角色。就"外位于"我、对我做盖棺论定来说，"他"就主要地是一个"评判者"。

这有两层含义。

（1）对"他"来说，我已不再是一个知情意信兼备的主体，与之具有同等人格、独特个性、可与平等交往的活人，而成了一块化石、一个僵死的考古对象、一个对"他"毫无主体性可言的客体，只需被摄入"他"所设定的认识图式加以"认识"即可。

（2）由于对客体的认识是主体按自己所设之模式进行的，客体只能做出身不由己的呈现，评判者不需要、也不理会被评判者的回应，故评判者"他"的认识必然是单向度、独白型的。

这样，如果说这种"外在于"的评判乃原罪性的，理由不便显而易见了吗？在这种情况下，评判者实际上已"自以为大"到真"像上帝一样知善恶"了。他自己定标准、做评判、宣布结论，与做最后判决的大法官并无两样。

26

这便说到了人称代词问题与诗学问题的关联。为了叙述上的方便，让我们从巴赫金关于陀思妥耶夫斯基（F. M. Dostoevsky, 1821-1881）的诗学，即关于陀氏复调型小说（polyphonic novel）的诗学理论说起。

---

19 启 21:6。

27

巴赫金说，"陀思妥耶夫斯基是复调小说的首创者"，[20]他"创造一个复调世界，突破基本上属于独白型（单旋律）的已经定型的欧洲小说模式"。[21]巴赫金说，在独白型小说里，"主人公在作者的构思中是作为客体、作为对象出现的。这类联系所联结所聚合的，是完成了的主人公形象；他们组合起来的统一世界，是按独白原则感受和理解的世界"。[22]在言说类型上，独白型小说也就是"他"以"外在于"的大法官式身份对被告的评判。在这个意义上，独白型小说堪称原罪型或原罪性小说。因小说作者"外位于"主人公的言说方式和不容人置辩的态度都是原罪性的自以为大的表现。这种情形延续了甚久，一直要到陀思妥耶夫斯基的复调型小说才发生根本性改变。

---

20 巴赫金：《诗学与访谈》，白春仁、顾亚玲等译，石家庄：河北教育出版社，1998年，第5页。

21 巴赫金：《诗学与访谈》，第6页。

22 巴赫金：《诗学与访谈》，第5页。

四、自由与诗学的哥白尼革命

1

巴赫金说，陀思妥耶夫斯基的复调型小说"创造出一种全新的艺术思维类型，……简直是创造出了世界的一种新的艺术模式"。[1]它与独白型小说的最大不同在于：主人公"并不对象化，不囿于自身，不变成作者的单纯客体。……陀思妥耶夫斯基笔下的主人公形象，不是传统小说中一般的那种客体性的人物形象"。[2]

依巴赫金，陀思妥耶夫斯基复调型小说作为"新的艺术模式"，"新"就新在：传统独白型小说的主人公只不过作者的认识对象、认识客体，其身上表现出来的只是作者对世界的认识，是作者关于世界的思想。在那里，主人公诚然有独特的样貌，但那不过是作为主体的作者眼中所判定的作为客体之人的样貌，作者的思想眼光塑造了一切，作品中只有作者的思想，"他人的思想不会得到描绘"。[3]这一点是理解他"新的艺术模式"的关键，需深加思索，其对于当今文学尤其是基督教文学的重要性无出其右者。惜乎对此人们过去浅尝辄止，如今已近于遗忘了吧。

2

陀氏复调型小说写的则是主人公的思想。而且，这里所谓主人公的思想

---

1 巴赫金：《诗学与访谈》，白春仁、顾亚玲等译，石家庄：河北教育出版社，1998年，第1页。
2 巴赫金：《诗学与访谈》，第5页。
3 巴赫金：《诗学与访谈》，第109-110页。

不是作者所描绘、所评判过的主人公思想，而就是主人公本人自己的思想。当然，复调型小说里不单有主人公的，还有作者的思想。陀思妥耶夫斯基会把自己的思想写进作品中是毫无疑问的。但"作为思想家的陀思妥耶夫斯的思想，一旦进入他的复调小说，便会改变自己的存在形式，成为艺术性的思想形象。它们同人物形象（如索尼娅、梅思金、佐西马）结合成不可分割的统一体，摆脱开了自己那种独白型的封闭性和完成性，实现了无穷的对话化，以完全平等的身份同其他的思想形象（拉斯柯尔尼科夫、伊万·卡拉马佐夫的和其他人的思想形象）一起参加到小说的大型对话中"，他的思想"仅仅是他小说中某些思想形象的原型而已"。[4]在这里，不像传统独白型小说家那样，作者不是作为主体而将主人公当作客体，单向度、单声道地做盖棺论定式的描绘，而是与主人公作为平等主体地展开身位性对话。这便使作者与主人公关系之结构、面相多彩多姿，不一而足，需有仔细梳理。

3

首先，对作者来说，作品的人物是独立于作者的自由人。这一点意思可有三层。

（1）作者对作品人物会有某种评价、判断，但人物却完全可对之做出自由独立的反应。陀氏人物都是"自由的人；这自由的人能够同自己的创造者并肩而立，能够不同意创造者的意见，甚至能反抗他的意见"；[5]"主人公对自己、对世界的议论，同一般的作者议论，具有同样的分量和价值。主人公的话不是作为刻画性格的手段之一，而附属于客体性的主人公形象，可却也不是作者声音的传声筒"。[6]

（2）正因人物对作者的独立自由，便有了双方关系的另一面相，即人物不是作者的客体，作者也不是人物的主体，双方乃互为主体的"我-你"（布伯[M. Buber，1878-1965]语），不存在作者对主人公的宰制。不像独白型小说那样，这里不存在"众多性格和命运构成一个统一的客观世界，在作者统一的意识支配下层层展开；这里恰是众多的地位平等的意识连同他们各自的世界，结合在某一个统一的事件之中，而相互间不发生融合"。[7]

4　巴赫金：《诗学与访谈》，第 120-121 页。

5　巴赫金：《诗学与访谈》，第 4 页。

6　巴赫金：《诗学与访谈》，第 5 页。

7　巴赫金I《诗学与访谈》，第 15 页。

（3）既然互为主体、我-你，便意味着作者与人物的言说皆为平等的对谈，在陀氏复调型"作品的结构中，主人公议论具有特殊的独立性；它似乎与作者议论平起平坐，并以特殊的方式同作者议论结合起来，同其他主人公同样具有十足价值的声音结合起来"。[8]

4

其次，对作品主人公来说，他们之间同样是相互独立的。

不仅在相互交往中他们不丧失各自的主体性，而且他们的互相交集也同样并不构成一个所谓客体世界。即就整体言，他们并不是出现在或构成为一个受作者宰制的客体世界，在行动中也仍然保持着各自的主体身份。这样，小说人物的行动就并不像独白型小说那样高度依赖于一个"情节"，需要在情节的推进之中逐渐完成人物主体性的形塑。相反，他们的主体性始终是确定无疑的，他们不需要"情节"来培育其主体身份或"性格"，他们仅仅以自己作为主体的自由行动营造"事件"，而不是通过事件使自己成为自由行动的主体。

5

第三，作者与人物、人物与人物这种各为独立主体所带来的另一面相，即与独白型小说只有作者单一声音的独白迥异的复调型小说的"多音齐鸣"或"众声喧哗"。即（1）作品里发出的作者和众多人物的多种多样的声音，是各种思想、感觉、愿望等等的自由言说与表达；（2）作品各个声音的言说不是自说自话，而是相互间的对话，相互间之言说、聆听、回应、鉴察与见证。每个人的言说既是自己话语的宣说，也同时是对先前聆听的回应，并是对新的言说和回应的开启。也就是说，复调型作品中的说与听在一定程度上与上帝三位格间的情形类似。

6

这样看来，陀思妥耶夫斯基的复调型小说堪称"我-你"小说，因无论作者（"我"）还是人物（"你"），皆为独立的主体；作者与人物、人物与人物皆为两个独立主体间的"我-你"平等言说、互动。这一点同样与上帝三位一体中的情形相似。独白型小说堪称"我-他"或"我-它"小说，因这里只有作者在"说"主人公，主人公没有"回嘴"的份儿。

---

8 巴赫金：《诗学与访谈》，第5页。

7

很明显，作者与人物、人物与人物的这种关系，自然也设定了作品与读者的关系。作者对主人公的独白，自然也意味着对读者的独白，即要将自己对世界的独白型认识宣谕给读者。读者诚然既可接受亦可拒绝，因读者并不是作者可随意客体化、随意客体化地对待的。但就作者来说，一方面，他提供给读者的仅是他对世界的客体化的认识，另一方面，他写作的独白型形式本身，无形中便塑造了读者认识、言说世界的立场和形式。读者可以不赞同作者在作品中的言说内容，但他却已然被作者的独白式思维定势所拘限，无形中将以"他"的眼光、以自以为大的立场观看世界的罪性，潜移默化地传染给读者，这应是独白型小说所包含的"致死的疾病"（克尔凯郭尔语）所在。

对复调型作品来说，由于作者、人物皆为主体，为"众声喧哗"的一员，读者自然也便"入伙儿"了，即与作者、人物一起，作为主体，平等参与到作品的对话之中，使其之阅读也成为参与性的，而不再是旁观性的了。这是因为，置身于作品提供的"众声喧哗"的语境之中，读者对作品思想、人物的观感、评判，便自然而然地被"完形"（gestalt）为作品主人公的声音之一了，读者不再是"看客"般、客体式的读者，而已然成为作品的内在成员，成为作品众多平等的主体之一了。巴赫金反复指明，对陀思妥耶夫斯基复调型小说来说，独白型小说的阅读眼光是不适宜的。

8

用句套话说：陀思妥耶夫斯基复调小说的创造在人类文学史上是划时代的，"其意义无论怎么估计都不为过"。

"划时代"是说，在陀思妥耶夫斯基之前，人类有的基本只是独白型小说。从巴赫金可窥见，在陀氏之前，复调小说的技巧成分、形式要素在一些作品里多少也存在的，但这并无改于"陀思妥耶夫斯基是复调小说的首创者"。

"意义无论怎么估计都不为过"是说，若说独白型小说剥夺人物之主体性、对话权，实乃原罪在小说里的孳生滋蔓的话，那么，将作者和主人公都作为独立平等的主体，一起自由言说，自由地互为鉴察和见证的复调型小说，岂不正像是对那自以为大之罪的反拨或"悔改"吗？"天国近了，你们要悔改，信福音"，[9]岂不是说文学也要如此吗？除开非基督徒文学家，我们当然不能

---

9 可 1.15。

说没有创作复调小说的基督徒作家就是未"悔改，信福音"的。但是，彻底的悔改，岂不正意味着基督徒作家不仅作为一个人，作为一个作家也要自觉地与原罪区分，在文学创作——当然，首先是指小说等叙事作品——中同样要摒弃自以为大的对主人公的独白，而是要与之平起平坐地"我-你"对话吗？但这只是到了陀思妥耶夫斯基才破天荒做到的事情。

9

在此意义上可说：独白型小说堪称罪性小说，因作者对主人公独白论断的态度，是被原罪毒素所浸透的。

相比之下，复调型小说堪称"重生"小说吧。"人若不重生，就不能见神的国"。[10]在陀氏复调小说里，作者与主人公互为主体、伙伴、弟兄那样"我-你"对谈，将独白型小说对主人公的宰制一扫而空，到处洋溢着一派狂欢气氛，岂不正是"重生"临到、"天国近了"之欢乐的文学性预演吗？岂不可说其小说为文学《新约》，为《新约》精魂的文学呈现？不正可称为新约文学的"初熟的果实"？[11]可否说陀思妥耶夫斯基正是为基督教文学及人类文学昭示前路的迎春花？

10

这不禁令人询问：

基督教在陀思妥耶夫斯基（F. M. Dostoevsky,1821-1881）之前已存在一千八百余年，[12]在基督教文化圈中已经诞生过许多包括像但丁（Dant，1256-1321）、塞万提斯（M. de. Cervantes, 1547-1616）、莎士比亚（W. Shakespeare,1564-1616）、巴尔扎克（H. de. Balzac,1799-1850）、歌德（Goethe，1749-1832）、普希金（A. S. Pushkin,1799-1837）、托尔斯泰（L. N. Tolstoy,1828-1910）等那样伟大的作家，为什么大家的创作基本皆独白型的，一直要到陀思妥耶夫斯基才有复调小说的诞生呢？

11

这需先看一下这位伟大小说家的复调型小说里都说了些什么。因为"复调"毕竟只是种诗学原则或形式语言，虽然其之诞生必缘于深邃的精神，其本

---

10 约 3:3。

11 林前 15:20。

12 陀思妥耶夫斯基的生卒年月为：1821.11.11-1881.2.9。

身亦自涵蕴着不同凡响的精神光华，但作为一种"形式"语言，其本身也是因着相应"内容"的召唤而浮现出来的。也就是说，作为观念形态的文学，新的诗学原则必是新的精神、观念需要表达的产物。

12

首先看《地下室手记》。

人们常说这部小说的非常之处是它对启蒙运动以降理性主义的抵抗与反拨，是对非理性之权利的伸张：人可以抗拒"二二得四"等"欧几米德定律"，宁要痛苦、苦难而拒绝幸福，"因为苦难便是意识产生的唯一原因"。[13]研究者们说，推崇"自然法则"、"机械必然性"的理性主义所以成为生活的惯性，端缘于"'老亚当'给人类带来了死亡，使人类屈从于自然法则"。[14]

这当然不错，但却远未触及小说的精魂，即前所未见的对自由的渴求、伸张：既拒绝支配世界的必然法则、又拒绝世界上支配性的人生评判尺规的自由。正如陀思妥耶夫斯基所说，这种"意识到一切的自身之我"，"不服从普遍的自然规律，……不服从大地的定律、大地的规律"，因他已"高出这一切，能评判和意识这一切"，已"超越它们，有着更高的规律了"。[15]小说表明，拒绝"二二得四"一类东西的另一面，即拒绝世俗道德法则的辖制。而"超越"这些东西的"更高"之物，试想，不是自由又是什么呢？

这当然是"非理性"的，但却比简单一个"非理性"要严峻、深刻得太多了。因为考察陀思妥耶夫斯基，我们不可忘记他的东正教语境，不可忘记他是一虔诚的基督徒。这意味着：如果其小说里回响着对自然、社会、道德、心性等的通行规矩、法则的抗拒，那不正意味着其中一定或明或暗地含蕴着对种种既有基督教教条教义、对基督教信仰传统所刻画的上帝形象的某种质疑、抗拒吗？当然，基督真的是陀思妥耶夫斯基的生命。他明确说过即使基督不符合所谓道德他也要和基督在一起。[16]但是，如果可以诅咒"二二得四"，赞颂一意孤行地以头撞墙，赞颂挑战支配世界的圣物，这里边的精神岂不会对基督教传

---

13 陀思妥耶夫斯基：《地下室手记》，见《陀思妥耶夫斯基全集》6，刘逢起、刘文飞、刘宗次、臧仲伦译，石家庄：河北教育出版社，2010 年，第 201-202 页。

14 [美]莉莎·克纳普：《克服惯性——陀思妥耶夫斯基与形而上学》，季广茂译，长春：吉林人民出版社，2003 年，第 17-22 页。

15 巴赫金：《诗学与访谈》，白春仁、顾亚玲译，石家庄：河北教育出版社，1998 年，第 132-133 页。

16 巴赫金：《诗学与访谈》，第 129-130 页。

统同样构成挑战？因为至少在形式上，基督教传统教条教义不也拥有许多道德律法、许多理性概念构筑和辩护的教理、许多类似于自然铁则那样的东西吗？它们岂不也是人一旦要往上撞便一定会头破血流，所以要人也一定对之"二二得四"般恭敬遵奉吗？

而且，更重要的还在于：形式上的反叛其实是比具体内容上的反叛更尖锐，更具杀伤力的。我们知道，基督教神学可分为肯否两大类型，肯定神学对基督教信仰的阐述，不同样是借助于希腊哲学的逻辑吗？其中该有多少所谓"理性"之物的渗透？"地下室人"虽只字未提基督信仰和教会，但这种不加区别地抗拒"二二得四"、发疯般以头撞墙的迷狂精神或形式，岂不会也将传统基督教教理教义也囊括在内吗？"非理性"的形式或形式的非理性，是比非理性的内容更内容渊深的非理性。

13

这让我们看到，《地下室手记》的魅力所在并非那种像是要喷薄而出的非理性烈焰，而是于其中驱使着地下岩浆汹涌奔突的形式性力量——自由，是向往光明、向往地面世界的，源于上帝而又冲着上帝、在抵抗上帝之中高举上帝的自由！"地下室人"可否说是新时代即陀思妥耶夫斯基时代方才出现的某种新基督徒形象呢？地下室岂不是信仰的即爱上帝的新国度？因上帝的国不在这个世界，它被这个世界所逼迫、敌视。[17]在地上大行其道的不是上帝的自由，而是"二二得四"般不容置疑的世界法则、不容逾越的正人君子的高墙，自由如何不被驱入黑暗的"地下室"？地下室的黑暗岂不正是上帝自由的颜色？"将陀思妥耶夫斯基视作自己的精神家园"[18]的别尔嘉耶夫，正是将上帝的自由看作黑暗的深渊的。而所谓黑暗者非他，乃指其不可测度也。上帝的自由作为形式之自由如此深不可测，以至于其不仅是善之源，亦同时是恶之源，善恶皆出于其中。[19]他人为陀思妥耶夫斯基在作品中"毫不掩饰自己的放荡的理想。他也为我们开创了圣母理想的顶峰"。[20]上帝的自由不像那些似乎敬虔

---

17 约 18:36。

18 [俄]尼古拉·别尔嘉耶夫：《文化的哲学》，于培才译，上海：上海人民出版社，2007年，第 3 页。

19 [俄]别尔嘉耶夫：《末世论形而上学》，张百春译，北京：中国城市出版社，2003 年，第 109-114 页。

20 [俄]尼古拉·别尔嘉耶夫：《文化的哲学》，于培才译，上海：上海人民出版社，2007年，第 16 页。

的卫道士说的那样，仅仅是信仰真理的自由，恰相反，其更首先是信仰自由的真理。圣经诚然明言人要由上帝的真理而得自由，但上帝的真理是什么？上帝的教诲？当然是的。但上帝的教诲岂不以人的自由为根基？给人自由的真理自身岂会不以自由为根基？上帝要人自由地回应他的呼唤，自由岂不刚好就是上帝真理的基石，而非很容易被真理化、神圣化的教条教义吗？

14

因此，"地下人"的非理性呼号所表达的，应是隐秘地呼应和表达着人们对教会信仰传统或传统信仰一直未曾间断的怀疑、质疑、疑问，是这种堪称"疑之思"的细流千百年间在"地下"的悄然聚集、壮大。地下室人堪称卡拉马佐夫兄弟的"预表"。在"卡拉马佐夫看来，所有的法则都是习俗，所有公正的人都是市侩。他们推崇特立独行的行为方式，过分迷恋于自己内心的纷然混乱的声音。"[21]小说表面呈现的是非理性的窃窃私语、絮絮叨叨，深处奔涌的则是上帝所赋之自由的岩浆。这种岩浆当然也并不回避基督教传统教义，因这些教义当然也渗透着理性，相当程度上也是人的理性的产物。用别尔嘉耶夫的话说，其中也还充满着类宇宙学、类社会学、类人类学的谬见，更不用说那些出于历史环境、文化风习的偏见了。[22]人们把陀思妥耶夫斯基的创作分为前后两期，《地下室手记》据后期作品之首，几乎堪称陀思妥耶夫斯基全部后期小说的宣言，堪为其多音齐鸣的后期作品定音的第一声锤声吧。也许可以说，《地下室手记》乃陀思妥耶夫斯基的小说哲学，正是它擘画了他其后写作的整体乐章和主调：自由。

15

如果说《地下室手记》系陀思妥耶夫斯基自由交响乐的第一声鸣奏，那么《卡拉马佐夫兄弟》则堪称那交响乐最为恢弘的高潮，自由之声在其中更见尖锐、激越、浑厚和深沉。伊凡·卡拉马佐夫也许不是比阿廖沙占篇幅更大的主人公，也没有阿廖沙更多肯定性的所谓属灵品质，但他却可能是比后者更具思想穿透力，更富人性激情，更多神性与人性的碰撞与激荡，从而让小说的信仰

---

21 [德]赫尔曼·海塞等：《陀思妥耶夫斯基的上帝》，斯人等译，北京：社会科学文献出版社，1999年，第62页。

22 [俄]尼古拉·别尔嘉耶夫：《人的奴役与自由》，徐黎明译，贵阳：贵州人民出版社，1994年，第64-67页。

世界更富生机，充满魅力。小说中的每一个人物，都恰是因伊凡的存在才显得灵光四射，生机勃勃。若没有伊凡，书里的人物将会何样平庸无奇，暗淡无光！在小说的多音齐鸣当中，伊凡身上岂不是反射、回荡着几乎每一个人物的声音！而伊凡的声音之中最令人惊异、着迷的，不正是他对诸多基督徒习以为常的信条的质疑吗？伊凡宁愿拒绝上帝天堂的入场券，如果这入场券要以一滴无辜小女孩的眼泪作代价的话。他激烈攻悍上帝放任魔鬼毁掉约伯的亲人和财产，在最后又给与其"补偿"，且"比原有的更多"之说。他愤怒得近乎要昏厥地声称，即使是未来天堂的恩典，岂能给被主人群狗撕碎的小孩和小孩的妈妈比死还恐怖的击打以安慰！伊凡完全可以说是现时代与上帝"理论"的新约伯，他强烈高昂的激情不正是对传统教义所刻画的上帝的拒绝？传统教义长于捍卫上帝至高无上的权能，守护人所不能测度的上帝的奥秘，保守人对上帝的顺服谦卑，但伊凡的"大法官的传说"说的是什么？岂不是说上帝所珍视、呵护、呼求于人的其实乃是自由！上帝所要的乃是在自由之中得信仰，在信仰之中得自由的人，而不是要人藉着各样的托词放弃自由！别尔嘉耶夫说，基督教是自由的宗教，上帝给人和要求于人的皆为自由，"上帝只接受自由人，只有自由人才需要上帝"[23]别尔嘉耶夫岂非出于陀思妥耶夫斯基？在伊凡那里，那位要人为了食物和安宁而交出自由的"宗教大法官"，才是要将基督送上火刑柱的敌基督。可是，连这样的大法官，基督竟也没有责备半句，却是默默吻了他！大法官那样的自由基督也并不强行禁止？当然，这并不意味着基督赞许他，但这至少不是意味着上帝从不以强力强迫人，而是视人的自由高于一切吗？

16

更重要的也许还在于，在陀思妥耶夫斯基那里，自由不仅仅是上帝所赋，更首先是人获得救赎的前提。因一方面罪即人自以为大的骄傲，另一方面也完全可说是对自由的放弃。[24]当说罪即自以为大时，是说人竟然不听上帝，而自作主张地听蛇；当说罪是对自由的放弃时，则是说上帝是自由本身，以任何人所抱持的理念、法式、"知善恶"等代替自由，便皆与自由相悖，皆与上帝所

---

23 [俄]尼·别尔嘉耶夫:《自由的哲学》，董友译，桂林：广西师范大学出版社，2001年，第170-171页。

24 [俄]别尔嘉耶夫:《论人的使命》，张百春译，上海：学林出版社，2000年，第376页。

赋人之"本原自由"相龃龉。自由要求的不是行善的或实质的自由，而是形式的自由，那里可以产生善、合乎传统教义的美德，但也可产生某种与基督教传统相悖的东西。

比如，《少年》里的维尔西洛夫既非好父亲，亦非好丈夫、好情人、好公民。《群魔》中的基洛夫是个疯狂地与上帝徒手相搏的自杀者；沙托夫、斯塔夫罗金的罪之沉重非一般人能比，以至于令其命亡。《罪与罚》里被近乎卑下的爱欲和高贵的心性所挤压，最终以自杀结束了生命的斯维德里盖洛夫，已及索菲亚被贫穷击垮的父亲、极度虚荣的母亲、放高利贷的老婆子、老婆子那个影子般苍白的笃信上帝的基督徒朋友……他们哪个是圣徒呢？可所有这些被罪缠身、远非完美的人物，陀思妥耶夫斯基难道不是为他们都留下了得救的希望，给他们打开了从基督得救的恩典之光吗？就连几乎是许多罪的渊薮、最后还悖逆基督教不可自杀之教训的斯塔夫罗金，在陀思妥耶夫斯基笔下也并未被夺去得救的希望。

17

守护每人思想的价值，这就是巴赫金所谓陀思妥耶夫斯基复调小说乃思想小说的根底所在。

巴赫金说，在"独白型世界里，……一个未被肯定的思想，为要进入作品结构之中，必须失去自己的价值而变为心理因素"，而在陀思妥耶夫斯基那里，"思想虽被置于肯定的一边或否定的一边，但同时却没有降低为失去直接价值的一种单纯的心理感受"。[25]独白型意识所以否定所谓否定思想的独立价值，关键在于将"存在统一性"，"偷换"成为"意识的统一性原则"，从而将真理归诸于"某种统一的系统独白型语境"。[26]因此，在独白型作品中，一切都只是作者意识的表现，"他人的思想不会得到描绘"。[27]但巴赫金指出，"统一的真理倒要求有众多的意识，统一的真理在原则上不可能全容纳在一个意识的范围之中"。[28]作为"一个伟大的思想艺术家"，"陀思妥耶夫斯基擅长的，却正是描绘他人的思想，但又能保持其作为思想的全

25 巴赫金：《诗学与访谈》，白春仁、顾亚玲译，石家庄：河北教育出版社，1998年，第103-104页。

26 巴赫金：《诗学与访谈》，第104页。

27 巴赫金：《诗学与访谈》，第110页。

28 巴赫金：《诗学与访谈》，第104-105页。

部价值"。[29]在独白型作品中，只有一个人即作者的意识才是有价值的，作品中每个主人公的形象都不过是作者的盖棺论定，是作者意识的表现。这种意识的一元论，恰是陀思妥耶夫斯基所要颠覆的。真理是一元的，但关于真理的思想、意识则是多元的。意识的多元恰应是真理显现的必由之路。

18

故是否肯定包括罪错在内的任何思想意向的独立价值，是陀思妥耶夫斯基复调型小说与传统独白型小说的基本区别。[30]而肯定所谓罪错思想的价值意味着什么？除了意味着肯定包括犯错、作恶之自由在内的自由，即奉自由为不可侵犯外，又会是什么呢？上帝"叫日头照好人，也照歹人；降雨给义人，也给不义的人"，[31]不恰是包含着对每个人价值的某种肯定吗？否则，如何有"我来本不是召义人，乃是召罪人"呢？[32]

别尔嘉耶夫说，自由是真善美的光明的源头，亦假恶丑的黑暗的源头，两者皆出于其中。[33]上帝是原初自由，其给与人的也是同样的自由。但作为无限、绝对、在于永恒之中的上帝能够纯然光明，纯然地真善美而与黑暗、假恶丑、非人性无染，有限、有肉身、在于时间之中的人，却无能免去恶与黑暗的羁绊。无限自由处于有限肉身，这种巨大的悖论注定人要陷在痛苦、苦难的撕裂之中。但承受撕裂而不摒弃自由，却又是自由的尊严、价值所在。否则，上帝为什么要担受十字架上的裂伤？拥有同样的自由，上帝做到的人便同样有可能做到！上帝在十字架上的死召唤、激励人与他一起承受自由的裂伤与死亡，并由之而复活永生，得享永远的自由。这是否也是上帝十字架的奥秘之一？故如果人坚守天赋自由，上帝岂会因人的错谬、罪而撤去他对人的怜悯、救恩吗——这岂不是说，正因为上帝担受了无罪的刑罚，人方得领受虽罪错而得赎的恩典？

19

因此，陀思妥耶夫斯复调小说最不同寻常的意义应在于，在诗学或文学

---

29 巴赫金：《诗学与访谈》，第 110 页。

30 巴赫金：《诗学与访谈》，第 105 页。

31 太 5:45。

32 太 9:13。

33 [俄]别尔嘉耶夫：《末世论形而上学》，张百春译，北京：中国城市出版社，2003 年，
第 110 页。

形式上，他归还、推进了人的自由，除去了传统独白型小说对人的无意识的囚禁。文学是人学，是为人性的自由伸展和提升呼号的号角，但在对主人公的独白型叙述形式中，却潜意识或无意识地延续、维持了对人的原罪性的奴役。也许可以类比地说，就像旧约有了瑕疵，需要另立新约一样，由于旧的诗学范式未能在文学的深层根基或言说形式上维护人的自由，陀思妥耶夫斯基创造了复调型小说，为人类创立了新的诗学范式——那是堪称诗学新约、文学新约的吧。我没有说陀思妥耶夫斯是新诗学的耶稣基督。这个虔敬的基督徒不会让人这么说。他始终跟随基督，始终在基督怀中，效法基督。但正像基督来使人得释放、自由[34]那样，陀思妥耶夫斯基将人们从习焉不察地潜伏在文学形式中的原罪对人的掳掠之中释放了，至少"让主人公变得相对地自由和独立了，因为一切能使主人公按照作者构思成为特定形象的东西，可以说是把主人公盖棺论定的东西，一切能一劳永逸地使主人公成为完成了的形象的东西，——这一切现在已经不是作为完成这一形象的形式在起作用，而是作为他的自我意识的材料得到利用"。[35]

20

赘言之，在独白型小说中，作者若主宰、论断一切主人公的阎王、大法官，主人公不过是唯凭作者欲誉欲毁、欲拘欲放的小鬼，陀思妥耶夫斯基则让阎王退位，小鬼当家，让作者闭口，让主人公披上法袍，自由地为自己申说、辩护并量刑，即让主人公的思想、言说破天荒成了自己的思想和言说，成了他自己对世界、对自己的言说。巴赫金说：

> 对陀思妥耶夫斯基来说，重要的不是主人公在世界上是什么，而首先是世界在主人公心目中是什么，他在自己心目中是什么。[36]

> 陀思妥耶夫斯基的世界，是带有深刻的多元性世界。如果一定要寻找一个为整个陀思妥耶夫斯基世界所向往又能体现陀思妥耶夫斯基本人世界观的形象，那就是教堂，它象征着互不融合的心灵进行交往。……在这里，多元化变成了永恒的现象。[37]

---

34 路 4:18。
35 巴赫金：《诗学与访谈》，白春仁、顾亚铃等译，石家庄：河北教育出版社，1998 年，第 67 页。
36 巴赫金：《诗学与访谈》，第 61 页。
37 巴赫金：《诗学与访谈》，第 67 页。

巴赫金称此为"陀思妥耶夫斯基好像是实现了一场小规模的哥白尼式变革"。[38]这是可信服的。旧皮袋不能装新酒，"新酒必须装在新皮袋里"。[39]试想：如果不能创造将主人公从作者的掳掠之中得释放的诗学原理，陀思妥耶夫斯拿什么来彰显每一个主人公的思想价值，拿什么让主人公们"众声喧哗"，纵享思想、言说的狂欢呢？

21

这直接引出了陀思妥耶夫斯复调小说主人公的几个新面相。

（1）主人公本人对世界的意识，即"世界在主人公心目中是什么"——此堪为主人公关于世界的言说。

小说讲述的不是作者的思想，而是主人公的，是主人公对自己心思的讲述和描绘，主人公自己做了自己的独白型作家。"思想在这里是描绘的对象。如果说思想是观察和理解世界的一种指导原则，是再现世界的指导原则，那么这只是对主人公来说是如此，却绝不适用于作者本人——陀思妥耶夫斯基。不同主人公各自的世界，都是按照普通的独白型的思想原则构建起来的，仿佛是这些主人公自己构建起来的。"[40]

最典型的可为《卡拉马佐夫兄弟》里的伊凡。"对伊万·卡拉马佐夫来说，如同对'哲理诗'的作者一样，思想又是描绘世界的指导原则，因为陀思妥耶夫斯基作品中的每个人物，就其潜在意义来说，也俨然是个作者"。[41]我们看到，小说中那个堪称"小说中的小说"的精彩篇章《大法官的传说》，就是小说主人公伊凡自己讲的哩！

（2）主人公意识的对象乃他人的意识，其意识运动过程即与他人意识，也就是对他人言说的言说——此堪为主人公之间的相互言说或对话。

陀氏笔下的主人公对世界的意识之中的那个"世界"，并不是通常笼统的所谓"客观世界"，而是"与之平等的众多他人意识的世界"。[42]这个"与之平等的众多他人意识"纷至沓来地围浸着他，回应着他的言说并向之发问、急切地寻求着他的言说的回应。这就意味着主人公对世界和自己的意识，其实

---

38 巴赫金：《诗学与访谈》，第64页。

39 路5:37-38。

40 巴赫金：《诗学与访谈》，第32页。

41 巴赫金：《诗学与访谈》，第32页"作者注"。

42 巴赫金：《诗学与访谈》，第64-65页。

也就是与他人意识的对话，且正是在与他人意识的对话里他意识着自己，推进、深化着对自己的意识。

（3）与独白型作品不同，在这里，不是作者以主体身份对主人公外在地"观看"、"描绘"，而是主人公自己呈现自己内心，申说自己的思想，作者描绘的无他，其实就仅仅是主人公的这种呈现、申说。主人公的思想作为"描绘的对象，本身就相当于主人公，正如拉斯柯尔尼科夫、伊万·卡拉马佐夫等人的思想一样。……它们不会变成作为艺术家的作者本人的指导原则。否则的话，小说便成了普通的哲理小说。……独白型小说归根到底总是只能有一个观察的角度"，即作者的角度。陀思妥耶夫斯基复调型小说的观察角度却是多元的，每个主人公人都是一个和作者一样的独立观察角度，因在这里不是作者在描绘主人公的思想，而是主人公自己在呈现自己之思想，每个人物的思想都是"小说情节的平等的参加者"。[43]

22

正因作品描绘的只是主人公自己思想的自我呈现，这便带出了陀氏复调主人公的另一面相：他永远是未最终完成的，即他永远处于尚未完成的途中。

原因是简单的：作者描绘的已不再是主人公的客体性形象，不是其在生活环境中自身的意识世界如何成长形成，而是他对自己之意识的自我意识。这种自我意识无时无刻不在与他人和自己对话，不在变动不居地形塑自己，向着一个仿佛地平线般的对方流淌。就像《地下室手记》里的"地下室人"那样，许多主人公们不能"最终完成"自己作为"各自品格和属性的载体"的形象，他不过是"意识和幻想的主体"，完全"在自身溶解了自己本来面目的所有各种可能的稳定特征，使之全变成了反应的对象"。这使得"陀思妥耶夫斯基的主人公是永无完结的功能。……陀思妥耶夫斯的主人公没有一时一刻与自己一致"。[44]这就是说，他的主人公始终是在"我"之中的，"我"这个"处身位置"外人根本无法踏入，"我"堪称坚拒任何"他"者渗入的屏障，故根本不存在包括作者在内的任何人来对他盖棺论定的可能性，任何人的盖棺论定也都会被他"作为他的自我意识的材料得到利用"。[45]主人公"知道，最后的定论要由他来做，他无论如何要竭力保住给自己做定论的权利、保留自我意

---

43 巴赫金：《诗学与访谈》，第 32-33 页。
44 巴赫金：《诗学与访谈》，第 66 页。
45 巴赫金：《诗学与访谈》，第 67 页。

识的最后判断力，为了在最后审判中变成为有别于今天的人。他的自我意识赖以存在的，正是他不能完结、无法完成、永无结果的特性。这不仅是'地下室人'自我意识的性格特征，同时又是作者塑造这一形象的主导原则。作者确实把最后定论的权利留给了主人公"。[46]

46 巴赫金：《诗学与访谈》，第 69 页。

五、复调与身位、作者与主人公

1

那么，陀思妥耶夫斯基是如何让主人公不受作者掌控而自己说自己的话、想自己的思想呢？作者难道不是主人公的创作者？若是，那么主人公的思想、言说岂不是作者所"描绘"出来的？若这样，主人公的思想、言说如何就成了他自己的思想、言说了呢？

2

巴赫金有两段话，很好说明了这一点。

（1）"主人公一切固有的客观品格，他的社会典型性和性格典型性，他的 habitus（脾气、性格[引者]），他的精神面貌乃至他的外表——这一切通常被作者用来塑造确切的稳定的人物形象（"他是谁"）的手段，在陀思妥耶夫斯基笔下，全都成了主人公施加反应的客体、他的自我意识的对象；而自我意识的功能本身，则成了作者观察和描绘的对象。……而作为作者观察和描绘对象的主人公自我意识，以纯粹的形式整个地留在作者的视野之中"。[1]

（2）"他把作者和叙述人，连同他所有的观点和对主人公的描写、刻画、界定，都转移到主人公本人的视野里，这样他便把主人公整个完善的现实，变成了主人公自我意识的材料。无怪乎陀思妥耶夫斯基让马卡尔·杰符什金去读果戈里的《外套》，让他读时要感觉到这就是写他自己的小说，就像是对他自己的'诽谤'。这样一来，陀思妥耶夫斯基就真的把作者引入了主

1　巴赫金：《诗学与访谈》，第62页。

人公的视野了"。[2]

3

这里的关键可有三点。

（1）传统诗学所谓作者塑造的人物形象——即作者所描绘在读者面前的"他是谁"中的那个"谁"——已没有了，作者已不再塑造那样的人物形象了。在这里，传统小说——独白型小说——意义上的作者在复调小说中已不存在了，作者卸下了这个担子，转而腾出手去"观察和描绘……主人公自我意识"了。

（2）主人公自我意识的对象是他自己及他生存于其中的世界，亦即他的"他是谁"和他生活其中的世界。我们不难看出，这些只能是作者"让"主人公看到、"让"映进主人公视野、"让"摆在主人公面前的，尽管作者并不像独白型作者那样去直接进行描绘，而是通过主人公的自我意识所折射出来的，但映照进主人公自我意识中的那个对象性的"形象"，归根结底却仍是作者"提供"给主人公的，尽管是通过主人公心镜的投射。巴赫金说："独白型作家供自己用来创造十分完整的作品和十分完整的作品中世界的所有手段，陀思妥耶夫斯全部都交给了自己的主人公，使它们成了主人公自我意识的内容"。[3]

这让我们看到，主人公对之展开"自我意识"的对象，由于是作者投射到主人公自我意识的镜子上去的，其背后便是站着作者的身影，藏着作者"看不见的手"的。主人公的自我意识、自我思想和言说就不仅仅是对着"自我"，而且同时间接地和隐蔽地也是对作者的某种回应了。也就是说，由于主人公所言说、思考的自己的形象出于作者之手，故他对自己的所说的，便也是对作者的某种回应，也是一种复调的。

（3）这样，可以进一步地说，主人公对之进行自我意识的那个"我"，既是主人公自己之我，也同时是作者之我哩！因如前所述，主人公自我意识的那个"我"是"作者"所奇妙地呈示给主人公的，在镜子里看见自己的马卡尔·杰符什金，便是这种情形的最生动写照，尽管稍嫌简洁了些。"这样一来，陀思妥耶夫斯基就真的把作者引入了主人公的视野了"。这也就是说，作者不

---

2 巴赫金：《诗学与访谈》，第63页。
3 巴赫金：《诗学与访谈》，第68页。

在小说之中直接出现而实际上却出现了，实际上在小说中成了主人公的对话者了！

（4）此刻即须补充指出，为什么说复调小说里作者和主人公都是平等的主体。作者是主体，因为主人公自我意识的对象仍然是作者所提供给主人公的——当然，是通过主人公自我意识的折射；主人公自我意识的对象性形象虽然是作者看不见的手所描画的，但作者"看得见的手"所着力描画的主人公的自我意识，却是主人公用自己的心灵对自己形象的意识，而不是作者对其之意识。也就是说，作者是把主人公当作主体之"你"，而不是当作客体之"他/它"的。

4

这样来看，复调小说主人公与其自我意识之对象的关系，与人称代词与其所"代"之姓名的关系，恰是同质、同形、同构的。

（1）同质。

人称代词对姓名——或可说"人称代词人与姓名人"——的意识关系，与主人公对自己形象的意识关系同质。

人称代词所"代"的是人的姓名。可以说其乃对姓名的某种"意识"或"言说"。由于"我"乃最先的代词，故在逻辑上，人称代词对姓名的意识非他，实在也就是人对自己的意识，即对以姓名为表征的自己的"我是谁"、我的形象及生活世界的意识。试想：当一个人说"我"的时候，这个"我"不正是含蕴着他对他姓名指称的那人所有之一切的"自我意识"吗？而"我"不也正是他对其姓名之中的那个人所有的一切的一种言说吗？这与复调作品里头主人公对自己的自我意识不刚好是同样的吗？

（2）同形。

人称代词人对姓名人的意识形式，与主人公对自己的意识形式相同，即都是双方之对话。

不言而喻，自我意识即自我对话。因这里相互面对的人称代词人与姓名人在存在论（Ontiology）上乃是同一的，他们的区分仅只是生存论（Excentialogy）的。复调之为复调，首先即在于自己对自己的对话、自己对自己的聆听与言说。前说到，人称代词的发生乃一语言事件，乃语言对语言的言说。毫无疑问，人称代词对姓名的取代本身，也就是双方相互对话的结果。一方面，人称代词当然吁请姓名准允它代指姓名；另一方面，姓名当然是"听到"并"准允"了人称代词之吁请，并"授权"给了人称代词的；三，人称代词敢于如此这般"吁请"，无疑乃是它先已经"听到"了来自姓名之中的一切话语、言说，它们召唤着人称代词的出现，故人称代词的出现乃是对姓名召唤的应答；四，没有看到过姓名人拒绝人称代词人，拒绝其以"我"之名所说之话语的。他欣然承纳"我"所说的一切，以"我"说的关于姓名人已有和未有、将有的一切为一切，与主人公自我意识中的情形形式上若合符节。

（3）同构。

在对话的结构样式，即对话的参与者及其各自在对话中所处位置、所扮角色等方面，两者也是相同的。

一，主人公以自己的形象为意识对象，人称代词人则以自己的姓名人为意识对象；

二，作者的无形之手使主人公与自己的对话得以发生，人称代词人（"我"）和姓名人（刘子等）的对话得以发生的，在逻辑上，岂不也同样要有一个"使"发生者吗？尽管这个"'使'发生者"比小说作者显得更为隐蔽。也许可以说其为"逻各斯"，缺乏"作者"那样的具象性，但它作为"使"者之存在却是无疑的。

三，作者与主人公各为平等的主体，人称代词人与姓名人无疑同样如此。

5

因此，复调小说可以说也就是人称代词小说，或曰身位小说。复调小说中作者与主人公、主人公与自我意识之对象等的关系，完全可以置换为人称代词三身位间的关系。因复调之为复调，更抽象也更准确些说，也就是"我"、"你"、"他"七嘴八舌说作一片，却又因身位不同、所扮角色不同而各种声音判然有别、脉络清晰的对谈。复调小说不同于独白小说，除了独白只是作者一人在说话，而复调乃作者与众多主人公一起说话之外，更大的区别则在于，独白是作者作为"外在于"众主人公的"他"一人的独角戏，或只是主人公作为作者操纵下的多个木偶般"他"的玩偶戏，复调则是作者、主人公多重的三身位在舞台上的生动鲜活的多角色表演。

6

关于复调性与身位性的这种多重联系，让我们先从作者与主人公方面着手来看。

7

作为对比，也许可先说一下独白型作品中的身位关系。

在那里，作者当然可以说是"我"，因为全部作品都是从作者一人的视角描绘的。对于主人公来说，由于他们都是作者的客体，是外在于作者的"他"，这样，作者与主人公的身位关系便只能是抽象的、形式性的"我-他"了。双方之间缺乏实质性的身位性的意识交集，因主人公作为作者的客体，只能被动地接受作者单向度的盖棺论定式言说，没有丝毫"回嘴"的可能。譬如，就像唐明皇、杨贵妃之于白居易，双方身位性的对谈是不可能的。

另一方面，作者与主人公也可以说是"他-他"的身位关系，因为双方互相都是"外在于"对方的"他"。作者是"我"，但却是从"他"的身位看待主人公，并将主人公看为"他"的。当然，主人公可以以第一、第二人称的名义出场。但那里的"我"是"伪我"，"你"是"伪你"，大家都只不过是作者所"塑造"的一个"他"而已。

8

前已说及，复调小说所取乃"新的作者立场。……作者自己的意识获得了这种特别积极的扩展，……首先在于与具有同等价值的他人意识产生一种特殊的、以往从未体验过的对话交际，在于通过对话交际积极地深入探索人们永无终结的内心奥秘"。[4]

故在身位上，作者积极充当"我"，为主人公提供自我意识的对象（主人公本人及其世界），将之"呈示"在主人公面前，便无疑是题中应有之义了。但作者虽呈示给主人公自我意识的形象，却不是站在主人公身外，而是站在其"身内"，即透过主人公自己的心灵或意识之镜所折射给主人公的。也就是说，作品中虽然也有主人公的"形象"，但它不是作者刻画的，却是主人公自己刻画的，就像所谓"人称代词人"之观看、刻画"姓名人"，即如前所述，作者把他的描绘手段都交到主人公手里了。这样，作者仍然是位主体、是"我"，但主人公却没有沦落为"他/它"，而仍然是面对自身形象的"我"，他成了"你"了，就像人称代词人"我"面对着姓名人（刘子等）那样。这样，如果说作者因为提供了主人公自我意识的形象而堪称主人公的"我"，便也因同样原因亦乃主人公的"你"了：因为主人公才是自己的"我"，他必须要

4　巴赫金：《诗学与访谈》，第 91 页。

自己对自己做出意识，说出关于自己的最后的话，任何人无权对他盖棺论定，哪怕那个藏在他的自我意识对象后头的作者。

这便显露出来，为什么陀思妥耶夫斯使主人公自己成为自己的"你"，从而使他的话成为他自己作为"你"说的话了。巴赫金说，陀思妥耶夫斯基

> 要求创造这样一种艺术氛围，要能使得主人公的语言自我揭示，自我阐明。……这里的一切都应能触动主人公、刺激他、向他发问，甚至和他辩论，对他嘲笑；一切都要面向主人公，对他讲话；一切都得让人感到是在讲在场的人，而不是讲缺席的人；一切应该是'第二人称'在说话，而不是'第三人称'在说话。'第三人称'的思想视角，是适合于塑造稳定的主人公形象的场所。……作者的构思，要求把小说结构的一切因素全盘对白化。由此陀思妥耶夫斯基作品中才产生了那种看上去的神经质、极度紧张和不安的气氛。[5]

9

还可分析稍仔细些。

（1）人们一般会想："我"不应是主人公所临到、所与之相互面对的另外的主人公吗？当然，会有各种各样的主人公一个个纷至沓来地簇拥到他面前——或者是主人公一个个走到他们跟前去。陀思妥耶夫斯基不少主人公都是这样"走来走去"的角色哩——刺激、激发、甚至迫压、磨折着主人公，要主人公对涌向他的言说者做出回应，去赞成、反驳、纠正、或补充他们。当然，更重要的是为自己申辩，向人说出除非他说便任何人也不会知道、不会懂得的他的心声。

（2）如果每个主人公都是别的主人公的"我"，岂不恰意味着他们每人也同时都是对方的"你"，即他们互为"我-你"吗？如果主人公们都互为"我-你"，便也同时就是互为"你-我"了。这样，他们岂不都是互为"你-你"的吗？因在这种情况下，每个人所说的话便都不是孤立的夫子自道，而是对别人的话的回应，是在别人作为"我"对我言说之后，我作为对方的"你"的应答了。

（3）可是，若说每个主人公实际上都是"你"的话，那么，谁才是那个

5　巴赫金：《诗学与访谈》，第84-85页。

真正的"我"呢?

试想:那个真正的"我"不是作者又会是谁呢?因为每一个主人公彼此你来我往的意识、对谈,都是出现在作者要与主人公们进行"我-你"对话的意识之中的。作者的对话意识乃主人公们的意识自由伸展的土壤、阳光、空气。这就是巴赫金下面的话所说的:

> 作者的意识,感到在自己的旁边或自己的面前,存在着平等的
> 他人意识,……他人意识不能作为客体、作为物来进行观察、分
> 析、确定。同他们只能进行对话的交际。思考它们,就意味着和它
> 们说话。……复调小说的作者,必须有很高的、极度紧张的对话积
> 极性。[6]

巴赫金说,陀思妥耶夫斯基的复调小说也就是包括了各种各样的微型对话的一场大型对话。这与作者要与主人公们进行对话,体验思想碰撞、交流,享受思想探险、遨游的愿望显然是天然相连的。巴赫金说陀思妥耶夫斯基的复调小说可"称作思想小说。……他的主人公是思想。思想成了描绘对象",[7]更在其前的别尔嘉耶夫亦持此见,说其作品中呼啸着思想的旋风,"他是真正的哲学家,最伟大的俄罗斯哲学家。他为哲学作出无比大的贡献"。[8]若说其为一场思想狂欢的盛宴,作者无疑也就是它的组织者。

10

因此,在有限的意义上,说陀思妥耶夫斯基小说的人物都是他自己思想的化身,也是对的。因所有人物的思想都是被陀思妥耶夫斯基审视过或本来就是出自他自己的"思想原型"。[9]但说陀思妥耶夫斯基的人物都是他本人思想的化身却又大谬不然。因所有那些思想"一旦进入他的复调小说,便会改变自己存在的形式",作者对于主人公的宰制荡然无存,小说里有的仅仅是作为"大型对话中平等的参与者",主人公与主人公、主人公与作者自由对话,自由地呼号、跳踉,[10]畅游于多重对话、言说的激流漩涡。小说呈现的乃意识与

6 巴赫金:《诗学与访谈》,第 90 页。

7 巴赫金:《诗学与访谈》,第 29 页。

8 [俄]别尔嘉耶夫:《文化的哲学》,于培才译,上海:上海人民出版社,182007 年,第 18 页。

9 巴赫金:《诗学与访谈》,白春仁、顾亚玲等译,石家庄:河北教育出版社,1998年,第 118-121 页。

10 巴赫金:《诗学与访谈》,第 121 页。

意识、言说与言说相互激荡、碰撞的"样式"。独白型小说乃以"塑造形象"为中心的文学，其堪为"看"的、塑造"形象"的文学，作者必须要"处身于""形象"之"外"，否则其无法描绘那形象。作为以呈现对话为中心的文学，复调型堪为"听"的文学。"听"离不开"言说者"、"聆听者"、"见证-鉴察者"不可分割的身位牵缠，作者如何能够不以特定的身位参与到主人公的言说之中呢？他不是站在主人公之外描绘主人公的"形象"，他就是主人公之一员，他的灵魂是正与主人公纠缠、撕扯在一起的。只不过作者并不直接现身于作品之中，而是通过在主人公"心镜"上投射主人公"映像"，通过主人公对自己形象的自我意识来间接地实现与主人公之对话的。陀思妥耶夫斯基自称是比那些现实主义者更为真实的"理想主义"，[11]人们则称陀思妥耶夫斯为"心理学家"。[12]对此可有各种各样的诠释。从对话的身位性来看，是否可说此即由作者与主人公彼此精神、意识的身位性对话、身位性共在来一起探究灵魂奥秘、创造新的精神、新的心理现实的"主义"呢？

11

这便显露出来，对陀思妥耶夫斯基复调型小说来说，不论在小说中出场的人物是谁：地下室人啦、"少年"啦、梅思金啦；不管小说的叙事者是谁："我"（地下室人、"少年"）、"他"（梅思金、伊凡、阿廖沙）等等，但实际上同他们对话的都有一个作者之"我"，而叙事者也都是那同一个作者之"我"。作者是不出场地与主人公们在场的，不言语地与主人公对谈的。所有主人公都是作者之"我"的"你"。无论作品的叙事者是谁，无论主人公与谁说话、与谁的意识相碰撞，不论主人公面临着多少人物的对话，归根结底，作者都是参与其间的，其中都隐含着作者的声音。作者是整部小说言说狂欢之中的"我"，只是由于这"我"是以不出场的方式在场的，以其言不说之说，"让"主人公说世界和自己，说他自己的"心声"。作者之"我"是整个言说派对的主持人，但主角却是应作者之召唤而来的主人公之"你"，高潮是"你"在四面八方汹涌而至的言说激流之中淋漓尽致地在坦露的心声！

---

11 《费·陀思妥耶夫斯基全集》第二十一卷，郑文樾、朱逸森译，石家庄：河北教育出版社，2010年，第598页。

12 参[英]马尔科姆·琼斯：《巴赫金之后的陀思妥耶夫斯基》，赵亚莉、陈红薇、魏玉杰译，长春：吉林人民出版社，2004年，第3页。

对作者来说，主人公不是"他"，也不是"我"，而是不折不扣的"你"，也就是他人另一个货真价实的"我"（"自在之你"）[13]

12

"自在之你"的概念实在是石破天惊、振聋发聩的！其首先堪为解索陀思妥耶夫斯基复调文学不同寻常的诗学奥秘的钥匙："主人公不是'他'"，即不是外在于作者的客体；"不是'我'"，即不是作者作拜伦式直抒胸臆的传声筒；"而是不折不扣的'你'"，即与作者和其他主人公平等对话的主人公自己"货真价实的'我'"。这个"我"如此货真价实，他完全自满自足，不容外人渗透和侵入，如前所述，他自己的过去、现在、未来必须他自己论断，不容他人置喙——他是自在的"自在之你"，他人岂能晓得呢？

13

"自在之你"岂毋需进一步辨析？

不。需要。

那么，这是一种怎样的"自在"呢？

14

我们已经看到，主人公成为"自在之你"，乃是由于自我意识、自我言说，而这些能够发生，端赖于人对自己形象的"看见"——并且，尤其重要的是，这一看见不是自我反思式的，即不是一个人沉默不语式的"静观"，而是对话式的，即是对别人关于他之形象的言说的回应，是在"倾听"了他人声音之后的自己对自己的申说、辩护，以及在别人声音的刺激、碰撞、启发之下灵光乍现般的自我发现、自我拓展和升华。

这便显露出来，"自在之你"的自在，不是孤立的、绝对的，而要仰赖于他人对其之言说，即仰赖于与他人的对话。陀思妥耶夫斯基让我们看到，这种对话是身位性的，即作者通过主人公的自我意识的折射为其提供的主人公意识的对象之"我"。正是由于面对着这个"我"，主人公才成了对此一"我"说话的"你"的——这也就是说，"自在之你"的那个"你"，乃是由与之相对话的那个他自己的"我"所激发、启发出来的。在这个意义上，"自在之

---

13 巴赫金：《诗学与访谈》，白春仁、顾亚玲等译，石家庄：河北教育出版社，1998年，第83页。

你”的自在性是非自在的，堪称“非自在的”的自在性。

15

这一点意味深长。

首先，这岂不是悖论，在逻辑上岂不是不能成立？因为依寻常逻辑，所谓自在的应该也就是没有倚傍、自存自在的，其存在有所依待的便不是自在的。

乍一看的确如此。不过，令人不得不重新思考的地方在于：陀思妥耶夫斯基的小说告诉我们，事情确然如此，他小说的主人公确然是这样的“自在之你”哩！

16

那么，如何解释这种悖论呢？

显然，若局限于通常的逻辑或逻各斯，走出这个悖论是困难的。因一，这么说确乎不合逻辑。但二，我们又不能承认这是错的，因事实俱在；可是，三，因为不合逻辑，我们又踌躇再三，不敢大胆说我们看到的是“事实俱在”……那么，问题到底何在？我们看错了“事实俱在”，还是我们的逻辑知识在这里失效了，这里需要的是新的逻辑，需要超出了寻常逻辑的逻辑呢？而且，这种逻辑存在吗？

17

事情还要回到人称代词问题，回到“你”的诞生上来。

前边我们谈到，“你”产生于“我”，我“我”最先产生，然后方称你为“你”的。这当然不错。但是仅这么说还是不够的，还是仅停留于经验描述，尚未达乎科学对内在逻辑一致性的要求。为什么“我”一经产生，便仿佛得到了上天授权一样地，便开口称他所与之相面对、所与之说话的人为“你”呢？如果说人称代词的诞生是个语言事件，这里的逻各斯为何？

18

我们已看到，“我”是我“姓名”的那个能指的能指，是对我姓名下的那个人的“代”指。也就是说，当我说“我”之时，我不是无对象、无所指的，而是清楚地面对着我姓名下的那个我自己，即其实是以我自己为“你”的。为什么“我”与“你”会成为“我-你”，为什么在“我-你”中发生的是马丁·布伯说的两个主体人人格平等的对话，为什么在“我-你”之中两个在者能够携手共赴存在的开敞、澄明？岂不是因为在人称代词"我"的诞生之中，"你"已同时孕育或涵蕴其中了？已经"在场"、"在"那里、已经与你面面相对了，或已作为一个完整的"形象"站在你的面前，让你"意识"他、对他说话了吗？虽然他要等你开口，等你称他为"你"的时候他才是"你"，才获得了人称代词"你"的称号，但当你意识到自己是"我"时，他已经与你同时存在了。就像双胞胎一样，你们孕育在一起，只不过是你先出母腹罢了。也就是说，在语言言说或人称代词诞生这个"语言事件"上，他因你成为"我"而被命名为"你"，但这却没有改变他在生存论上的自在性。

19

更深入地看，"你"的自在性仍是植根在人称代词的逻各斯上的。

一方面，在认识论、生存论上，我能够称你为"你"与我意识着你、你在我面前面对面存在着相关，但更重要的则是：当你成为我的"你"时，我便也同时成了你的"你"，而你则也成了自己的"我"，成了我面前的另一个"我"了。而如前所言，"我"是自我命名的，自在的。这样，你便因为亦乃自在之我而成为"自在之你"了。这就是"自在之你"的逻各斯，是"你"的自在性之由来，是面对作者陀思妥耶夫斯基的主人公能够成为"另一个货真价实的'我'（'自在之你'）"的根本原因。

虽然"我"在时间上是第一位的，在先的，但在逻辑、逻各斯上，他们却是同时的。逻辑、逻各斯上同时的东西在时间上却分出了先后，这应是非时间的逻辑进入时间之后的必然情态，正像上帝本没有先后分别的三位一体却要分为三位，其在人间开启自己的时间也会有先后之别，会分出历史的行程那样。

20

这使我们看到，为什么陀思妥耶夫斯基复调小说的作者与他的主人公会是两个平等的主体，两个平起平坐的"我-你"对话伙伴。因为两造皆为"自在之我"，并由之而使对方成为自己的"自在之你"。在"自在之你"得被彰显的同时，"自在之我"也得到了彰显，从而双方得平等地置身于互为"我-你"的身位性处境之中。

六、文学：作者与圣灵

1

这便进一步显露出来：在复调型小说的言说模式中，作者所扮演的恰好是类似于圣灵的角色，处身于圣灵之身位的。

不难看出，使主人公的"自在之你"得以彰显、得在对自己的意识和对话里自我发现、自我阐释的作品作者，既是"自在之我"，同时也是一个自在之"他"。因为他不是作品主人公的一员，并没具体参与主人公之间的对话和生活。在此意义上，作者也是"外在于"主人公的。然而，由于他所描绘的是主人公自己对自己的意识和言说，他让主人公自己说自己的话，而不是作者规定要主人公说的话。所以，作者虽然表面上是站在"他"的身位上的，但由于以让主人公作为"自在之你"说话，他实际上却是面对着主人公之"自在之你"的那个"自在之我"，并始终时刻都不在而与主人公同在，是主人公一切对话的参与者、见证者、鉴察者。这刚好是神圣三位一体中圣灵的处身位置和在三位格对话中的角色。与主人公乃作者的"自在之你"一样，作者则是主人公的"自在之我"——作者因使主人公成为自在之你，而使自己成为自在之我了。这使得作者与主人公的关系始终都是"我-你"身位关系的。这与上帝三位格之间每一重相互关系都是"我-你"关系类似地是一样的。

2

这便进一步抵近了复调小说身位性的更深层奥秘：它与上帝三位一体三位格或三身位间的情形相似。

我们说到，圣父子灵三位各自都是绝对独立的，他们的独立、区别、歧异是无限的，但因他们都是同样的绝对、无限，故他们又是绝对、无限地同一。三位格都绝对自在，又绝对地相互依待，为名三而实一之神。

3

这提醒我们：陀思妥耶夫斯基复调小说里作者的"自在之我"与主人公的"自在之你"，也可类比地作此理解，视其乃人身上的上帝的"形象和样式"。也就是说，作为有限、相对的存在者，上帝三位格、三身位那种超逻辑的逻辑虽不可能在人身上全然重现，但部分或相对的类似却并非全不可能。作者之我、主人公之你，都是"自在"的，但在对话上，他们却又实实在在相互依待。这使得可以说这种"形象和样式"与上帝三位格之间的"形象和样式"是相似的。不论是有意识还是无意识的，作为一个虔敬的基督徒，说陀思妥耶夫斯基能创造出这种作者和主人公关系类型，是因他心中有一个"类圣三一"的原型，应是能想象的吧。

4

让我们暂回到复调小说的"我-你"结构问题。

这里的"我-你"有两重：一，作者与全体主人公之"我-你"，前已详言；二，由于作品常常不止一个主人公，各个主人公在情节的铺展里时时面对面相遇，他们之间自然便又分别构成各自的"我-你"。第一重"我-你"堪称作者与作品整体的"大型对话"的"我-你"，因为以对话为核心的复调小说，整体上就是"一个大型对话，作者在这里可说是个对话的组织者和参加者"[1]这自然是作者与主人公全体的"我-你"；大型对话之中充满了一场场的小型对话，[2]基于同样的理由，作者与小型对话参与人自也是一重"我-你"了。

5

当然，就小型对话的主人公两造本身来说，也许是应称为"你-你"的。巴赫金说："能与囊括了整个实物世界的主人公意识并行不悖而处于同一层面的，只有另一人的意识；与主人公视野并行不悖的，只是另一个视野；与主人公世界观并行不悖的，只是另一种世界观。作者只能拿出一个客观世界同主

---

1 巴赫金：《诗学与访谈》，第 96 页。
2 巴赫金：《诗学与访谈》，第 97-100 页。

人公无所不包的意识相抗衡，这个客观世界便是与之平等的众多他人意识的世界。"[3]这也就说，每个主人公都是一个"自在之你"，都是作为他人之"客观世界"的"意识世界"，故他们面面相对时虽然相互是以"我-你"之称、"我-你"身位出现的，但他们的对话是两个"自在之你"的对话——不过，这也从另一侧面显露出来，在这种"你-你"对话里，他们仍是作者的"我-你"，因他们"自在之你"的身位，乃由作者所赋。

6

这也就是说，在"内在"上，两个主人公分别是对方的"你-你"；在"外在"上，作者是他们共同的"我-你"，因作者是他们的创造者，即他们各自心镜上自我意识的形象的投射者。心镜镜像的投射者之"处身位置"必是在那心镜之外的。作为主人公的"自在之我"，作者是"内在于"主人公的；作为主人公心镜镜像的投射者，作者又"外位于"主人公，站在主人公之"他"的身位上。赘言之，前已言及，"内在"上作者是主人公的"我"，"外在"上却一定程度地是主人公的"他"，虽然这种"他"与独白型作品里的"他"绝不可同日而语。非常奇奥的是，正是这种既内在又外在、既"我"又"他"的身位性，既成就了作者在双重"我-你"里以"我"的身位对双方对话的内在参与、介入，也同时使得他能以"他"的身位对"我-你"拥有某种超脱。

7

需再强调，可类比地说，作者在主人公对话中的身位和作用，类似于圣灵之于圣父、圣子。

圣灵既外在于圣父、圣子，是圣父之"我"、圣子之"你"以外的"他"，充任着圣父子对谈的见证者，而又内在于他们，当圣父子"我-你"相对、相互聆听-言说时，又同时分别与圣父和圣子相互面对，参与父与子的对谈，构成与父和子的双重"我-你"之中的"我"。

说圣灵外在于圣父子，是说他并未直接就是圣父子对话的双方；说他内在于圣父子，则是说他俩的相互言说、聆听都是凭借、汲取着圣灵，都处身于并依靠着圣灵的逻各斯，是得到着圣灵逻各斯的祝福的。

---

3 巴赫金：《诗学与访谈》，第 64-65 页。

8

也许卸下其中的神学词语，事情要简单得多。我们说，圣父圣子的对话具位格性，与人之间的对话相似。"对话"是什么？不就是"对话"双方互相的说与听吗？而这个"说"与"听"不都是在"言说"之中实现的吗？说要说"出"（个人知情意信、大道、存在等），听要听"见"（人之知情意信、大道、存在等），这样，那个"使"得说与听能得以实现的言说，岂不正像既内在于说、听，而又外在于它们的"灵"吗？否则，说"说出"什么、听"听见"什么呢？有"说"、有"听"即有"灵"，说、听即灵的运动或"运动方式"——"风随着意思吹"，岂不是说上帝的灵随着上帝的言说而吹动吗？

9

因此，就像复调小说的作者将各个主人公的手拉在了一起那样，圣灵把圣父圣子的手拉在了一起。[4]在此意义上，圣灵可说是神圣三位一体中的作者。[5]相应的，复调型小说中诸主人公之"我"和"你"的手，即大型对话和各个小型对话双方同样是由第三只手即作者之手拉在一起的。就像圣灵堪称拉圣父、圣子的手到一起的作者那样，将诸主人公之手拉在一起的作者，也堪称诸主人公之间的圣灵吧。圣灵在上帝三位格中同时分别站在父和子两人的"你"的"处身位置"，即同时分别做父和子的"我"，与复调小说作者和主人公的双重"我-你"结构恰是类似的。

10

更仔细些，圣灵的形象是怎么样的？

（1）首先，当圣父、圣子"我-你"对话当儿，作为圣父、圣子的无限差异又无限同一者，圣灵不同时既与圣父"我-你"对话，并与圣子"我-你"对话吗？并且，不正是由于与圣父、圣子的"我-你"对话，圣灵也自己独立地意识着自己的"自在之我"，保持着自己对于圣父子的"他"身位吗？

（2）这样来看，圣灵呈现给我们的不刚就是"太初有言说"中的言说的样式吗？不就是"让"言说或对话中的"我"、"你"、"他"全都自在地聆

---

4 当然，圣父圣子圣灵三位一体，我们也同样可以说是圣三一之中的任何一位把其余的两位拉在了一起的。

5 不用说，任何类比都是有缺陷的，都是及其一点，难及其余的。

听、回应对方的言说，并自在地自我言说，从而各自在"我"、"你"、"他"的身位上在自由自在的言说-对话之中成为自由言说的同一体，使父、子、灵三位格与"我"、"你"、"他"三身位"一体"，亦即使位格与身位契合无间吗？

（3）圣经说，上帝是个灵。[6]当然，圣经还说上帝是言说。这两者说的应该是一个事情的不同面相。

上帝是灵，因为上帝就是言说，除了语言概念、逻各斯，上帝根本就无从想象、闻见和把捉。对他可勉强把捉于万一的，不是唯有逻各斯吗？语言概念、概念之逻辑、概念在对话中的相互激发、碰撞、运演等，虽无从闻见，但即使最抽象的概念，毕竟可有某种表象的。

上帝是言说，岂不因为上帝是灵，灵就住在他的话语里，随着其之言说风一样来来去去。灵之风在话语之中吹过，岂无踪迹？我们常说思想、心灵在对话中的碰撞、启发、触动，若说言说乃灵的运动"形式"，所有这些碰撞、启发、触动等等，当正是灵的运动的"情状"。上帝之言中岂无"碰撞"等等吗？三位格无限同一，又无限对立，岂只有和谐而无冲突？尽管圣经给我们启明的主要是前者，但后者却无疑是存在的，否则如何有圣子气绝前"父啊，父啊，你为什么抛弃我"[7]的呼喊？

11

这便又一次显露出，为什么可说陀思妥耶夫斯基复调小说更接近圣灵的样式：主人公们对话冲突如此沉重厚顿而锐不可当，大型对话的主人公系"自在之你"，小型对话的主人公又双双为"自在之你"，作者乃"自在之我"，这么三重"自在者"聚集一起，岂无冲突，无思想的风暴？当然，我们不能简单地说这种言说、对话的冲突是上帝"形象和样式"的投射，与之有某种形式类似，因我们的神学长期谈论的更多是上帝三位格间的一体，但该三位因皆为"自在"而必然会发生冲突这一点，在逻辑上，则应仍然是成立的吧，譬如，父神之放任圣子被钉。虽然后者愿服从前者的意志，但两者间意志的歧异、冲突却是存在的。当然，这种歧异、冲突在耶稣基督的服从、复活、升天中是获得了绝对、无限之和谐的。

6　约 4:24。

7　太 27:46。

12

这使我们可以理解，为什么在陀思妥耶夫斯基那里，主人公们各种剧烈冲突最终会复归于平静安宁，因为他们最终归向基督那和平君王！这就是巴赫金下面所说的：

> 在陀思妥耶夫斯基面前展现出来的，不是一个由描写对象组成而经由他的独白思想阐发和安排起来的世界，而是一个由相互阐发的不同意识组合起来的世界，是一个由相互联结的不同人的思想意向组合起来的世界。他在这些不同的意向之中，寻找一个最崇高最有权威的意向；他并不把这个意向看成是自己的一个真实的思想，而看作是另一个真实的人以及他的言论。他觉得，思想探索的结果应是出现一个理想人物的形象，或者是基督的形象，应该由这个形象或这个上天的声音来圆满地完成这个多种声音的世界，由它组织这个世界、支配这个世界。正是写出这样一个人的形象和他的声音（对作者来说是他人的声音），才是陀思妥耶夫斯基遵循的最高的思想准则：这不是要忠实于自己的信仰，也不是要求抽象信仰的正确，而恰恰是要忠实于一个权威的人物形象。[8]

13

应当说，巴赫金这些话对把握陀思妥耶夫斯基作品的思想图景是十分重要的：作品一切对话皆归向"另一个真实的人以及他的言论"，即归向"一个理想人物的形象，……基督的形象"的出现，"由这个形象或这个上天的声音来圆满地完成这个多种声音的世界"。巴赫金格外经心地指出，"对作者来说"，基督"这样一个人的形象和他的声音"，"是他人的声音"——"他人"一词非常耐人寻味。它意味着：一，作品的最终目标，不是作品本身各个人物的完满塑造，而是基督形象的出现；二，作者积极参与"我-你"、"你-你"对话，最后却走向了"我"、"你"之外的"他"，即基督——这是为什么呢？其中有无逻辑可寻？

14

"一"好像是易于理解的：陀思妥耶夫斯基主人公对话的最终指向是基

---

8 巴赫金：《诗学与访谈》，白春仁、顾亚玲等译，石家庄：河北教育出版社，1998年，第128-129页。

督，作者又并不给出对话各方孰对孰错的独白性论断，而作为对话核心的基督的形象又早由圣经启示明白，昭然若揭。这样，要判断人们关于基督的任何言说的对错，不是自然要求诸于基督本人，即求诸于圣经描绘、启示的基督形象吗？陀思妥耶夫斯基那里没有抽象的教条式的信仰真理，他唯一的真理就是基督本人哩。

另一方面，这种最终归向基督形象的趋向，在诗艺上，与主人公走向自身的新形象，即走向他向着未来的更新，走向向着他迎面走来、他身上眼下尚不明朗、不备具的他自身之"他"的意向，在运动方向上恰是一致的。不可忘记，在陀思妥耶夫斯基复调型小说里说话的是"自在之你"，也就是每个人的"自在之我"。由于每个这样的"你"、"我"都是仿佛的"我是我所是"，其之"是"都是无限地敞开的、无限定的，永远处于既济之他向着未济之他运动的。故巴赫金强调，"人任何时候也不会与自身重合。对他不能采用恒等式：A 等于 A，陀思妥耶夫斯基的艺术思想告诉我们，个性的真谛，似乎出现在人与其自身这种不重合的地方，出现在他作为物质存在之外的地方。而作为物质存在的人，是可以不受其意志的制约而'缺席'地窥见他、说明他、预言他的。要理解个性的真谛，只有以对话渗入个性内部，个性本身也会自由地揭示自己作为回报。"[9]

很明显，这种对个人身外之"他"的寻求，与"多音齐鸣"世界对天外权威世界即基督形象的归向，在结构上是同构的。这是陀思妥耶夫斯基复调型小说整体上的归向作品外的上帝，和各个主人公要自己言说自己，自己为自己说出最后之言的根本原因所在。

当然，另一方面，更具本体论意义的缘由也许在于：作品所以指向基督，乃因主人公们的对话是在自由之中的对话，这本身便意味着，他们的自由对话，既是对自由之恩赐的享用，也是对自由之呼召的回应，是朝着自由本身的奔行，是向着自由即基督的委身。恰如我们在有限的生命之中向往、意向永恒生命，主人公们对自身之他的向往，与对身外之他即基督的向往，形式上是同构的。

15

"二"之原因可从两方面见出。

---

9 巴赫金：《诗学与访谈》，第 78 页。

（1）身位逻辑。

我们将对话双方相互的"说与听"，称为灵也就是通常所谓逻各斯的运动方式；将双方言说在对话中的"碰撞"，称为灵的"运动情态"。不言而喻，"碰撞"必带来双方各自对自己的新的"发现"，新的前所未有的更新，使自己成为一个比过去焕然一新的新人。

我们可以把这种在对话中出现在人身上的与过去之人所不重合的新人，这种不受人意志的制约而"窥见"、"预言"的即将临到他身上的"他"，也就是"个性"对自己的"揭示"，称为灵或逻各斯在对话者身上的"显身"或"显容"。这种"显容"者所以被称为"他"，乃因其在处身位置上，原来的"我"、"你"身上都阙如，如今突然"显身"，宛如一个身外之"他"。

（2）言说逻辑。

如果注意到复调小说主人公的对话是自在者的对话，那么便可说，对话最终"必然"引出"一个理想人物的形象"，即"基督的形象"。

能当得"必然"的，当然惟有概念关系，而对话当然由概念的陈述、辨析、推理、辩证等构成。这样，既然复调小说的对话者皆是有限的、即有赖于对话人的"自在者"，并且，他们之所谓"自在"又一开始便是一语言的、人为的事件，而非物质、自然的事件，也就是说，一方面，他们对身位代词（我、你、他）的选择是意识、言说的产物，另一方面，他们的语言同样是意识、言说选择的产物：他们拒绝客体性，只作为主体，作为"自在之我"、"自在之你"来言说。也就是说，在这两个方面，他们使自己完全成为"语言的存在物"。

根据辩证法，或言说逻各斯，有限者必渴望无限者，必内在地与无限者对立统一，自在者必渴望自为者，自在与自为对立统一。这样，将上帝或基督作为对话核心的主人公们，最终归向"基督的形象"，最终以基督的声音作为他们"众声喧哗"的平衡者，为他们的众说纷纭"一锤定音"，岂不是"必然"的？

（3）自由逻辑。

这虽然似乎不太"逻辑"，但也许是最根本的逻辑：作者、主人公们皆自由地言说，人的自由乃上帝所赋，上帝就是自由本身，故自由自在地言说本身就是在上帝之中的言说，是发生、进行在上帝的自由之光之中的。巴赫金反复论说，陀思妥耶夫斯基的描绘聚焦在主人公的自我意识上。因此，即使没有自觉意识着自己言说的自由，但在言说的自由之中，即使是"无意识"地，不也在意识着使言说自由得以立足的自由本身或"原初自由"吗？原初自由就是基督！

16

这就又一次显露出来，陀思妥耶夫斯基复调小说之作者，不就是人类文学中圣灵的"形象和样式"吗？

没有理由说陀思妥耶夫斯基是着意要仿效圣灵或圣灵言说之样式的，也没有理由说他的圣灵理解与这里所说的相同。但重要的是，他的诗学语言既然在结构上相似于我们所理解的圣灵的样式，我们便有理由进一步想象，在实质上，陀思妥耶夫斯基作品所呈现出来的诗学语言，会不会恰是一种连通人言与神言之途、通向人与上帝的对话之途呢？因为形式正是实质的一种面相，是实质本身的外在形态，是其之另一重言说哩！作为上帝之言的学语者，复调小说作者之双重"我-你"的言说结构，这种作者既是"外位于"、并不与主人公打照面的"他"，又是"内在于"、与主人公面对面的"我"的双重身位，既完整保留了独白型小说作者"外位于"主人公的"他性"，而又彻底颠覆且转换了它，从而终结了作者自以为大的单纯之"他"的独白型诗学统治，开启了转身为复调型诗学的新纪元——复调型诗学是诗学的悔改重生吧。

七、圣灵文学与基督教文学分类

1

我想，如果上述想法成立，那么，对基督教文学做些分类尝试，于包括神学诗学在内的诗学的构建，便不仅是不无裨益的，而且还是不可避免的了。

2

这须先约略说及何为"基督教文学"。

我们将凡从基督教信仰及其思想视域出发的文学，称为基督教文学。

"出发"指的是两种情况。一是说认同基督教之既有信仰和思想传统，通由文学创作将之予以发皇；再则是说创作的问题意识乃由基督教信仰及思想传统所包涵、孕育，但却由之做些延伸，不回避有所质疑、修正乃至某些否定。前者在意识质地上是基督教的，对信仰传统表述肯定承继较多，堪称肯定神学谱系的信仰；后者当然在信仰主旨与结构上与基督教主体相合，但与传统教理教义之间会有某种张力，不回避对信仰传统的某种扬弃乃至于更新、创新，在意识品质上它有时会被视为谬见甚至异端，堪称否定神学谱系信仰。正像只有肯、否两种神学的并存才使基督教神学得以完全，双轮齐驱那样，也只有这两种文学才构成基督教文学的全貌。

另一方面，还有一种显得颇为极端的情形，比如尼采，虽然明言"敌基督"，由于其问题关切是由基督教信仰所引起、孕育，其精神质地、运思表情的方式以及语言等，像艾略特（T. S. Aliot,1888-1965）所说是由基督教所滋养孕育的那样，[1] 觉得基督教文学也是应将其包括在自身当中的吧。

3

这样，不言而喻的便是，"基督教文学"便显然异于"基督徒文学"。基督教文学的创作者，可以是基督徒，也可以不是。如果称基督徒创作的文学作品为"基督徒文学"，在外延上则其可被包括在"基督教文学"之内。虽然基督教文学的创作者一般是基督徒，但却不可将是否具有基督徒身份作为判断是否为基督教文学的必需条件，否则会将一些基督教品质甚为饱满的作品，如西蒙娜·薇依，划出基督教文学之外。另一方面，有些作者虽是基督徒，但其作品与基督教却联系无多。[2] 最后，对于何为基督徒，比如，是否必须受洗，必须归属于某间教会等，也不是全无争议的。

4

从前面我们看到，独白型与复调型小说的区别在于作者身位的"他"或"我"之不同。前者之作者以外位于主人公的全知视角，将主人公看为单纯被支配者、客体。这种情形，与将上帝看为全能主宰者，将人看为单纯被支配者的信仰观念，其实是同质同构的。也就是说，当作者将主人公看为"他"、看为客体时，依黑格尔著名的主奴辩证法，他也就使自己成了一个客体，一个"他"了。这样，顺理成章地，他也便使自己成为上帝的客体和"他"了。同理，在逻辑上，使自己做上帝客体和"他"的，自然也便把上帝做成客体和"他"了。

另一方面，复调型作者与主人公、各个主人公与主人公之间皆为平等的"我-你"，并一同与上帝"我-你"平等对话，参与上帝与人的双向诞生的情形，也只能为基督教"神人"信仰所孕育，是耶稣基督神人形象的文学投射。是否能创作出复调型文学作品的关键非他，乃在于作者能否完成向神人身份的转变，由外在于上帝的"他"，变为内在于、直面于上帝的"我"，成为来到上帝面前的"你"，从而在对话中与上帝一起迈向属灵的"他"。

以上是我们对文学做类型区分的参照。

---

1 T·S·艾略特：《基督教与文化》，杨民生、陈常锦译，成都：四川人民出版社，1989 年，第 205-206 页。

2 比如周雁羽 2008 年受洗，不久按立为牧师。有长篇小说《秋千女人》（2006）、《随风飘荡》（2008）、《空巢》（2009）。但却很难从中看得见基督教信仰的影子，信仰并未融入其文学。任晓雯受洗后的长篇《生活，如此而已》（北京出版集团公司/北京十月文艺出版社，2015 年）也情形相似。

5

我想试将基督教以前的文学大体叫作"前基督教文学"。

（1）这首先是个观念型概念。

因这样划分的依据是基于作品内容、思想观念上的考量，即其有无基督教信仰的呈现，是否基督教思想观念的体现。

该划分的逻辑缘由是：我们致力于考察人称代词的诗学意义，我们仅仅在对三位一体上帝的信仰中，才看到了阐释人称代词身位问题的可能性。另一方面，我们看到，人称代词身位涵义的诗学蕴含也只是在基督教作家陀思妥耶夫斯基那里才得到了迄今最深入的发掘，诗学的人称代词品格才得到了最充分的呈现。

（2）这也显然是个时间型概念。因为它是将基督教诞生的时间作为边界，来做文学类型划分之边界的。

（3）在精神类型上，还可将前基督教文学叫作"圣父时代的文学"，简曰"圣父文学"。

因在旧约里，圣父耶和华既是世界的创造者，且是以色列人律法的颁布者、命运的规划者、行为的管理者和生命的护佑者，身位上"外在于"以色列而又系其"全知全能全在"的宰制者，这与基本上是独白型的前基督教文学——当然，我们指的主要是叙事文学——的诗学原则，形式上恰是同构的。即独白型作品作者之于主人公，类似于圣父耶和华之对以色列。

6

在"时间"和"观念"义上，"前基督教文学"一目了然，应无歧义。但在"精神类型"上，却难免歧义纠缠。在这里，我们实际上是把陀思妥耶夫斯基复调小说之外的作品都划在了"圣父文学"了，其中不用说包括了大部分下面将要谈到的所谓基督教文学。因只是在陀思妥耶夫斯基之后才出现了复调型的"全新的艺术思维类型"，他之前的文学，即使是所谓基督教文学，作者对主人公的"他"身位、宰制者身份均与前基督教文学类同，主要地仍旧是圣父型的。

7

与"前基督教文学"相应的，自应是基督教文学了；与"圣父文学"相应的，则应是"圣子文学"以及圣灵文学。

我将在内容上表现基督信仰，但诗学上仍旧是独白型原则的作品归为圣子文学。

（1）"圣子文学"自然含有时间意味，首先乃是一时间性概念。因虽上帝三位一体本身是超越时间的永恒存在者，但在对存在于时间之中的人的启示上，一体之中的三位却是有时间的先后之别的。上帝一体中的"三位"并不是一次对人都全部开启的，虽然有时也显得像是同时在场，[3]但他们时间上有先有后或有先后侧重，则是显而易见的。即圣父耶和华首先，圣子耶稣基督随后，圣灵随耶稣基督之后，在圣灵降临节对人降临。圣父集中向人启示自己，堪称圣父时代；圣子集中向人启示自己，上帝道成肉身，堪称圣子时代；圣子升天，圣灵降临之后，则堪称圣灵时代。

（2）它也是观念型概念。

即在内容上，恪守基督教信仰传统，在对上帝的悔改和顺服当中投身灵魂的洁净和灵命的成长，在虔敬地践行上帝的公义和爱之中，领受和归向上帝的救赎和恩典，"文以载道"地传扬福音信息或信仰体验[4]的文学，堪称圣子文学。明确的基督信仰，使其与前基督教文学鲜明区分。

8

二，不过，如果是独白型作品，那么，即使内容上可谓基督教或圣子文学的，如前所言，在精神类型上便也要就归为与"前基督教文学"相同的圣父文学了。

在显在的或意识自觉的层面，圣子文学无疑是基督教文学，与前基督教文学判然有别，其中流灌着对耶稣基督的信仰。但在潜在即非自觉的意识层面，即在诗学范式层面，也就是文学的深层意识之中，其却是前基督教的，与前基督教文学一样，其看待主人公的身位仍是任意"盖棺论定"的"他"，仍是"像上帝一样"的宰制者。这样，不论作者如何虔敬"悔改"，如何"顺服"上帝，如何自以为"被圣灵充满"，其双脚都仍是固着在"原罪"泥淖的。作者在意识深处，下意识或无意识地，仍旧是"老亚当"那样的罪人。当

---

3 如上帝创世时有圣灵在场（创 1:），万物也都是藉着圣子逻各斯造的（约 1:），圣父造人时说的也是"让我们照着我们的形象，样式"创造的，但他们三位自我启示上的时间分别则是不遑多论的吧。

4 施玮："开脱华语文学的灵性空间——'灵性文学'的诠释"，见杨建龙编：《灵魂拯救与灵性文学》，新加坡：新加坡青年书局，2009 年，第 7-31 页。

然，一个基督徒作家仍怀揣原罪、仍是罪人与基督教教条教义等也并龃龉，"因信称义"本来的意思也只是"'因'着'信'而'算'其为'义'"，却并不是说人已实在地就"是"义人了。但应当深思的是：站在罪的泥淖，以罪的诗学方式，去描绘"悔改，信福音"的形象，这里边该有多少吊诡，多少"老亚当"的"形象和样式"！当人嘴里不停喊着要做主的"仆人"，脑后却高傲地摇着"像上帝一样"的辫子时，他口头的话语即使似乎没错，但他口头背后没有说出的话语，即他口头话语说出的方式——独白型诗学原则——如果是有问题的，那么，他口头说出的话岂不会受到沾染，岂不需做些检省、审视？

9

这便说到了圣灵文学。

"圣灵文学"的时间涵义显得不是那么单一明朗。

一方面，也是明朗的：耶稣基督在世时应许说他"到父那里去"以后会求父遣圣灵来，他升天四十天后，圣灵果自天而降下，圣灵与人同在的时代自此而始。这似可说是圣灵时代的时间涵义之一，也就是说它发生于耶稣基督离世一段时间之后某个确定的日子。

这个"耶稣基督离世一段时间之后"，不用说首先是物理意义的时间。不过，若单从此一义看，一方面，说此时已经是圣灵时代并无不可，因为耶稣基督已经不在世上，世界的光景与他和人同在时已判然不同。但另一方面，从时代区分的类型概念上考量，以耶稣基督的离世和圣灵降临为区分的标志却显然也不易成立。因为此时所谓听从圣灵，首先且主要的也还仍然是听从耶稣基督在世所说的话，他的话即圣灵。离开了耶稣基督的话，或者与他的话有悖，皆不可妄言什么圣灵的。

这便显露出来，圣灵与圣子是一种连接在一起的、难做判然分隔。与此相关，所谓圣子时代与圣灵时代的区别便也显得含混，因对耶稣基督话语的遵行是它们的共同征候。而且就我们这里的议题来看，直到陀思妥耶夫斯之前，所谓文学的圣灵时代还是无从说起的。只是到了陀思妥耶夫斯基复调小说，圣灵文学才像耀眼的晨星划破夜空，圣灵文学方郎然骤现，圣灵文学时代始告开启。而且，在陀思妥耶夫斯基之后过了大半个世纪的时间里，能追随陀思妥耶夫斯基步伐的仍然是难得寻见呢。

10

但这里的区别仍是可辨的。

一方面，即使在圣灵降临之后的很长一段时间，直到陀思妥耶夫斯基复调小说、别尔嘉耶夫"上帝是精神"的论述、朋霍费尔说人的成年之前，人们一直侧重于人对上帝的"顺服"，人灵对圣灵的单方面依赖，人孩童般对上帝大能的仰仗，对于圣灵的实体性理解，以及圣灵对人灵的实体性"充满"或感动等，这些都可看作圣子时代的普遍征候。陀思妥耶夫斯基那种放任每一个主人公不论虔信还是怀疑、偏离、抵挡基督，不论充满自觉的信者还是盲目模糊的信者都自由道说，并将对主人公的最后论断权交付主人公自己，好像普遍标准已然泯灭无存，对于主人公们叽叽喳喳的对话，作者并不给出统一的权威评判，却诉诸于一个若有若无的基督，将所有声音的最终平衡交付天上的上帝。信仰成为对话的而非独白的信仰，不再以教条性、公式性、真理性的教义教理为旨归，而成为与基督本人的平等对话为旨归、并以基督本人的形象为对话的话语和结论的信仰，从而使得基督信仰不再是基督一人的事，更非基督教教会的事，而成为人和基督双方的事，这在陀思妥耶夫斯基之前的绝大多数基督徒作家那里不仅是都是看不到的，并且也因此之故而明显是可疑的。这便应是圣子时代和圣灵时代的明显区分。

11

因此，所谓圣灵时代应更是精神涵义上的，即偏向于强调上帝乃三位一体之中三位格的身位性对话，人言对神言的听、说互语，强调在精神上人灵对圣灵的积极互动，人不再像孩童时时处处仰仗上帝大能的庇护，而反要"像上帝一样"，勇敢担受上帝的苦弱，投身上帝的救赎行动。这时，人对上帝话语的听从不再是单纯被动的顺从，而成为回应性、对话性的聆听。"听"本身不再是单纯的听，而是包含着"问"，甚至是以问为前提，即在相应的人本身的话语图景或"问题意识"之中去"听"。显然，这就直接改变了上帝的"说"，使得上帝的说不再是单纯的教诲，而成为由听了人之后而来的说，成为上帝对人言的回应了。单向度的上帝之"我"说而人之"你"听，变成了双向度的上帝和人的我-你互听互说的对话。

另一方面，这个"我"、"你"的身位不是固定不变，而是互相为"我"、"你"的。在这里，上帝与人成为互相独立、互相平等的主体，从而在相互独立平等的"我-你"对话中共同完成上帝对人的救赎。人言与神言的对话，人灵与圣灵的辩证互动，应是圣灵时代的标志。

12

不言而喻，这就是陀氏复调型小说所首先表明的。这既是其"小说神学"，也同时堪称其"小说的神学"，即他复调型小说诗学原则的神学根源，他的小说诗学的神学。[5]因如其小说所表明的，他小说那种多位主体、多重身位间的多重"我-你"对话，正源于主人公与上帝——当然，多为肯定神学所刻画的上帝——那种排除了任何限制的自由对话。这种对话所遵循的是逻各斯，是人言与圣言、人灵与圣灵都须共同遵循的言说规则。罪恶与救赎，生命的死亡和重生，上帝之爱与人之蒙恩等都在人与神的自由对话中完成。

13

也许有诘难说，在人神关系上，首要的是上帝对人的爱，以及其次人对上帝的爱，爱超越于语言言说。因虽然上帝是言说，但同时"上帝是爱"，[6]并且"上帝先爱我们"，[7]故不可将神与人之间交通的重点仅放在言说上。这当然有一定道理。不过，说上帝是言说与说上帝是爱并无龃龉。因上帝是爱岂不首先意味着是对自己的爱，也就是他三位格之间的爱吗？三位格无限歧异而又无限同一，这个"无限同一"不正是无限的爱吗？因为是无限的爱，故上帝是爱，即在自身之中已实现着、实现了的爱。而"太初有言说"，上帝是言说，且上帝的言说是以三位格我、你、他无限歧异而又无限互渗一体的"样式"进行的，这不刚好意味着上帝是爱与上帝是言说是同一的吗？也许可以说，上帝是言说，乃上帝的"形象"；上帝是爱，乃上帝的"样式"，即上帝三位格之间相互言说的样式，上帝三位格在"我"、"你"、"他"三身位中无限区分又无限融合的爱吗？

故虽然爱和言说是不同的语词，但描述的却是同一个东西，它们各为上帝许多名字中的一个。语言、逻各斯、逻辑似乎很抽象、无人格，但由于只有人格的人、只有超人格而又具人格的上帝才有语言，言说、逻各斯便自然是为人

5　参拙文："诗歌神学与诗歌的诗学——岛子诗歌研究"，见黄保罗主编：《国学与西学》，芬兰·赫尔辛基，2018 年第 15 期。

6　约一 4:8。

7　约一 4:19。

格性的爱所渗透的，而所谓神圣父子灵之间的无限区分又无限同一，不刚好也就是无限区分之中的无限之爱吗？这就是说，即使从上帝对人和人对上帝的爱来说，上帝之爱既是连接神与人的事实起点，自然也就同时是其之逻辑的起点：库萨德尼古拉已然表明，上帝之中的一切逻辑上无限分别又无限同一。

14

这样看来，如陀思妥耶夫斯基的复调小说及其诗学所表明的，人与上帝在逻各斯的天梯上上下来去，既是文学的圣灵时代得被开创的标志，也是圣灵时代的人类文学的标志。陀思妥耶夫斯基小说的思想风暴即其为圣灵小说的标志。因为其风暴眼即上帝与人的相互言说、倾诉和辩难，也就是在人与上帝的"我-你"对话、辩难之中展开人与人的"我-你"对话、辩难，以及在人与人的"我-你"对话、辩难中展开的人与上帝的"我-你"对话、辩难。一言以蔽之曰，即人灵与圣灵的相互冲撞、激励和璀璨闪耀的光亮，即别尔嘉耶夫所谓神和人相互在对方身上的双向诞生。[8]没有神与人在"灵"中的激荡，怎会有陀思妥耶夫斯小说令人紧张得几乎喘不过气来的心灵体验呢？人被圣灵攫住时岂不会紧张、"扎心"？陀思妥耶夫斯基令人气喘的紧张是其系圣灵小说的标志，是圣灵在他小说临在的标志。

15

也许这样的圣灵小说也才堪称"灵性小说"或"灵性文学"，而且是充分意义上的"灵性文学"？因为灵性之为灵性，在充分的意义上，岂不刚好是圣灵与人灵、人灵与圣灵的互渗、互动吗？即使人所常说的被圣灵所充满的情形，岂不同样是人灵与圣灵的交流、激荡？会有人完全消极被动地被圣灵充满的情形吗？即使如圣灵降临节时圣灵的突然从天而降，门徒们心中深处岂不是同样有着对圣灵降临的期待吗？因耶稣基督离世前曾明明白白地告诉过他们呢！被圣灵充满不也是圣灵对人灵呼求的回应吗？人灵被圣灵充满，同时也意味着圣灵被人灵所充满。因耶稣基督作为神人，岂不是圣灵与人灵具足？所以，圣灵怎么可能会与人灵无关呢？[9]

---

8 [俄]尼古拉·别尔嘉耶夫：《自我认识——思想自传》，雷永生译，桂林：广西师范大学出版社，2001年，第168页。

9 施玮的灵性文学主张，侧重点似在人对圣灵的被动承接上，不太在意人对圣灵的积极参与和互动。

16

陀思妥耶夫斯基刚好表明了这一点：人对圣灵的接受、或圣灵对人灵的"浇灌"，乃人言与圣言、人灵与圣灵的互动。其征候乃是人在其中遭受到的冲撞，是人肉体和精神的双重痛苦，实质乃人参与上帝的受难。耶稣基督与人互动所遭受的是被钉，是十字架上神人共弃的极度孤独，人与上帝的互动岂不也要与之类似？

17

参与上帝的苦难，最具典型意味的可有两大类。

一是肯定的或肯定神学式的。典例可有显克微支（H. Sienkiewicz，1846-1916）《你往何处去》里的彼得、格雷厄姆·格林（Graham Greene,1904-1991）《权力的荣耀》里的神父、和实际生活里朋霍费尔（D. Bonhoffer，1906-1945）那种慨然赴义，西蒙娜·薇依（S. Weil，1909-1943）那种圣徒般的对基督教信仰传统既坚韧持守而又激情挑战的重负与劳作。

二是否定的或否定神学式的。这便是陀思妥耶夫斯基小说里从地下室人（《地下室手记》）、维尔西洛夫（《少年》）、拉斯柯尔尼科夫（《罪与罚》）、基洛夫与斯塔夫罗金（《群魔》）到梅士金（《白痴》）、伊凡·卡拉马佐夫（《卡拉马佐夫兄弟》）等那种着实有罪或罪圣交加的诸主人公了。

将后者与前者相提并论，对前者似是有不敬，因后者似乎时常远离圣洁、公义，罪孽深重。但换个视角看，后者在英勇和圣洁上也许比前者并不逊色，甚至一定意义上可有过之焉。因前者之勇敢、圣洁是圣经的字句所明白肯定着的，其人生路径拥有安全的信仰传统做担保，而后者却完全是个人性、尝试性的，是信仰道路的拓荒，完全私人的对上帝的征询、求问，没有现成答案。他们只有冒着失去上帝救恩、甚至跌入永罚的危险投入同上帝的角力。他们只身行走在随时可能坠落的深渊边沿，没有护栏。他们不知道自己在上帝那里的裁决。他们深知自己走在永生或永罚的窄路之间。[10]但他们仍然仰望上帝，与上帝"我-你"对面，交自己于上帝手中。比如，即使是要将个人意志凌驾于上帝之上的基洛夫、斯塔夫罗金等，不仍然没有脱开与上帝的牵连吗？他们诚然与上帝角力，但那岂不意味着他们正是伏于上帝之手中？这只要与宋江、诸葛

---

10 参拙作：《爱、死、忧郁，天使的迷狂》，上海：上海三联书店，2005 年，第 155-156 页。

亮、孙悟空、贾宝玉……稍作比较便清楚了：后者岂与上帝"角力"呢？不盖因其与上帝全然无关吗？试想，基洛夫、斯塔夫罗金等所需要的勇气和激情与圣徒们相比，岂会是更小？

因此，一定意义上，可以说前者是肯定神学的圣徒，后者当是否定神学的吧——西蒙娜·薇依当是圣徒中之完全者：她信仰基督，在效法基督的贫穷、受苦上，她是肯定的圣徒；但在抨击以色列"没有发展尘世间上帝不在场和无行动的观念"、"上帝向摩西和约书亚做出了纯粹世俗的许诺"等事情，[11]以及始终没有领洗上，[12]她是否定的圣徒。

18

由此可见，圣灵文学也就是自由文学，即人在肯定、否定神学观念或信仰之间纵横捭阖，自由穿越，而非固守一隅。肯定神学锚定了上帝对人生命的介入、参与，使其无可逃逸地落入上帝手中，否定神学则解开了人生命中的上帝之锚，得以作为独立主体海阔天空地"上穷碧落下黄泉"，放胆无惧地投入与上帝"角力"的思想风暴。陀思妥耶夫斯基小说所以成为思想小说，成为激荡人心的思想风暴，原因在此。《群魔》里的基洛夫以自杀来挑战上帝，要摆脱上帝纠缠。他的确摆脱了上帝，因为他竟然夺去了上帝赐予他的生命，夺去了上帝对生命的权柄。但他否定上帝，却悖论式的仍然是对上帝的某种肯定。因为即使自杀了他也还仍然在上帝手中，仿佛抗拒上帝唯有自杀一途也同样是上帝赐予的，自杀恰恰表明他无法逸出上帝的掌控。基洛夫自己说，上帝折磨了他一辈子。与之相似，"对于陀思妥耶夫斯基来说，认识上帝这个问题是至高无上的问题，是最大最折磨人的问题"。[13]陀氏本人及其后期作品主人公的核心就是上帝之谜，是人如何与上帝"打交道"的魔咒。人当如何待上帝？上帝是如何待人？人之灵与神之灵如何相互吸引而又排斥？如何相互牵扯而又冲撞、不离不弃又若即若离？这些堪为陀思妥耶夫斯基小说每场思想风暴的风暴眼。陀氏后期小说所以几乎每部都有一个谜一般的核心人物，所以所有人

---

11 [法]薇依：《在期待之中》，顾嘉琛、杜小真译，北京：中国人民大学出版社，2003年，第167页。

12 [法]S·薇依：《在期待之中》，杜小真、顾嘉琛译，北京：生活·读书·新知三联书店，1994年，第3-14页。

13 沃尔什基（格林卡）："陀思妥耶夫斯基的宗教道德问题"，见[俄]弗·谢·索洛维约夫等著：《精神领袖》，徐振亚、娄自良等译，上海：上海译文出版社，2009年，第153页。

物都走马灯般绕着该人物打转，形成一股令人紧张得像要人窒息的旋风，盖因其中人灵与神灵间的碰撞奇光四溅，令人欲解之而不得、欲罢之而不能。所有的人物包括作者在内，全被之裹挟而去，就如梵高（V. Van Gogh，1853-1890）的向日葵、麦田、星空……一起在那奇光异彩中朝天空颤栗燃烧，朝人神多音齐鸣的漩涡眩晕飞奔！

19

人与上帝的对话所以充满思想角力，原因可有三。

（1）未信人之言与需信之圣言间的龃龉。

在上帝向人自我启示之前，人类本已便有了自己的语言，这自然构成为人理解上帝言说的"前理解"。由于人源远流长的罪，其与圣言之间自是充满龃龉，使得人不可能"不假思索"地"顺服"圣言，不可能不对圣言加以反复的检省、思索。信仰必是人对上帝思索之后的信仰。

（2）已信人之言与圣言间的龃龉。

"已信人之言"即认信耶稣基督为救主之人的思索语言。他信仰上帝，但即使如此，他仍有如何理解圣言的问题，只不过与"未信人"有异。他不是因未信而需要理解，而是安瑟伦（St. Aaselm）所谓"信仰寻求理解"。

与前一种情况比，此种理解自是理解的拓展和深化。如关于上帝创世，对未信者来说，其之思索大约会聚焦于与别的世界来源说比，"上帝创世"是否更为可信上；对已信者言，他便可在肯定上帝创世的基础上，即在肯定上帝创世在宇宙论上的逻辑优越性之基础上，进而思索上帝以言创世的存在论、生存论及语言学等涵义，思索"光"、"各从其类"对于"混沌"等的涵义，[14]以及更深入一点的，比如，与上帝以言说之光祛除混沌相比，老子庄子推崇混沌的偏狭、盲目甚至谬错等。

不过，除了理解的前提，即"未信"与"已信"之别外，在理解的规则上，两者却应该是一样的：言说逻各斯。即虽然作为理解前提的信与不信差别巨大，但理解的规则却是共同的，因人所使用的语言是共同的。也就是说，对信者，他必须晓得自己之所信在语文、语义及思想上的涵义是什么，然后在此基础上去"寻求理解"；对不信者，他同样需要在上述三层面去知晓、厘清他欲

---

14 参拙文："走出混沌的盼望：我读《英语文学与圣经传统大辞典》（代译序）"，见[美]戴维·莱尔·杰弗里（谢大卫）主编：《英语文学与圣经传统大辞典》，中译本主编，刘光耀、章智源，上海：上海三联书店，2014 年，第 1-19 页。

对之"说三道四"的东西。否则，其对上帝的拒绝就可能是盲目或错谬的。正因如此，不信者通过思想、言说便有可能放弃成见，接受信仰，信者则可由之拓展、深化、更新信仰。因纯粹的信仰毕竟并不存在，任何信仰都需要人言与圣言的辩证。即使是"被圣灵充满"，这个充满也是充满在人灵之中的，其中同样有人灵怎样接纳圣灵、如何与圣灵互动的问题。也就是说，上帝信仰起始于上帝之"我"对人之"你"的言说，但它成就于人之"我"对上帝的聆听与双方的"我-你"互动，且这互动不会是直线、单向的，而是复线的、双向辩证的。用别尔嘉耶夫的话说，"人是微观宇宙和微观的神"，包括创世、救赎等在内的世界是上帝和人的共同事业。[15]

这也就是说：在以上两种情形下，人与上帝之间的龃龉自始至终都会存在。

（3）人言与圣言、人灵与圣灵的碰撞、互动中，还有一种情形也许更深邃、广博，也风险更大。即圣言作为自由的真理，作为将人引向自由的言说，他要最大限度地解放人言，并从而最大限度地解放自己。最大限度解放人言，才能使人言言入自由；最大限度解放自己，才能更自由地对人自我启示。

这也就是说，一方面，圣言是上帝对人的言说，他必会受到人言的制约。在这里，虽然上帝是自由，却不能自由言说，就像大人对小孩说话要受小孩心智状况的制约一样。这使得上帝在与人相面对时，自然既要对人有所言说和开启，也同时要有所不言和隐藏，因为人有"担当不了"的东西、担当不了的时候。[16]另一方面，人若不自由，不能成长为心智成熟的成人，不能获得充分的主体性，也同样不能较充分地理解圣言的奥秘，不能容留、承纳其在人面前绽露的真、善、美，施与人的恩典、爱。上帝自由地言说、启示，引领人进入上帝喜悦的自由之境，无疑是圣言对人言说的鹄的。

这些似即陀思妥耶夫斯基的小说，尤其是《卡拉马佐夫兄弟》"大法官的传说"所说的，也是Ｂ·罗赞诺夫[17]等对陀思妥耶夫斯基的阐释所说的：上帝给人了自由，上帝的救恩也仅仅给予自由的人，而不是自甘为奴者——这就离下面的结论不远了：在人与上帝的"我-你"对谈之中，竟不会出现"自由的

---

15 [俄]别尔嘉耶夫：《末世论形而上学》，张百春译，北京：中国城市出版社，2003年，第182-184页。

16 约16:12-13。

17 [俄]罗赞诺夫：《陀思妥耶夫斯基的"大法官"》，张百春译，北京：华夏出版社，2002年。

龃龉", 不会出现人言与圣言、人灵与圣灵之间自由的"紧张"吗?自由岂不意味着一切皆有可能吗?上帝岂不允许、欢迎和鼓励人关于他的"否定神学"?否则, 受到斥责的岂不该是与上帝"理论"的约伯, 而不是其朋友[18]了吗?

20

人言与神言、人灵与圣灵的这种肯定、否定的互动, 乃上帝与人"我-你"对话的必然。因为肯否话语辩证恰是逻各斯自我运动的内在驱力, 也是它对自己的推展、展现。如前所言, 因为伊凡·卡拉马佐夫、基洛夫, 以及西蒙娜·薇依等同上帝的"角力"而受苦、献身, 应当是与朋霍费尔所不同的人成人的另一种标志。朋霍费尔以投身上帝般的受难而将降神机视为人类儿童期的幻象, 使上帝与人的同在成为不在场的同在, 所谓"与我们同在的上帝, 就是离弃我们的上帝。……我们正在不靠上帝而生活"。[19]伊凡、薇依则以人在自身苦难之中的在场成为上帝的不在之在。但这样的苦难也同样切近于上帝的苦难:在十字架上, 圣子因被父神和人所共同离弃而受苦;伊凡、薇依受苦, 也是因被上帝和人所共弃——只不过不是上帝离弃了他们, 而是他们离弃了肯定神学的上帝;也不是人离弃了他们, 而是他们离弃了众人, 即信仰传统所教化的信徒;两者皆缘之于肯定神学。但殊途同归, 这两种离弃在结构上却并无二致。前已言, 这两种苦难品质上也是一样的。

21

不过, 否定神学的受难也许涵蕴了更多的人神共在的自觉和亲密。如我们在艾克哈哈特(M. Eckhart, 约 1260-1327)等处所看到的, 那里有更多更切身、更私人化的人与神的"我-你"对话, 在那里人对神说的更多的不是由肯定神学之教诲所习得的现成语汇和体验, 而是信仰者出自其中而又"扬弃"了它们的个人话语, 是信仰者个人与上帝的喃喃私语, 是人与神促膝而谈或遥遥隔天相望的相互注目和期许!

---

18 伯 42:7-8。

19 迪特里希·朋霍费尔:《狱中书简》, 高师宁译, 成都:四川人民出版社, 1992 年, 第 175 页。

22

这使我们可以理解，为什么陀思妥耶夫斯基之前的小说家即使是真诚的基督徒，也为独白型诗学藩篱所拘，没有创造出复调小说那样的圣灵文学的原因。

也许他们的确还未成人，还是幼稚园里仅知他是由人所起、所喊的"名字"之下的那个人，而不知他是"我"，是"自在之我"，是别人的"自在之你"，即不知道"我是我"、"我是我所是"，因而不能够与上帝并肩互称"我-你"——当人不知我之为"我"之时，如何称上帝为"你"呢？

23

不难看出，换句话说，他们实乃尚未进入人称代词生存的基督徒。他是"基督徒"，却不晓得他是信仰传统所形塑的"随大流儿"的"基督徒"，他需要成长到用"我"代替"基督徒"，成为基督徒中的"我"，从而在"基督徒"之上加给自己更多、更新的东西。被传统神学塑造并没有错，正像我们幼年时要由别人（主要是父母）为我们起名一样。但我们逐渐成人，用"我"代称名字。名字即肯定神学，"我"则为否定神学。但正像两种神学相辅相成一样，"我"对名字的否定并不是"抛弃"而是"扬弃"名字，而是将之带入了新的、更高的存在场域。至少从整体上说，没有否定神学的神学就是未成人、未成熟、未完全的神学，而那样的个人也就是未成年的基督徒吧。

24

在"成长"意义上，可以陀思妥耶夫斯基为界，对基督教文学的分界做出一种描述。

25

（1）也许可说但丁是基督教文学的孩童。

在那里，如别尔嘉耶夫所说，"上帝和魔鬼是外部附加于人的现实世界秩序……人安居其中"。[20]但丁的神圣秩序就像一个完备的幼稚园，这个幼稚园自然不是小朋友之手所建。上帝建了幼稚园，还担任幼稚园阿姨、老师和园长，

---

20 [俄]尼古拉·别尔嘉耶夫：《文化的哲学》，于培才译，上海：上海人民出版社，2007年，第25页。

人就像园里的小朋友，受到养育、教育、保护，以及幼稚园墙篱的限制。但丁时代上帝的幼稚园或上帝颇似基督徒的身体。

但丁堪称基督教文学的圣父形象。

（2）莎士比亚堪称基督教文学的青年。

他的基督教是所大学，耶稣基督与之朝夕相处，就像陪伴和学生的师长。他们从他汲取丰沛的滋养，把但丁时代开启的外在秩序化为内在，化为自己的心理、心灵、直至灵魂。

莎士比亚的上帝颇可为基督徒朝气蓬勃的心灵。

但莎士比亚的基督徒心理上虽已成人，生命阅历却依然单薄苍白，未经人生沧桑。他们有喟叹"生存，还是死亡，这是个问题"的敏感、深沉和勇敢，但还缺乏"整顿乾坤"的坚韧力量和雄才大略，乃是涉世未深的成人。莎士比亚堪称基督教文学的圣子形象。恰如耶稣基督在世界上成功了，因为他在世上失败了，被钉死了一样，莎士比亚在世上成功了，因为他使基督教文学化入了人的心灵，但他失败了，因为他尚未进入圣灵的至圣所。

（3）陀思妥耶夫斯基完成了基督徒的成人礼。就像耶稣基督完成了圣父在地上的差遣，升到天上求圣父为人差下了圣灵保惠师，从而使他的话语作为圣灵与人同在那样，陀思妥耶夫斯用耶稣基督所教诲的话语与上帝对谈，将上帝与魔鬼的斗争由莎士比亚的心灵地表引入了精神的地下室，由善恶分明的道德客厅引到了善恶纠缠厮打一团、明暗闪烁交错的风暴荒原，将真善美、假恶丑分明的地上战场，变成为岩浆奔涌的地下洪流，"裂开的深渊直插人的内心深处，那里又重现上帝和魔鬼，天堂和地狱"。[21]也就是说，他将人言-圣言、人灵-圣灵的碰撞角力从地上引到了天上，在圣灵中投射人灵的回响。从此，圣父强制性的律法训练、圣子羔羊谦卑的示范和教诲都一起被人化入了心田，圣子的血和肉也都被人化成了自身的血肉，人使自己的灵和肉都融入于上帝了，圣餐从仪式象征变成了实体行为，耶稣基督的血肉真的可吃可喝，与人的血肉相融一起了。人既被圣言、圣灵充满，又保有人言、人灵、人性的丰沛，以独立主体之"我"，与上帝展开身位性的多重"我-你"言说，不仅活出上帝的"形象"，而且活出了上帝的"样式"——并且，那"形象"也是"样式"所辉耀之中的"形象"。

---

21 [俄]尼古拉·别尔嘉耶夫:《文化的哲学》，于培才译，上海：上海人民出版社，2007年，第26页。

26

在一定意义上，莎士比亚的上帝仍旧是但丁的上帝，很大程度上仍是实体性的，只是深入细腻地心理化了，外在于人的神圣秩序变成为人的心灵秩序，罪与义的标准仍然但丁那样清晰明白，只是审判者上帝换成了人自己——比如国王邓肯的发疯、麦克白夫人的恐惧、哈姆雷特的佯狂、奥赛罗的自杀——人在心灵中编演铺陈着信仰的活剧，但剧本还是但丁的剧本。只是经过歌德、巴尔扎克、托尔斯泰……到了陀思妥耶夫斯基时候，人才全然走出了上帝的襁褓，与上帝并肩而立，直接跻身于与上帝的"我-你"言说。这"我-你"言说除了前述作品主人公间的"我-你"、作者与主人公的"我-你"之外，更深入地看，其实还有作者和主人公一起与上帝的"我-你"，上帝是所有言说的枢纽与核心。因为当作者和主人公都对话上帝信仰之际，他们无疑是同时共同面向着上帝的。这三向度的"我-你"相互角力交汇，自然就成了"风随着意思吹"的思想风暴，成了人灵与圣灵难解难分、不解不分、千回百转的和旋共转。

27

如前已所说，这种多向度的身位性对话，自然首先意味着对信仰传统的诸多提问、诘问、论辩、质疑，正如陀思妥耶夫斯基小说所表明的。这没有什么奇怪。恰如人们（如克尔凯郭尔）所说，信仰包含着怀疑，其与怀疑的张力恰是信仰不断深化、拓展、更新，避免停滞的机制和力量所在。

必须强调的是，对信仰传统的反思和重审，也同时意味着对它的某种认同、肯定，意味着质疑、否定与认同、接纳密不可分。认同、接纳是质疑、否定的前提，质疑、否定则是认同、接纳的更新和提升。如陀思妥耶夫斯基《罪与罚》。在经历了希特勒、古拉格群岛、文革等法西斯恶行之后的今天，人们对《罪与罚》的论述多集中在拉斯柯尔尼科夫试图任一己之意裁决他人生死的权力意志上。这当然不错，不过，小说让人几乎是心惊肉跳地感觉到的与其说是主人公要独裁别人生死的权力意志，倒不如说是他为贯彻这一意志所陷入的癫痫般的焦虑、痛苦和挣扎，他在这种意志的巨大压力下的自虐般的惊恐万状。虽然他最终砍下了斧头，但他也几乎被自己的谋杀所谋杀。小说中作者对主人公、主人公对其他人的所说所行，应是圣经中上帝话语的回声：你吃善恶树果子的日子必死。[22]拉斯柯尔尼科夫是当代的亚当。他对高利贷老婆婆的谋

---

22 创 2:17。

杀是吃善恶树果子的当代重演。吃果子无异于杀人，因为果子被牙齿嚼碎变成了食物了；杀人无异于吃果子，因为杀人是为夺去那人可换来食物的钱财。因此，拉斯柯尔尼科夫堪为亚当夏娃"像上帝一样知善恶"的当代重演，而其之为"当代"重演，便在于其在人类主体性高度增强、自我意识高度自觉、自由诉求高度强烈的语境下，重新经历、体验了"像上帝一样知善恶"。与亚当夏娃的懵懂无知相比，长于思辨的大学生拉斯柯尔尼科夫的经过"像上帝一样知善恶"的挣扎，其最终对上帝的接纳岂不是比亚当夏娃显现出来得更丰富、升华，更自觉吗？拉斯柯尔尼科夫是振聋发聩的：人真能承负"知善恶"的重负吗？拉斯柯尔尼科夫认定的善即杀死高利贷老太婆，夺取她的财产用于高尚的事情，可谋杀却就是人之罪，而以罪恶的手段、形式为善加冕，使善成为流血的善，则是另一重之罪恶：玷污善。第二重罪毫无疑问要剥夺主人公原初的所谓善，使之成为完全赤裸的大罪人，从而在当代语境里，也就是在主体性、个性空前高涨的现代性语境里，再次地申明了"知善恶"乃人生命不可承受之重，其惩罚既来自上帝，更来自人自己。以虚幻的善为理由随意践踏他人生命财产的罪是一重声音，这声音的回声反过来撞击罪又是一重声音，在这两重声音之间回荡着的则是第三重声音：人的自由的呼号——还有第四重声音：拉斯柯尔尼科夫的"初心"是为着正义的，但他的"正义"却令他内心备受煎熬，不恰在说所谓正义应该是爱和仁慈吗？也就是说，自由与之结缘的，不是暴力，唯一的只能是爱。拉斯柯尔尼科夫对周围的邻人（母亲、妹妹、马拉梅多夫、索尼娅）也是怀有爱的。但当爱和仁慈与暴力相连，成为流他人血的理由时，岂不会益加映射出"知善恶"的黑暗和丑恶？索尼娅亦有爱和仁慈，但她的爱使她羔羊般柔弱地承受暴力带来的磨难，与暴力完全绝缘。故在索尼娅不区分善恶的爱之推动下，拉斯柯尔尼科夫摒弃了对"知善恶"的痴迷，重返知善恶之前的孩子般的天真和软弱，得到了"重生"。"知善恶"在这里成了新生命诞生的血污和阵痛。

28

不难看出，在这里，"知善恶"之为罪的教义获得了教义手册中所没有的人性魅力和光芒，而人（拉斯柯尔尼科夫）也在清洗了罪的血污之后焕发出来更见异光闪烁的神性光辉。主人公拉斯柯尔尼科夫表明的不是人言与神言、人灵与圣灵的一场激荡、冲撞，一桩人与上帝共同完成的救赎事件、救赎事业吗？人声与神声在这里一起鸣响。而且，这远不是拉斯柯尔尼科夫一个人与管教者、惩罚者耶和华（警察是否暗喻他的影子？）一个位格的交集，也不是拉斯柯尔尼科夫一个人与温柔的羔羊、受难者耶稣基督（索菲亚可否看作他的影子？）之位格的交集，更不是他一个人与无所不在的圣灵（小说中所有卷入事件的人物，不管他怎么信仰基督、不管他是不是有道德的人，他们身上总看得到圣灵的某种影子、某种折光啊！）位格的交集，他们所有人、上帝的所有三位格、三位一体的上帝本人，不都在里边言说、歌咏吗？那里有人与上帝的多少个"我"、"你"、"他"，多少个身位与身位、位格与位格以及身位与位格、位格与身位的"多音齐鸣"啊！

29

这便显露出来，当人作为主体和上帝"角力"时，人也就已然成了神人了。陀思妥耶夫斯复调型小说堪称神人小说、神人文学。因所谓神人即神和人、神性和人性的融合，由于言说与上帝的合一，人与上帝的"我-你"言说自然就意味着人从上帝那里获得了神性，而上帝也自然从人那里获得了人性。神人性乃人与上帝在互相言说中的互相赠与。别尔嘉耶夫说，根本不能说上帝对人毫无所求，那"是个奴性的学说"。[23] 上帝创造人、召唤人，岂只是无所为而为，岂对人无所渴望？而人的应答于是也就是人的回赠。上帝是完全的神人，我们诚然可以想象如果没有创世造人，上帝仍然人性完满充盈，不存在上帝需要先造人然后从人获取人性补充的问题，因上帝作为绝对、永恒和无限，他就是一切的一切，谁又能给他什么呢？从这个意义上，我们完全可以想象上帝造人完全是偶然的，或完全是出于爱的。但上帝作为绝对，他所做的一切岂不都是绝对有理由、绝对要发生的吗？在这里，用库萨的尼古拉的逻辑完全可以这样说：绝对、无限的偶然也就是绝对、无限的必然，绝对、无限的无所求即绝对、无限的需求。因此，毫无疑问，上帝创世造人，我们为什么不能设想他是需要而不是不需要、是有求于而不是无求于人呢？上帝作为神人从造人的第一天起就对人说话，"让"人自主回应，从逻各斯上看，既然"说"包含着"听"，我们怎么能单将人看为只可"臣服"地"听从"，"不听"就是"罪"呢？"罪"只能是造成了伤害的回应（在始祖的回应里，伤害的是人自

---

23 [俄]别尔嘉耶夫：《末世论形而上学》，张百春译，北京：中国城市出版社，2003 年，第 168-169 页。

己和神与人的关系）。而且，有罪的回应既然是出自上帝赋人的自由，岂不便意味着那也是上帝所需要的吗？因为上帝既然就是自由，那么上帝岂会拒绝来自于人的自由的回应？上帝以他的宝血遮盖人，洁净人，岂是只要人"臣服"，放弃回应的自由？自由岂只是上帝赋人的权利，而不首先是他加之于人的责任、使命？人因放弃自由而犯罪，但上帝的爱何其长阔高深、奥秘莫测！人放弃了自由，上帝则以其十字架上的死和复活再次召唤并等待人的自由的复活，召唤并等待人作为自由人、自由的主体，在与他的自由言说中成为神人，而不是仅唯唯诺诺地"听"他、"臣服"他。如果说人要"听"上帝，那唯一要"听"的仅仅是：以人的我、你、他三身位，与上帝身位性的三位格，展开多向度的自由的言说，从而参与、彰显上帝的自由！

30

那么，该怎么看独白型文学呢？其至今仍然是包括中国基督教文学在内的文学主流呢！

答案也许是简单的：文学需要成长，因作家、读者需要成长。

作家需要成长，他要在日期满足的时候，成长到有力量自己动手砸碎身上的独白型脚镣，不再将主人公做成客体，却做其之伙伴，于是也不再将自己做成上帝的客体，并因此之故而同时将上帝做成客体。

读者需要成长，他要在日期满足的时候，成长到不需要作家喂奶般地单向度灌输，有能力、智慧自己制作干粮，不再像独白型作品主人公客体地一言不发接受作者盖棺论定，而是独自起身与作者对话，与上帝对话。

在这之前，独白型文学就是一于作家、读者两相宜的摇篮吧。

可是，时候将到，如今就是了，陀思妥耶夫斯基已将这个时候启明。

八、观察与期盼：当代圣灵文学的滥觞

应当说，中国当代基督教文学已然成熟。这一是说她已产生了即使在基督教信仰群体以外也得到公认、深具公共影响力的作家、诗人、戏剧家、散文家、影评家以及诗学家和批评家，已成当代中国文学不可或缺的一部分。再则是说，通由对基督信仰的文学表达，她使"精神的东西"[1]临至中国文学，精神辉耀中国文学的旅程由之而得开启。

基督教文学的成熟，是世纪之交中国文学的历史性事件。然而，就圣灵文学来看，却大约只能说是刚刚滥觞。

1 诗歌

（1）

王怡：上帝"吩咐我写诗"

在当代中国基督教文学中，神人和鸣之音最为清澈璀璨的应是王怡的诗歌吧。

王怡的诗多收在《大教堂——二十年诗选》，[2]涵括了他 1995-2014 二十年

---

1 取黑格尔"精神非东西离中国一概很远"语意。参氏著：《历史哲学》，王造时译（修订版），上海：上海三联书店，1999 年，第 122-143 页。

2 王怡：《大教堂——二十年诗选》，圣公约丛书。诗集分"上编：重生"，"中场：沉默"、"下编：死亡"、"附编：小教理"四部分。"中场"没有作品，下编所收为其未受洗前的诗歌。下编的作品自然意义别具，与信仰亦非全然绝缘，限于篇幅和主题，此处没有触及。

间的作品。中国当代基督教文学之中诗歌最为璀璨繁盛，王怡诗歌尤显熠熠夺目。这并不是说他像陀思妥耶夫斯基那样在文学创作与传统教理教义之间营造出来很强的张力，对传统的信仰理解提出了不少颇为尖锐的挑战，而是其前所未有地显明了基督教信仰本身的诗性，使基督教信仰本身诗性获得了诗性的绽露。耶稣基督明言他的国不在世上，[3] 及至时候满足，世界将被废去，"新天新地"将从天而降，上帝国与世界之间的这种距离，恰是基督教信仰审美品质之由来。基督信仰属天国而又不离大地，出乎世界之外又入乎其内，这种情形本身就是诗性的。在神学质地或倾向上，王怡显然是传统和保守的，然而恰像陀思妥耶夫斯基《罪与罚》对"知善恶"的演绎回荡着神人和鸣、神人唱和的复调之声那样，王怡诗歌里同时响起的也是两个声音：一，基督教传统共守的教义之声；二，诗人之声。

"教义之声"自不待言，作为在教会全职侍奉的牧师，王怡对传统教义的态度严谨而谨慎；"诗人之声"是说，在王怡诗歌里，我们可以清晰地听到诗人对于信仰的诗意的陶醉，仿佛他所委身其中的不是事关得救还是沉沦、永福还是永罚的上帝，而是诗情洋溢的伟大的诗人。因为世界如此缺乏诗性，就像"一栋从来没有写下诗的房子"，[4] 其"诗歌/都被骑着灰马的使者带走了"。而"我"所以写诗乃是"主人"上帝"吩咐我写诗"，为要证明信仰之"火在燃烧"，世界之死"已成定局//因为诗歌/是一个噩耗/给葡萄园带来光明的/唯一的噩耗"；[5] 教会才是"诗的祭司"；[6] 世界中"没有诗歌的语言/不能用以赞美/只能用来作报告/请假、写作业、诉讼，和彼此争吵"，"没有诗歌的语言/是叫花子的语言"；[7] 因此，即使身陷囹圄，也仍然有"充满边关的诗意/和抑扬顿挫的抒情"，[8] 哪怕暴力连续二十五年逼迫"我们撕去青春/和诗歌"。[9] 基督信仰最令人陶醉的诗意在于：一方面，虽然屠杀、监禁、传唤等不公不义就是当下的世界，但"我的国不属于这世界"，且不说世界已然受到审判；[10] 另一方面，更诗意盎然的是复活："信主的人/写诗/给一百年以

---

3 约 18:36-37。

4 《末日》，同上，第 9-10 页。

5 《5 月 22 日》，同上，第 18 页。

6 《饥饿的诗人》，同上，第 52 页。

7 《处于》（三首）之二，同上，第 43 页。

8 《北京之夜》，同上，第 22 页。

9 《日历：第二十五年》，同上，第 27 页。

10 《我的国不属于这世界》，同上，第 127-128 页。

后的你/愿我们/不求同年同月同日死/但求同年同月同日//复活"。[11]一个基督
徒诗人的极境是"宣称自己是被上帝拣选/来写诗的"，"是诗的选民"，[12]他
可以经历和爱人一起"读经、祷告/同领圣餐"那"最浪漫的事"，能够做一
个"目光远大的人/站在自家门口/接待天使"；[13]这种浪漫乃上帝所赐，因上
帝那"主人"使他的"情欲/被钉在十字架上"，[14]使他得因上帝的宝血和圣
灵洗罪如雪，[15]因上帝的爱而"死去活来"；[16]上帝"重新给我一支笔/给我比
雪更白的词语"。[17]这两大主调似二而一。在其中，基督成了诗人，而诗人则
成了基督：

"直到有一天/人们举起我的尸首，说/这是诗人的血，为我们流的/这是诗
人的肉，为我们舍的//之后/人们创作了大量哀歌/为的是记念我"。[18]

（2）

岛子：看哪，圣灵在歌唱
——《岛子诗选》三读[19]

〈1〉

当说到"歌唱"时候，怎能说让人"看"呢？"歌唱"岂不是要人
"听"的吗？

是的。可是，当我们随同弗罗斯特（R. Frost，1874-1963）的马儿来到雪
夜森林之时，我们岂不会听到诗人内心激情澎湃的声音："我志在远游，我志
在远游"[20]吗？我们岂不会就是和诗人一起，看到从森林看不到的深处，那么
热切、神秘、又那么排山倒海地无声涌起的声音、仿佛色壬（Siren）般迷人的

---

11 《给一百年以后的你》，同上，第 75 页。

12 《失乐园》（组诗）之十一，同上，第 116 页。

13 《婚礼：送给郄弟兄和邹姊妹》，同上，第 177 页。

14 《5 月 21 日：成圣》，同上，第 168 页。

15 《接手》，同上，第 239-240 页。

16 《第 36 问》，同上，第 442 页。

17 《4 月 5 日：自白》，同上，第 227-228 页。

18 《第 47 问》，同上，第 454 页。

19 笔者关于岛子的前两文分别为："新范式：岛子诗学、诗艺与诗歌——《岛子诗
选》研究"，载查常平主编：《人文艺术》第 15 期，上海三联书店，2016 年；"命
运与使命：诗歌神学与诗歌的神学"，《国学与西学》，2018 年 12 月，第 15 期。

20 "雪夜林边小驻"，参《弗罗斯特诗选》，顾子欣译，南京：江苏凤凰文艺出版社，
2018 年，第 76 页；《弗罗斯特诗选》（英汉对照），江枫译，北京：外语教学与研
究出版社，2012 年，第 172-173 页。题目和引文均由引者据英文自译。

无声的歌声，不可抗拒地召唤着你策马扬鞭，"志在远游"吗？

啊，此时我就听到了！我看到了雪、夜色、夜色中的森林，看到了不安的马儿，看到了诗人发亮的目光——我看到，于是听到了！

〈2〉

我一再迟疑是否要提及波德莱（P. Baudelaire，1821-1867）"通感"(correspondance)一词，不敢提及他"芳香、颜色和声音在互相应和"的诗句，更害怕引述他那神奇的诗句："自然是座庙宇，那里活的柱子"仿佛"象征的森林"，"用熟识的目光"将人注视，还"像无极限的东西四散飞扬"，"那样歌唱精神与感觉的激昂"。[21]所以这样谨慎战兢，乃是因为想到接下来我将要说的也许会被误解为是对这位伟大诗人的贬抑：弗罗斯特只是隐约让我们感受到了物象和声音之间神秘的应和，波德莱尔则向我们灿然呈示出天地万物、精神与感觉间如此神秘璀璨、亲密玄奥的"通感"，引我们走进了自然的"庙宇"，我们将永远为此感激他，但他却没有说出个中成因。易言之，这位伟大诗人让我们享受到了在天地人物之"应和"中陶然沉浸的福乐，但他尚未道明：这广博幽深、无限迷人之"应和"因何而生。人们禁不住问询：这恢弘而又谐和的应和之音中的贯穿旋律是什么呢？那无数音声能够美妙地奏响若乐，难道会没有作曲和指挥的吗？若有，是谁呢？

我一直热爱波德莱尔。他的伟大诗篇催促我寻找结论。但许多年过去了，我几无收获，直到我如今又一次阅读岛子，答案才豁然朗现。

〈3〉

答案在岛子"向我的母语致敬"。这首诗在此如此重要，让我们全文录下。

> 你怀有我，游弋，一个词/你打开你，给我看：我变成水//你怀有我，我便守在/你羊水的方块上眺望/你掰开你/掰开山海的好风水，唤我，/赐我/神子、芥子和葡萄园//你黄泉锥沙/你碧落折钗/水袖挽扶竹马/流离——/流离的茱萸遍插飞檐//可太初有你，其命如你//一个食草寡母，擦拭她镜中的游子/在你涂抹辣椒的乳头，饥饿的律法废止//恨血千年，一只无常假眼/怎能见识姨母断魂，祭祀绝境//即便——/卜龟的脊背完全破裂/即便——/走兽、马蜂轰然将她分食//你怀

21 [法国]夏尔·波德莱尔：《恶之花》，郭宏安译，广西：漓江出版社，1992年，第13页。

有我，游弋，一个词/你打开你，给我看：我变成墨[22]

诗人要"致敬"的"母语"为何？明白这一点应是最紧要的。否则，它怎么会与"感通"、"应和"，与"圣灵的歌唱"相牵缠呢？

〈4〉

诗歌的开始像是明白的。

第一节诗人开口就把"母语"拟人化了，称其为"你"："'你'怀有我"、"'你'打开你"。稍想便知，与"你"对应着的，自然也就是"我"啦，这是我、你、他三个人称代词的逻各斯。[23]

这便令人设想：作为汉语诗人，他说的母语无疑即汉语了。这在第二节好像得到了明显肯定：

你怀有我，我便守在/你羊水的方块上眺望

所以说"明显"，因"方块"指的不是汉语方块字又会是什么呢？"羊水的方块"道明了这一点：像养育胎儿的羊水一样，方块字，不从来就是教我们牙牙学语的母亲，就像母腹里滋养我们的羊水？诚然，在母腹我们看不到方块字，但它的声音岂不时时都萦绕着母腹中的我们，传诵在我们的耳边，其语音形象从我们被"怀有"起便已映照我们心际？母语母语，也可说是在母腹中我们便时刻聆听、学言的语言哩。

〈5〉

也许正因如此，诗歌首句说：

你怀有我，游弋，一个词

既然"我"为母语汉语所"怀"，"我"若不是汉语之中的一个"词"，又是什么呢？是的，在诗句"你怀有我，我便守在/你羊水的方块上眺望"里，诗人更确认了这一点：他的母语是汉语，他是汉语中的一个词。

〈6〉

但第三节的出现，很快又挑明了我们所自以为是者的错谬：

你掰开你/掰开山海的好风水，唤我，赐我/神子、芥子和葡萄园

"掰开"何为？不是把封闭着、隐藏或包着的东西"打开"或"启明"吗？可若然，"山海的好风水"怎么可能是从汉语所"打开"、"掰开"的

---

22 岛子：《岛子诗选》，香港：中国国际文化出版社有限公司，2015年，第41-42页。
23 笔者细致讨论了人称代词的逻各斯问题。参本书相关部分。

呢？作为以指事会意象形而来的图像性语言，汉语不刚好不过是对"山海的好风水"之摹写，或是对其之诠释，即"山海的好风水""掰开"了不知隐身何处的汉语吗？如果说"山海的好风水""掰开"自汉语，岂不本末倒置？

而且，更重要的，汉语哪里曾"唤我，赐我/神子、芥子和葡萄园"？

在比喻意义上，当然也可说汉语"唤我"、"赐我"，因为我们对世界的认知、感受等在相当程度上都是由汉语塑造的。但"神子、芥子和葡萄园"之"赐"却不言而喻与汉语风马牛不相及了。"神子"即圣经所说的上帝的儿子耶稣基督，"芥子和葡萄园"的比喻也来于圣经，它们是"上帝所启示"的话，[24]与汉语无关。

〈7〉

因此，只有把这里的母语理解为上帝之语，第三节中的逻各斯才是合乎逻各斯的。因依圣经，上帝就是语言，"太初有言，言与上帝同在，言就是上帝。这言太初与上帝同在。万物是藉着他造的；凡被造的，没有一样不是藉着他造的"。[25]这一是说上帝非他，就是语言本身；二是说万物都是上帝借着祂的语言所造的，作为上帝之言的产物，万物实际上乃是上帝之言的打开之状，世界森然万象的表象背后潜藏的却是上帝之词，万物不过是上帝的自我开启、"掰开"。因若不以有形有象之物示人，谁又能睹其面貌于万一？所谓"诸天诉说神的荣耀，穹苍传扬祂的作为"。[26]"神子"更是如此：若上帝不道成肉身，谁知道"神子"之谓呢？"从来没有人看见上帝，只有在父怀里的独生子将他表明出来"。[27]

所以对汉语不可说"你掰开你/掰开山海的好风水"。能这么说的，惟有上帝之言，其才为万有之本原或原型。也就是说，在自身之中的上帝之言乃是对人隐藏着的，如同果壳中隐藏果实。"山海的好风水"乃自上帝言词中之流出者，上帝之言才是其"果壳"即"母语"，"神子、芥子和葡萄园"亦然。试想，汉语早就有了，但若无自景教后才传来的基督教，汉语里如何会有基督，有"神子"等词呢？

---

24 提后 3:16-17。
25 约 1:1-3
26 诗 19:1。
27 约 1:18。

〈8〉

因此，这里诗人向之致敬的母语乃是上帝。"你怀有我，游弋，一个词"，说的乃是人被上帝之言所怀有，乃在上帝之言中"游曳"的"一个词"，是上帝原言、原词、母言、母词之中所诞生的"子言"、"子词"。

〈9〉

然而，这仅是事情的开始，事情远非到此为止。上帝虽为太初的、在自身之中的语言，却还要"打开"、"掰开"自己，即进入世界。这便意味着，除了狭义的语言，上帝之言还有极其多样的形态。也就是说，人不仅作为狭义之"词"被上帝所"怀有"，而且，由于上帝在万物中"掰开"自己，即祂还以狭义语言以外的语言向人言说，教人学语，这便意味着，人除了是上帝"怀中""游曳"的词，而且，在上帝的"打开"之状中，人可能还是别的什么。比如是——水："你打开你，给我看：我变成水"。

这使人不禁要问：此"水"是指着何物所说？

试想：若不是母腹中的水，即羊水，又会是什么呢？

因为，就"我"被上帝"怀有"来说，"我"是在上帝怀中游曳的一个词，但作为上帝之词的"子词"，"我"肯定显得是抽象的，是类似柏拉图（Plato，前 427-前 347）"理念"那样的样子。所以，又像柏拉图的理念要被模仿为现象那样，上帝要"打开"这个词，也就是"打开"祂自己。于是，"我"便"变成水"，变成为母腹"羊水"中的水了。因为只有在羊水之中，"我"这个"词"才能活起来，有形有像，活泼"游曳"起来，有了家，有了存身的"地宅儿"[28]：母亲的羊水既是哺育我的生命之水，也就是我的生命之水，这两样似二而一，是同一种水。即既是自然、生理的"羊水"，还是滋养我这个"词"的词语之水，是不同于狭义语言的另一种语言。

〈10〉

什么语言呢？汉语。

这便是紧随第一节"我变成水"之后，诗歌的第二节便说"你怀有我，我便守在/你羊水的方块上眺望"的原因。

"方块"不是方块字，即汉语吗？汉字固然不是汉语，但作为汉语的一个

---

28 "地宅儿"是我家乡河南省舞阳县的土语，兼具地方、宅院或家之所在义。可释为"像宅院一样的地方"、"宅院所在"或"与宅院相连"的地方，与单纯地理位置意义上的"地方"不同。

面相，不是正可代指汉语吗？何况我们无法想象汉语而不想到方块字。没有了方块字，仅仅声音形象，汉语瞬间将何其苍白！而且与母腹里的羊水相比，汉语更是围浸我们更长久，即围浸我们一生的"羊水"了。故"我便守在/你羊水的方块上眺望"——"羊水的方块"诗人的词语多么新颖、奇妙、亲密温馨啊，它一下子让我们意想不到地看到：和上帝在"羊水"中"打开"祂、在"山水的好风水"中"掰开"祂一样，汉语的"方块"或"方块"的汉语，应该也是上帝的一种自我"打开"、"掰开"——

你怀有我，我便守在/你羊水的方块上眺望

〈11〉

这里的洞见多么令人惊喜振奋！

我们看到，诗人描画的母语呈现出三重面相：（1）上帝之言；（2）自然物象；（3）汉语。不过，上帝之言虽为本原语言，涵盖、含蕴却并不遮蔽物象之语和汉语之语，反而作为语言之母而成就了它们。原因是简单的：依诗人，后两者乃前者的"打开"、"掰开"之状。

〈12〉

这便有了与汉语相当的第四种母语：水墨。

您看，在诗歌首节诗人说："你怀有我，游弋，一个词/你打开你，给我看：我变成水"，而在诗歌的末节，诗人则说：

你怀有我，游弋，一个词/你打开你，给我看：我变成墨

一首一尾两句"你怀有我，游弋，一个词"的重复，不刚好把"你打开你，给我看：我变成水"中的"水"，和"你打开你，给我看：我变成墨"中的"墨"连了起来了吗？而这不刚好是"水墨"吗？我们知道，用词语说话，用词语向上帝致敬的诗人岛子，同时也是用水墨说话、向上帝致敬的画家岛子，其画是被称为"圣水墨"的。[29]

〈13〉

不难看出，在岛子这诗歌里，写到汉语的只一个"羊水上的方块"，而其它"母语"景象，则要繁富得多：

[1]书法："你黄泉锥沙/你碧落折钗"（第三节），"恨血千年，一只无常假眼/怎能见识姨母断魂，祭侄绝境"（第八节）；

29) 艾雷尔．《灵性之维——圣水墨研究》，上海：上海三联书店，2015 年。

[2]中国传统戏曲："水袖搀扶竹马"（第三节）；

[3]承载传统血缘亲情的风俗风貌："流离——流离的茱萸遍插飞檐"（第四节）；

[4]摹状民人活命的艰辛："一个食草寡母，擦拭她眼中的游子/在你涂抹辣椒的乳头，饥饿的律法废止"（第六节）；

[5]古老文化的劫难、变迁："……/卜龟的脊背完全破裂……/走兽、马蜂哄然将她分食"（第九节）。

〈14〉

这显露出来，在岛子这里，我们的母语可有三重：

一，上帝之言；

二，包括汉字、书法、水墨绘画、戏曲、占卜等在内的传统文化；

三，百姓支离破碎的欢愉、历经生死劫难的苦痛遭逢。

〈15〉

这不仅使人问询：这岂不是说我们遭遇的一切——文字语言的、非文字语言的、"原生态"生活的——都是"母语"吗？

是。诗歌对此是肯定的：

> 太初有你，其命如你

"太初有你"的"你"，毋需赘言是上帝。因除了上帝，谁当得"太初有你"？这个上帝既是上帝之言，也是上帝本人，因上帝本人就是上帝之言。这种称上帝之言为"你"的人格化称谓从圣经而来，乃对上帝之言的学语，因正是圣经上这么称的：当圣经说一切都是依着上帝之言所造的之际，圣经说这"言"为"他"。[30]

"太初有你"之后的下半句"其命如你"则既证实了我们的判断，因为只有有人格者才有所谓"命"的问题。我们从圣经晓得，上帝的"命"即被背地里传为私生子；连降生的地方都没有，只好出生在马槽里，且一出生即被追杀；后来他倍尝逼迫、挑战，最后被耻辱地钉死在十字架上，连他的天父都对他背过脸去，对他"扭脸"[31]。如果说这就是上帝的"命"，那么，我们人作

---

30 约1:3。

31 这里的"扭脸"，系笔者家乡土语，既有"背过脸去"，也有"不搭理"、"不理睬"、"厌弃"义，比单纯的"背过脸"也许更具情景性，更为形象吧。

为上帝的"形象和样式"，[32]即某种上帝的"打开"、"掰开"之状，岂不也要有如此之命运吗？我们的命中充满苦难折磨、苦痛悲伤，却也都属于上帝，属于需要向之致敬的"母语"，因那发生在我们命中的东西，岂不正是上帝之"命"在我们身上的投射、映照，向我们"打开"、"掰开"的情状？不是他对我们的言说，甚至是对我们的祝福——那不正是耶稣基督在登山宝训里所说的吗？那里所说的虚心、哀恸、饥渴慕义、怜恤、清心、为义受逼迫[33]等等，哪一样不与世界给人的苦难悲伤等相连呢？

〈16〉

这让我们看到，"八福"实为"八苦"，并是各种苦难之所由，因为它们恰是与世界所不容的。可是，这就是我们的"命"。因在我们之前，它们已经是耶稣基督的命了，是耶稣基督命中注定要经历的。诗人说，我们"命中有你"——何以故也？试想：人是上帝所"怀有"的"一个词"，如果上帝是一个受苦的上帝，你这个"词"里边岂是不会含蕴着相应的"词义"？只不过当你还仅仅是"一个'词'"的时候，你不明白，至少不充分明白，因那"词义"尚未展开。于是，上帝对我们自我"打开"、"掰开"。虽然祂为我们"打开"、"掰开"的不是什么"吉祥如意"、"心想事成"，而是苦难，并呼召我们也要"其命如你"，但那岂不正是祂对我们的祝福吗？而这些岂不正应是我们怀着感恩之情向之"致敬"的"母语"吗？人因为有破碎万状、遍布苦难的"命"而有福了，它是上帝在人身上的"打开"、"掰开"，显现在人身上的另一种自我道说，另一种道成肉身吧。

〈17〉

这样，可不可以说，我们所有在苦难、破碎之中的呻吟、呼号，我们的挣扎、憧憬，乃至我们的愤怒、咒诅等等，都是我们对上帝之言的回应，与上帝之言秘响旁通、相互应和，因为其中有上帝之"命"的投射，上帝之"命"的回声？正是上帝之命在我们身上的"打开"、"掰开"，为我们的命赋"灵"，使我们的"俗灵"、"人灵"之中也透显或折射出"圣灵"之声——也许人们会说，是的，但是那些恶人，那些希特勒般的恶魔，他们也"透显或折射出'圣灵'"吗？是的，事情远比猛一看之下那么复杂，但是，岂不闻

---

32 创 1:27-28。
33 太 5:3-11。

"万事互相效力"[34]吗？不是得罪圣灵的罪不可赦免[35]吗？圣灵的拒绝不也是一种圣灵之音吗？

当然，这是就上帝道成肉身的上帝之"命"，即成为肉身的上帝之言在我们身上的"掰开"情状来说的，就上帝作为语言本身，作为言词之中的词义或"理念"来说，人灵对圣灵的回应，两者之间的激荡、回荡、共鸣是更为显而易见的。因上帝之言作为先在、遍在的母语，使得人的任何语言言说，都不可能不是对其之应和。这不难理解：既然任何言说都逃不脱共同的语词、语法、共同的逻各斯，它们如何不牵一发而动全身地相互"感通"、"应和"呢？尽管其隐秘莫名？因上帝之言乃万物之"母语"，这便使一切语言都成了同一个语言共同体，同一个语言大家族的成员，如何会无感通、应和呢？

〈18〉

不言而喻，由于万物各不同，万族的文化、遭际各不相同，且万物万民在所有那些纷纭万象之中扮演的角色各不相同，这样，虽然共有一"母语"，共为一"母语"之下的"子语"，但其之语言却注定千差万别、音声各异，难免不呈"多音齐鸣"、"众声喧哗"之状的。

〈19〉

应能看出，虽然一个是诗歌，一个是小说，在诗学品格上，岛子与陀思妥耶夫斯基却是相视而笑的。我们知道，陀思妥耶夫斯基复调型小说里每个主人公都不是作者的认识客体，都不是任由作者盖棺论定的。对作者来是说，每个主人公都是"自在之你"，关于他们的最后评价都要由他们自己亲口说出。[36]因此，在小说中，他们各自自说自话，"多音齐鸣"、"众声喧哗"。但这却并不使作品杂乱无章，失去和谐。陀思妥耶夫斯基让所有的声音最后都指向一个最高的声音，即耶稣基督。不过耶稣基督的形象不在作品中直接出现，而在作品之外，在"天上"。[37]但他的不在场却恰是其在场的方式，他以不在场的在场与所有主人公同在，以不言说的言说对主人公言说，从而保守了多音、众声的和谐。

---

34 罗 8:28。

35 太 12:31-32。

36 巴赫金：《诗学与访谈》，白春仁、顾亚玲等译，石家庄：河北教育出版社，1998年，第 83 页。

37 巴赫金：《诗学与访谈》，第 128-129 页。

所以这么说，是因为阅读岛子，有些篇什乍一看颇易令人困惑：许多差别明显的东西，在诗人这里却得到了无差别的吟诵、呵护。最让人印象深刻的可是"安慰之歌"吧：

> 安慰巨石，安慰/把巨石滚上山的兄弟，安慰/他和巨石齐心化育春风/安慰春风，安慰/母亲，安慰她贞洁的宫血/耗尽一生的水晶，为了/安慰，安慰她，赋我以歌与哭的/权能，我用它安慰贫穷/贫穷洗劫了岸上的疾病/安慰疾病，安慰/断剑，当它折入泥沙/燃烧的稻草人和羽毛/抚响了天使的琴声，安慰/天使，请你去安慰/碧血擦亮的铜镜，安慰铜镜/安慰清泉，安慰姐妹，安慰她们当中/最美的一个，递上经书和油灯/安慰黑夜，安慰油灯/把那不可见的全然显明，安慰/银河，安慰渡船，朝霞和毕业生/安慰竹林，安慰园丁/安慰死亡合唱团和/牧羊人的晨星/安慰干草，安慰晨星，安慰它们照见/马槽里的眼睛[38]

"巨石"和"把巨石滚上山的兄弟"，不是对立的两造吗？他们竟能同得安慰？而且，这相互角力的两造竟是在"齐心化育春风"？如果我们想到滚石上山的西西弗斯（Syphus）和加缪（A. Camus，1913-190）的荒诞说，作为基督徒——岛子是基督徒呢——我们是要给予其同样的"安慰"，并相信他们"齐心化育春风"吗？"折入泥沙"的"断剑"及"燃烧的稻草人和羽毛"也要安慰吗？谁的"断剑"谁"燃烧的稻草人和羽毛"呢？诗句让人想到赤壁之战，每一个折戟沉沙的将士如何同得安慰呢？他们的血泪何其相异，就如秦人白起与他坑杀的四十万赵国降卒，他们如何用同一个"安慰"？那背后有多少无法相容的故事啊！然而，在人不能的在上帝却能。因上帝的眼光既洞悉、知晓而又包容、俯瞰着万人的眼光。上帝就是爱，并且先爱着我们。祂以自己的死，以祂在"马槽里"无辜、圣洁、仁慈的"眼睛"，看着和听着万人的"多音齐鸣"、"众声喧哗"，应和以救恩。"他为人舍命，叫那凡信他的，不得灭亡，反得永生。"[39]

〈20〉

也许可以说，岛子让我们看到，在上帝"母语"的荫庇下，发生的不仅是感通、应和，往更深处看，更是和解，是"众声喧哗"、"多音齐鸣"中不同

---

38 岛子：《岛子诗选》，香港：中国国际文化出版社有限公司，2015 年，第 35-36 页。
39 约 3:16。

声音的"和鸣"，并且也正是它们和而不同、甚至相反相成的和鸣，使万物万民得仰望高天那稀微而动听的圣灵之吟。在"安慰之歌"里，甚至"死亡合唱团和/牧羊人的晨星"也都得到了同样的安慰！"死亡合唱团"带给人的是死亡。但这个死亡并不仅仅是对生命的戕害，因一方面，"罪的工价就是死"，[40]死亡是罪自身带来的结局，罪使人不得不死，即使不谈上帝，在完全世俗的意义上，死也是罪的语义的逻各斯，因世俗语言也是把公义、把罪必致罚包含在自身之中的。在此意义上，"死亡合唱团"的歌唱，岂不是圣灵使然？

另一方面，死亡当然常常像是外部力量强加于人的东西，因没人自愿去死，在这个意义上死亡是恶。然而，强致人死的暴恶不是源于罪吗？谁又能逃得脱罪的干系，能够说自己与罪无关呢？人也许不是致死自己的暴恶力量，但他自己不是不能摆脱与暴恶势力千丝万缕、难以尽名的干系吗？阿伦特（Hannah Arendt，1906-1975）不是已指明所谓"平庸之恶"吗？人们不是说在一场雪崩中没有一片无辜的雪花？这种情形是否使得"死亡合唱团"这种剥夺生命的、"敌基督"的魔鬼力量，也得获了施以"安慰"的可能？"死亡合唱团"担任的角色也刚好是上帝之言的语义所要求的，它的出现也是上帝之言向人"掰开"的一种模样。因此，它倍受咒诅，但却不也该受到"安慰"吗？就像一次次击打约伯的魔鬼也并不因之而受到击打，因为他的行为也有着上帝之言的准允？

〈21〉

最后，连上帝也是需要"安慰"的。

人因罪而必死。上帝造了人，却不能阻止人犯下致死之罪。人能犯罪因其有自由，那自由由上帝所赋，祂见人犯罪却不能收回那自由。但上帝岂眼见人因罪而死却不悲伤？但人落在自己的罪中，即使"挥泪斩马谡"，上帝岂能命"死亡合唱团"不歌唱？若不再毁灭人类，[41]连上帝也不能阻止死亡，不能阻止致死的相关的暴恶。但上帝是爱，他便用十字架上的死与复活代赎人罪，给人救赎，这爱人而悲苦的上帝要不要得人"安慰"？

〈22〉

看哪，这个诗人！这是诗人岛子，岛子给上帝的安慰：

---

40 罗 6:23。
41 创 9:11-13。

安慰死亡合唱团和/牧羊人的晨星/安慰干草，安慰晨星，安慰它
们照见/马槽里的眼睛

马槽里的眼睛何等的清澈、慈爱、良善，何等羔羊样无助？救主也需要安慰，他为拯救而死，他来到自己人那里，自己人反不接待他，杀死了他，祂为什么不需要安慰？安慰啊，安慰！"安慰之歌"听得到诗人撕心裂肺的歌声，如果没有深入且化为灵魂的爱，咋会有玉置浩二《不要走》的歌声？人灵之中如果没有圣灵，没有那哀伤的、爱上帝的、和着血和泪的圣灵之灵，没有圣灵的"应和"——如果没有那种堪称"人之圣灵"的灵，诗人怎么能"安慰"所有，甚至安慰上帝？看，安慰为牧羊人、为远方的博士指路的"晨星"，以及马槽里偎依在圣婴身下之"干草"的歌声，若不是圣灵的歌唱又是什么呢？

〈23〉

"人之圣灵"是不是亵渎？作为基督徒，诗人难道不知道包括他自己在内的人皆在罪中？有罪之人灵岂配称"人之圣灵"？

岂会不知呢："你为何要画祂？为了/不可见的罪罚——//我看见我的黑暗活着/纸背跃出一匹剖腹的白马"。[42]

然而，感恩母语，我们既然为上帝之言所怀有，既然乃在上帝之言之羊水中"游曳"的一个"词"，我们的语言如何不是对上帝之言的应答、"应和"，不是在与上帝"我-你"对话呢？也就是说，我们如何不是与上帝"平起平坐"的"主体"，故人灵如何不能与圣灵对话，从而可称人之灵为"人之圣灵"呢？

理由是简单的：什么是圣灵？圣灵就是上帝的话。上帝的什么话？当然是说给人的话咯。那么，说岂是空穴来风，岂不是以说话人先行之"听"为缘由，并以听者相应的回应为归向吗？这岂不就意味着，在上帝之言里一开始就是"怀有"人这个"词"，就包孕着所谓人之灵，便是圣灵同人灵的对话，是圣灵对人灵的某种回应或"应和"吗？而如果说人灵可以聆听、应答、应和圣灵，人之灵岂不正与圣灵结缘，而非绝缘，故说其为"人之圣灵"岂不正无不妥吗？

〈24〉

我想，这使我们可大胆言曰：所谓"太初有言"的"言"，是不是既包含

---

42 "圣像"，页78。

着上帝的本原之言，也包含着上帝同人的言说之言，包含着人对上帝之言的感通、应和之言呢？因为，既然所谓言离不开说和听，那么，上帝之言岂不内在地包含着人的聆听和应答呢？也许人们要说，上帝是太初、本原之言，是永恒的存在；人是时间性存在，有其不存在之时，在人尚未受造、尚不存在之际，他哪里会有什么言就包含在上帝之言里了呢？

理解这一点亦不为难：既然上帝是恒在者，没有过去、现在、未来，只是永远的现在，无论在何时何地，祂都与人同在。也就是说，人虽不与上帝同在，但上帝却是与人同在的。这便意味着，那先于人、与人同在的圣灵，岂不早已将人之灵的"感通"、应和包蕴在自身之中，将人灵置之于圣灵光照之下，从而使人之灵也在这种光照之下——哪怕其被显明为黑暗——而堪称某种圣灵——"人的圣灵"吗？

〈25〉

因此，圣灵既是上帝口中所出的话，也应包括所有对上帝之言的回应、应和。如果将之从中排除，那么，上帝之言的位格性、人格性尤疑将受到贬损。因为我们无法想象上帝之言竟不包含人言，既然祂对人说话，并且，我们所晓得的圣言更多的乃其对人之所说。人系上帝所造，但人的语言却非上帝所造，它乃人从上帝之"怀"，从上帝对自己语言的"打开"、"掰开"——如"羊水"、"山海的好风水"中学得。正是在这里，我们有了"方块"（字），有了水墨以及书法等——人们说了多少书法绘画师法天地万象的话啊，那不正是在上帝的"打开"、"掰开"之状中向上帝学言，感通和应和上帝之言、上帝圣灵吗？

这使得我们可以说人灵中的圣灵，说圣灵与人灵的同在，说在人的言说当中，圣灵即使不说也是在说的。所谓圣灵充满，不仅可狭义地指祂充满某个人的心灵，岂不更可是祂充满所有人类的言说，甚至充满"敌基督"的语言？否则，上帝对万民的治理如何实现？况且，上帝之言作为本原之言，作为万语之语的"母语"，人语又如何逃得祂的管辖呢？"我往哪里去，躲避你的灵？我往哪里逃，躲避你的面？"[43]既然上帝之言乃母语，人由言说而与圣灵交通，并受圣灵最终的管辖，岂不是明白的事吗？上帝之言作为人类"母语"，实实在在是大可"致敬"的。祂让有罪的、终有一死的人得以应和上帝，得在自身的千差万别之中同一地得沐上帝之光，得受圣灵庇护。上帝"叫日头照好人，

---

43 诗 139:7。

也照歹人；降雨给义人，也给不义的人"。[44]世界的统一性也许就在于上帝之言的统一性，在于在圣言之中圣灵的遍在吧。

〈26〉

"致敬母语"也许并非岛子思索万物同一性的唯一篇什。该诗之后，岛子的思绪似仍萦绕未去。作为基督徒，岛子自然以上帝为母语。但作为深信各文化也在上帝的"掰开"之状里向上帝学言的诗人，不去汉语言说之中一探圣言的踪迹，谛听圣灵的回声，岛子岂会心甘？"致敬母语"写于 2002 年。十八年后，岛子书写了庄子《齐物论》里庄周梦蝶那段：

> 昔者庄周梦为蝴蝶，栩栩然蝴蝶也，自喻适志与！俄尔觉，则遽遽然周也。不知周之梦为蝴蝶，蝴蝶之梦为周与。周与蝴蝶，则必有分矣。此谓之物化。[45]

庄子之谓物化，主要说物我、人我的边界并不像乍望那么确定不移，不可逾越，而是互寓互寄，互渗互移，就像梦里的庄周与蝴蝶，彼此似分而又无分，无分而又似分，如此而万物的感通、应和生焉。我们不能说就是庄子这样的奇思妙想使岛子嗒然有感作书，使蝶与周忽合忽分、欲牵欲别的梦幻之境，飘然栩然于纸上墨间，从而将不可致诘，不可摹画的人蝶感通应和之境呈现于目前，不刚好也是对万物之间那种遍在之灵的另一种诗化之思么？我们记得，岛子书家也。书家何为？"你黄泉锥沙/你碧落折钗"，不是要"上穷碧落下黄泉"地究天人之际吗？庄周梦蝶书与"致敬母语"诗，在寻索万物感通、应和之灵的旅程中，不也在彼此应和，有灵相通吗？

〈27〉

岛子"致敬母语"缘于其上帝信仰，庄子的物化说缘于其"气"论。庄子以为万物一"气"贯之，气聚而生，气散而亡。故万物形质有异，却同为一"气"，形质有隔而气无隔也，故周与蝶名虽分而实则无分。岛子的庄周梦蝴蝶书断连有迹，牵分随意，直若一片千姿百态的奇葩，花相别而香相牵，意气氤然氲氲。你看到的既是墨气墨相，却又分明地若有灵之风拂焉。谁之灵与？圣灵之灵，人灵之灵，圣灵之人灵，人灵之圣灵——看哪，灵灵和鸣，不得避拒、不可逃匿，圣灵之歌唱也。

---

44 太 5:45。
45 庄子"齐物论"，参郭庆藩：《庄子集释》第一辑，北京：中华书局，1982 年，第112 页。

〈28〉

然而，"气"诚可流贯四方，但无定形，它至多可传达某种精神，但那精神却会因为抽象无定而流于空疏，其义仍需语言规划。譬如"大气"，历来为人所推崇，所谓三大三材，人可与"天地参"。在极抽象的意义上，孤立地看，似亦可成立。但这种"大气"，除了凝成为一个个打江山，坐江山的皇帝，和无数个怀揣"皇帝轮流坐，明年到我家"梦的"百姓"，以致于使"德先生"至今"绕树三匝，无枝可依"，何大之有呢？

〈29〉

故庄周的物化之气，可若圣经之谓混沌[46]也。其为创世所需，但更需"上帝的灵在上面运行"，需要"上帝说"，即上帝之言为其赋形。诗人在写下"致敬母语"多年之后书写庄周梦蝶，虽慧眼独具，深有洞察，却并未"致敬""物化"的。岛子也许对其中的圣灵之音作应和，对其中之人灵作些回避？吾不知也。但由"致敬母语"可想知，在上帝"母语"光照下，庄周梦蝶岂不亦与圣灵相通，不亦有尽管也许稀微些的圣灵之音？

〈30〉

致敬诗人岛子。致敬岛子诗"致敬母语"！

2 小说

（1）北村

北村在成为基督徒以前已是成名小说家。他 1992 年 3 月 10 日受洗，创作转向基督教。从 1993 年出版《施洗的河》，到 2016 年发表《安慰书》，北村创作的小说数量不菲，尤其是长篇。揭露人的罪性，呈示人如何走近、接受或逃离、拒绝上帝，是他小说的凸出主题。

令人兴味盎然的是，北村与陀思妥耶夫斯基有一个相似的地方，即对犯罪题材的偏好。但同样令人兴味盎然的则是，陀思妥耶夫斯基写犯罪，像巴赫金所说，习惯于将人放置于房门边、楼梯口那样的情景中，喻示着人实际上置身于传统信条的极限边缘，时刻要踏入信仰的冒险之旅，游走他方，以其之自由在信仰传统之中营造崭新的张力。他的罪犯或罪人既是罪人，更首先是自由人，他被看之为罪的东西之内核却是上帝所珍视的自由，他们也许恰是因为他

---

46 创 1:36。

们的罪而与上帝的救赎有份。如果说上帝即自由，那么，与罪密切相关、罪之所出的自由，却也恰是罪之中神性的闪光，同样含有"神人"品质。

与陀思妥耶夫斯基恰成对照，北村的罪人、罪犯便只是罪人、罪犯了，他们的罪在传统信条的光照之下是确定不移的。《施洗的河》的刘浪、《愤怒》里的李百义、《玻璃》中的罗达特无不如此。与对罪的揭露相关的另一面，则是人的知罪悔改。如《我与上帝有个约》的主人公、《玻璃》的另一个主角李文。

上述四书可看为一个四部曲，它们展现出北村对中国人原罪情状由外而内、渐次深入的观察，在当代中国基督教小说中无与伦比，堪称"罪感小说"，中国"少有罪感文学"[47]的情形被北村彻底结束。《安慰书》[48]里人人无不自义，又无不深陷在恶的渊薮。每个人都为行善而做恶，又以做恶为行善。刘智慧、李江两个仇人加畸形恋人的那段丑陋疯狂的交媾图，正是这种善恶互搏而又互亲的地狱景象令人惊悚的写照。[49]

但遗憾的是，北村小说仍旧是独白型的，小说里只看得到对对象的单声道评判，作者仍旧系人物之"他"。

（2）施玮

当代中国另一位重要基督教小说家施玮的小说同样是独白型的。但与北村不同的是，在她小说统一的独白型意识里，有着些微异样的声音。

《红墙白玉兰》写一个基督徒丈夫对同床异梦、红杏出墙的妻子不离不弃，"圣经上说，丈夫要爱妻子以致能为她舍命。……也许我们还做不到为妻子舍命，但至少该尽力爱她。这也许不是我们常说的爱情，但这是爱……"；"爱能遮盖一切，遮盖过犯，也弥合裂痕"。[50]这是小说的结束音，但整部小说回荡缭绕、徘徊难去的却是妻子与情人飘忽莫定的恋情，比之丈夫的坚定明朗的爱情宣言，妻子的声音似更绵柔而坚强，虽然她忏悔且接受了丈夫的宽宏。

《叛教者》是施玮计划中的教会三部曲中的第一部，由美国南方出版公司2016 年 6 月出版。据作者微信自述，到这一年的 10 月，该书包括电子版在

---

47 刘再复、林岗：《罪与文学》，北京：中信出版社，2011 年，第 XIX 页。
48 北村："安慰书"，《花城》，2016 年第 5 期，第 76 页。
49 北村："安慰书"，《花城》，2016 年第 5 期，第 66 页。
50 施玮：《红墙白玉兰》，《放逐伊甸》，北京：中国电影出版社，2008 年，第 214-215 页。

内，销量已约一万五千本。读者主要在中国大陆。小说很快吸引了大批读者的原因也许是其题材，即1955至1956年间肃反运动对上海基督教的迫害，刻画了一批备历磨难、可歌可泣的主耶稣追随者群像，当代中国文学对之从未触及。小说主人公李夜声的原型即民国时期在上海、广东、福建等地，并至今在海外颇有影响的中国教会领袖倪柝声。

在我看来，从作者由"他-你"到"我-你"的身位转换角度看，小说难能可贵的地方在于，主人公在对圣灵的渴慕和自信里，渐渐萌生了对"人灵"的醒觉。李夜声在几十年的信仰生活中，一次次自以为"进入了"上帝（见该书第325页。以下只随行括号注明页码），经历了上帝灵里的感动，有"基督身体里的"同在，达到了"灵里的成熟"、"属灵的成熟"（326-327），但却一次次私德不德，牧会失当，在与亲人和同工的相处上谬错迭出。这使他在漫长的牢狱岁月里反省到自己其实是难以"分辨这一生中的人意与神意"（332）的，他会"把自己错误的感觉以为是是神的引导"（336）。他战兢地自问："包裹我心的是圣灵的膏油？还是自爱的虚谎？"（326），在对圣灵的领会里有许多属人的"血气"的成分（340）。他本来自己以为是"属灵"的对教会中姊妹，尤其是对妻子张惠雯的压制，实际上就是出于母亲对自己的专制的遗传（340），和他自己的骄傲。在长期的婚后生活里，他对妻子几乎完全漠视，任她独自一人流产丧子，并失去再孕能力，而他远在英国，"从来没有后悔过，……但，事隔二十多年后，我却心里摇晃起来，我突然体会到了妻心里的痛了"。妻子病魔缠身，在逼迫中先他而逝，令他五内俱焚，也加速了他的死亡。李夜声的最后反省，句句珠玑、情真意切、思想锐利纯粹，"人灵"在罪性（李夜声人以为有"僭越到自拟上帝的危险"[51]）、信仰误识和错觉（以为圣灵进入自己"里面"）中渐见绽露，为主人公人生落幕时候的稀微晨光，虽然其在神学上的意味尚待"看见"。

（3）阿石——文化狱：两重高墙中的救赎

阿石不是一个勤于动手的作家。除了一部长篇小说《无悔岁月》，[52]以及在一家地方报纸刊登的中篇《海盗皇后》等，她没有发表过什么作品。《朵儿》也许是她多年沉在心里，终于不得不写的作品。这也许是该小说着实与众不同的原委吧。

---

51 冉云飞："谁不是叛教者？"，载《世代》第1期（2017年春季号）。
52 金峰：《无悔岁月》，呼和浩特：内蒙古人民出版社，1997年。

〈1〉

在根据斯蒂芬·金（Stephen. King）小说改编的好莱坞电影《肖申克的救赎》（*The Shawshank Redemption*）里，主人公成功逃出监狱，得到了自由。这当然不易，但相对却是容易的，因监狱之外便是自由世界，他只要逃出去就可以了。可若一个人所生活的整个世界本身就是座监狱，他不在监狱之中却无时不在监狱中，到哪儿都蜗牛般背着监狱高墙。试想：这样一个人，他如何越狱得自由呢？若一个人置身其中的文化堪称监狱文化，那文化所建造起来的其实不过是个可叫作"文化狱"[53]的东西，那么他的救赎如何可能呢？

〈2〉

阿石的小说《朵儿》[54]的主人公，故事开始的中学生姑娘朵儿，就是这样一个人哟！那是 1952 年末，她年方 20（136）。

〈3〉

朵儿是被她母亲一手推进这监狱的。那时"朵儿还是县女子中学的学生"（137），母亲自作主张，把朵儿给白老三做了妾。这是母亲的文化。她自己就是给人做妾的，那时她将不久于世。她相信女儿只有给白老三做妾，才会有"依靠"（137）。这和陀思妥耶夫斯基"宗教大法官"的文化倒如出一辙：为粮食交出自由。[55]白老三虽有妻儿，仍纳朵儿做了小老婆。为何不？有财有势的男人娶小老婆，不正是白老三浸润其中的悠久文化吗？而且白老三还有更熟稔的文化："打江山，坐江山"，如今他即打江山的功臣。"江山"何为？不就是享用天下女人身体、男人劳力和大地出产的权力吗？否则何故要"普天之下莫非王土，率土之滨莫非王臣"[56]呢？白老三虽非打下江山的皇帝，但他用"两个哥哥的性命和自己的一条腿换来了白家的荣耀"（139），妻加妾正是配得！这也是白老三家乡白果村乡亲的"文化"："大官都是三妻四妾，那叫派头"（137）。白果村支书的文化是：有两个老婆尽管不合法，但

---

53 "文化狱"概念由吾友杨景春在一次聊天中提出。他说"文字狱"不算什么，若整个文化就是个文化狱便可怕了。杨子未及详言，吾试言之。记以谢焉。

54 阿石：《朵儿》，《神学美学》第六辑，上海：上海三联书店，2018 年，第 132-172 页。以下相关引文只随行括号标注页码，不再另注。

55 《费·陀思妥耶夫斯基全集》第十五卷，《卡拉马佐夫兄弟》，臧仲伦译，石家庄：河北教育出版社，2010 年，第 399-405 页。

56 《诗经·小雅·谷风之什·北山》，参陈子展：《诗经直解》，上海：复旦大学出版社，1983 年，第 722 页。

作为功臣、英雄，白老三却应该"特殊一点"（147）。这种文化狱文化博大精深，博大到生活的一切畛域，精深到每个人的骨髓血液：当朵儿被白老三的儿子白俊祥污蔑试图与人私奔（165），而那时她虽已与白老三离婚，却仍被村人视为白老三的私产，几乎所有人都义愤填膺参与了白老三对朵儿的"家法"，硬生生捶碎了她的膝盖骨。这种"文化"在白果村早"文化"了几百年绵延不绝（167）。支书马潮勇作为基层官家完全可以阻止，但他却像在盆子里洗洗手，将耶稣交出去的彼拉多[57]那样，"在鞋上磕了磕烟锅"，将朵儿交与白老三行刑（164）。连镇医院护士为朵儿行医也是草草了事，因其之"文化"要她们蔑视这种破鞋。朵儿从此成了污秽不祥之物，自囚于屋里。但社员们的"文化"认定她就是狐狸精、妖精。否则，怎么十几年后她一出门见了白老三的正房马菊，马菊就死了（169）？支书马潮勇也是见了朵儿后，望着朵儿的背影突然死了的（136）。依白果村人的"文化"，他们的死不归罪于朵儿又归于谁（152）呢？所有这些人岂不皆因禁朵儿的狱卒、牢头？

〈4〉

典狱长是白老三。将朵儿囚在那里，施加各样折磨、且使得各种折磨得以施行的，是"白老三文化"。当然，白老三从没宣说过他的文化，他只是享用践行，正如小说里各色人等不说而行一样。

〈5〉

白老三文化有两个关键词：性事/性统治权，权事/政治统治权，可简言曰性权、政权。

〈6〉

作为男性，白老三的性权自是统治或占有女人身体。白老三身上只一条腿，另一条在朝鲜战场丢掉了，靠拄拐杖走路。他剩下的这条腿已不再像条腿，却像他阳物的象征。他拐棍的棍、棍一样的腿、裤裆里的阳具之棍，名三实一，是同一个性事之棍、性权之棍。何为"性事"？对白老三来说除却"性上的事"，岂不更是"以性为事"？白老三所有的事情不过即以手中的政权力量行使裆中对女性的性权，以政治权力保障他不分昼夜、不顾廉耻，在柴堆里、灶台边、"田间、地头、沟里渠里"到处随性之所至，压在朵儿身上发出"粗鲁的喘息声及肮脏的汗臭味"（162）。和那些进了城便抛弃黄脸老婆，换下女学生的某些"首长"类似，白老三朝鲜战场归来把朵儿压到了胯下。所不同的是他还保留了老婆马菊做正房，以及对马菊的尊重。马菊给他生了三个儿子，还仆人一样"屋里地里，全靠她一个人"。如果说朵儿是他性统治来泄欲的，马菊则是其性统治生育的，两个女人分别执行着女人的两种性功能。白老三是家长。他如何是"家长"？不正是以若不从部队"回来，也是个师长旅长什么的"（137）官长（zhang）之长，即以春药一样的政权力量使他成为家中性具之"长（chang）"吗？政权之长（zhang）保障了他的性具之"长"（chang）。政权若云，性权若龙，两者相得益彰，堪为白老三文化。

〈7〉

这种文化不用说不是白老三创造的，他只是享用。创造者自然是文化先贤。该文化的奠基表述非《易·序卦传》莫属："有天地然后有万物，有万物然后有男女，有男女然后有夫妇，有夫妇然后有父子"。在其看来，天在地之上，男在女之上，正是这种天然的、与天地同构的性别优位性，奠定了男人对女人的性权根基，赋予了男人因性具之长（chang）而成为一家之长（zhang）的冠冕。故白老三文化也就是男性性具/阳物文化，是男性性优势的直线延伸，是所谓文化先贤们编织华夏文化织体的"经线"。

〈8〉

当然，仅凭性的自然优势，无疑不能建立男性对女性的统治。因虽整体说男对女的性优势是稳定的，但就具体男女来说则千差万别、变动不居，男人对女人稳定的性统治是不可能的，除非人类完全堕落为猴子、猩猩。

更重要的是，由于人类存在的社会性，男性对女性的性霸权一根线，无论如何强韧，若没有社会性、政治性权力做纬线的横向交织，其对女性的性统治便无疑无从建立。因人既为社会性的，男性性权的建立、维护便需要社会/政治力量的介入。也许是有鉴于此，《易·序卦传》给出了自然性经线之外的社会性纬线。即以将基于男女性事的"家"的秩序/结构，与基于政治统治的"国"的秩序/结构，描绘为家、国同构叠合的方式，将男性性权与政权治权强韧地编织起来。即在天地、万物、男女、夫妻、父子之后加上了"有父子然后有君臣，有君臣然后有上下，有上下然后礼义有所错"。这样，一方面，凭借男女夫妇在性秩序结构与政权秩序结构之同构，男人性权获得了政权加冕；相应的，政权则被男性性权加冕，因后者来自于天地男女等"天"秩"天"道，而"天"则至高无上。

〈9〉

这样，通过性权与政权的这种连环加冕或相互附体，即国附体家上，家附体国上，一道封闭严密的权力高墙成焉。家的夫妇之道编织体为国的君臣之道编织体加冕为神圣天道，君臣之道编织体为家的夫妇之道编织体加冕为政权不可违拗的暴力和威严。这两条编织体的合围，将家、国合拢为一座密不透风的监狱，从而使每个人天生都要成为被其囚禁的罪犯。《易·序卦传》实可为这种文化狱的政治神学、政治哲学，亦可曰其之狱政神学、狱政哲学、狱典典章。

〈10〉

朵儿的不幸就在于她成了这样的文化狱的囚徒。白老三能将她几十年压在胯下施暴，凭借的正是政权或"国"对"家"或性权的相互加冕、附体。当国加冕、附体了家，政治权力加冕附体于男性性具之际，后者也就同时附体到了前者身上，既以其身或家为国作伥，也同时假国之威而作家之虎。白老三能奴役朵儿，能做"白果村的皇帝"，不因别的，端因其打江山功臣的冠冕与其之阳物套在了一起，其性权与政治权力之合一。

〈11〉

不言而喻，政治权力是物的、非人性的力量。性的自然性、动物性也离物性、非人性最近，足以令人害羞。[58]恰如陀思妥耶夫斯基研究者 N·P·斯特劳斯所说，"残酷的性欲会带来邪恶的男性追随者和残酷的政治"，"陀思妥耶夫斯基强调了男性对女性和爱的无知才是小说中人性泯灭的根源"。[59]小说中有个情节：后来与朵儿成亲的憨儿本来是个正常人，只因 5 岁捉迷藏时无意"看见邻家的大伯子哥和弟媳抱在一起"，被那男人一巴掌打成了傻憨儿（140），夺去了憨儿作为男性的性能力。白老三的大儿子白俊祥之所以当红小兵游街折磨秦润禾，要将秦润禾烧死，便起自他对秦润禾得朵儿爱恋的性嫉恨。白老三对公社革委会主任的英武战斗，也不过是要争夺对朵儿的性占有权。小说对畸形、"残酷的性欲"之非人性的揭露着实是令人震撼的。这使我们可以理解，为什么白老三对朵儿的性暴虐充满了非人性的野蛮无耻。皇帝凭借政权恣意"宠幸"天下女人，他们眼中的女人只不过是女性性具。白老三除了比皇帝"小"了一点外，在泯灭人性的残酷上与之并无二致。他强行拆散朵

---

58 创 3:10-11。

59 [美]尼娜·珀利堪·斯特劳斯：《陀思妥耶夫斯基与女性问题》，宋庆文、温哲仙译，长春：吉林人民出版社，2003 年，第 124-5 页。

儿与秦润禾，强迫朵儿嫁给傻子憨儿，并在朵儿与其离婚之后，仍公然强暴朵儿，皆缘于他是连公社革委会主任也畏惧几分的"功臣"、"英雄"。非止此也！所有的权力机构、制度，作为政权力量，也一起做着白老三帮凶。秦润禾要带朵儿逃到县城，却是无从逃离，因他在县城本有的房屋被街道居委会霸占。朵儿除了在白果村有个社员身份，离开那里就没有户籍，无以立足和糊口。这种非人性的政权力量与白老三非人性的性力合围，将朵儿围在了非监狱的监狱，遭受非人的折磨和凌辱！

〈12〉

那么，朵儿的救赎之路何在？她有无得获自由的可能？

〈13〉

也许需救赎的不只是被迫做了白老三妾的朵儿，应还包括他的结发妻马菊。因马菊虽然对白老三鞠躬尽瘁，临死前还操心着"我走后老三这一日三餐咋办"（168），但当朵儿答应马菊死后为白老三做饭后，马菊便"不想再见白老三他们父子"，而要朵儿"无论如何把秦润禾牧师找来"（169）。见牧师自然与救赎相关。

〈14〉

但与朵儿不同，马菊不仅不与这种男权与政权交织的文化相龃龉，而且应还是该织体背后的深层织体，即由儒家和道家分别且亦是共同论述的阴与阳的交织。如果说男权政权交织是文化狱的表层建筑，那么道儒及更在其先的易经即整个中国哲学奉为圭臬的阴阳说，则是该文化狱的深层织体。马菊被其压迫，却也是其之砖石。

〈15〉

描述马菊对白老三，最妥帖的词也许应是爱恨交织。当"新中国建立后的第四个年头"的一天，马菊与"白果村和马鞍村的男女老少"都激动前来迎接从县城养伤回来亦即抗美援朝归来的"令他们感到骄傲的英雄白老三"时，马菊为白老三"领个小老婆回来"就"撕心裂肺"地"疼痛"，"第一次骂白老三不是个东西"（137），并后来对白老三一直贪恋朵儿的身子深恶痛绝，"真真确确想和他离婚"（152）。但她的恨却又实在地同爱相交织，从来不曾使她像朵儿那样心生异志。她和白老三原有两个孩子，朵儿来了之后，她还又生了一个，同白老三实在是血肉一体的。她对白老三的厌烦只是夫妇两口无关宏旨、酸甜交织的嗔痴恨怨，而非两个独立个体间的区分与对抗。马菊不仅吃苦耐劳，还谦和温柔，容让大度，体贴人情，通晓世故，深明夫妻妻妾之大理。她不仅忍痛接纳朵儿为白老三妾，还大姐般照料朵儿的生活，关怀朵儿的遭际，尽其所能为朵儿命运的改善尽心尽力。传统女性所有的理想德性，马菊几乎无所不具。

〈16〉

不过，正是这种德性，显出她与白老三一起成了构筑男权政权文化狱经纬的深层织体，也就是那种阴阳互异互补、互隔互渗的阴阳鱼、太极图。并且，恰如"反者道之动，弱者道之用。天下万物生于有，有生于无"[60]的道家"常道"那样，[61]白果村表面显得白老三是最权威的皇上，最显赫的"有"，马菊无官无职，"道隐无名"般隐没在白果村政治风云背后，似乎是不存在的"无"，但却恰是马菊的这种存在，给白老三提供了家庭屏障、人情支援。马菊走后，白老三便跌下神坛了。小说一开始便让读者看到，白果村大队以白果村为名，村头"像一把巨型伞"枝叶繁茂地屹立了千年的白果树，像是权力的土冠一样，傲然宣示着白老三龙王般性与政交织的威权；马菊娘家的马鞍村则像树下冬眠的"小青蛇"，伴着白水河"无声无息从它脚下绕过"（132），俩村庄构成了副天然的太极阴阳图。马菊和名义是支书实际上却是白老三附庸的马鞍村人马潮勇一样，实在刚好是偎依着男权-政权化身的"阳鱼"白老三的一条"阴鱼"。

〈17〉

因此，如果说马菊这"阴鱼"最后游离了"阳鱼"白老三，只能意味着阴阳图的破裂，意味着那阴-阳/家-国织体文化狱的破裂、颓败，只是表征了这种男权和政权连环闭合织体无可奈何的黄昏。马菊想要得到解救的意绪是微弱和模糊的。她只是彻底厌倦了，她的生命最终被阳鱼所耗尽，即被那阴阳鱼所吞噬。她即使想望却根本无从游离阴阳鱼怪圈。但她知道自己要死了，她向牧师的神求救，尽管她并不真的认识上帝，也没有因着上帝的缘故而争战或挣扎。她在阴阳鱼里死了，埋了，她的死为"阴鱼"她自己、也为她的另一半"阳鱼"行了葬礼。也许殉葬者对上帝的默默呼求也有幸蒙听？但马菊终究是有福了，因为基督教教堂在马鞍村毕竟"17世纪中叶"已然建造，且建

---

60 老子第40章。参于培林：《生命的大智慧——老子》，石家庄：河北人民出版社，1988年，第78页。
61 老子第1章。培林：《生命的大智慧——老子》，第3页。

在马鞍村，尽管马鞍村小青蛇样在白果树下默然蜿蜒，但"教堂房顶上的十字架却像傲视这令白果村人骄傲的白果树一样，高高地耸入天空"（132）。对那些马菊那样担当劳苦重担的人，耶稣基督的十字架也许天然地就是一种指靠？愿神怜悯！受苦的人易于注目受苦的神，因为他们易于在神身上看见自己的苦楚？

〈18〉

救赎问题乃由基督教而来。因所谓救赎即解除奴役，使"被掳的得释放，……叫那受压制的得自由"。[62]世界剥夺了耶稣基督自由，判他为罪人，钉死了他；但耶稣基督出死入生，胜过了世界，重回他本有的自由。依俄罗斯哲学家、神学家别尔嘉耶夫，上帝是原初的自由，"自由就是上帝自身"。[63]朵儿的救赎问题，亦发轫于并成就于基督教，因基督教给了她灵魂的自由，并使她与秦润禾以难以想象的苦难与坚贞，坚守了灵魂之自由。

〈19〉

与作为白果村本地人的马菊不同，朵儿是来自60里外县城的"外来人"。而且朵儿第一次踏上的白果村土地，是外国人所建的白果村教堂。不知作者是否有意安排朵儿出身地、落脚地的这种"外来性"，但这种解读对小说来说却顺理成章。这种"外"诠释了朵儿的命运的根源。

〈20〉

朵儿父亲是县城富商，妻妾成群，母亲是其第六个姨太太（137），朵儿五三年嫁白老三前是县女子中学学生。这意味着朵儿小学所受的是民国教育，中学虽已民国不再，但以富商之家居于县城，民国启蒙文化的流风余绪对其潜移默化的浸润当不言而喻，这些自然赋予她不同于马菊在偏僻山村古旧传统中浸润出来的文化质素。民国风绪融于她活跃、敏感、细腻、柔弱、好奇（139）的个体心性，使其在对基督教的感觉、认知、接纳上，更具有亲和性、内在性。这里的原因是明白的：民国启蒙新文化与传统"孔家店"文化的最大不同，就是对自由的呼唤，对人主体意识、个体人格、意志自由的张扬。虽然那时非基运动颇炽，许多人并不晓得自由之源非上帝莫属，但既然自由源于上帝，便自然与上帝声气相通。故得到启蒙文化熏染滋养的朵儿的耳朵，不会更敏于上帝

---

62 路 4:18-19。

63 [俄]别尔嘉耶夫：《末世论形而上学》，张百春译，北京：中国城市出版社，2003 年，第 114 页。

自由的呼唤吗？

〈21〉

这就是我们所看到的：朵儿第一次走进教堂，第一次听到那位法国老牧师妻子弹的教堂琴声：

> 她突然发现那个老妇人的眼里流出了泪水，她不由自主地走向她，站在她的身边。她突然沉醉在老妇人弹的音乐中，觉得一下子被这曲子感染，仿佛发现了生命的真谛就在这首曲子中。她的泪不由自主地流了下来。在哀伤中，她觉得自己弱小的生命被放进了一团光里头。她在那里挣扎、扭动、哭泣。小牧师也走了过来，站在她的身旁，随着老妇人的音乐唱起了歌。……她突然被一种莫名其妙的情绪所感染。她不知道这情绪到底是什么，她只觉得只要有可能，她愿意一辈子都活在这样的情绪里。（145）

〈22〉

在当代基督徒作家里，关于圣乐对人的感召，恐怕没有谁比阿石的描绘如此震撼、奇妙、也如此富于戏剧性了！我们不敢说却又不得不说，当圣乐在教堂里流泻、回旋的短暂时刻，朵儿已然完成了对上帝的全然委身，她的灵已然被上帝的灵全然俘获。在那一刻，朵儿一次也终身完成了与上帝的会见，上帝的灵一次也终身与朵儿的灵同在。因为在那个瞬间朵儿完全进入了精神畛域，心和身一起获得了前所未有的自由。如果说上帝是精神、自由，那么，在圣乐里心灵飞升、自由的朵儿，岂不是也在圣乐里完成了与上帝之会见？"人与上帝不是相会于人们用概念加以思考的存在之中，而是相会于精神中，相会于精神经验中。……只有精神中的会见才是自由中的会见。只有在精神中和自由中与上帝的会见才是戏剧性的事件"。[64]"以色列啊，你要听！"[65]虽然这个"听"狭义上指的不是圣乐意义上的听，但岂不也是指对上帝"天音"的听吗？不是意味着非文字的灵音、圣乐完全存在吗？否则，莫扎特（W. A. Mozart，1756-1791）、贝多芬（L. v. Beethoven，1770-1827）……的音乐又会从哪里来、到哪里去呢？《朵儿》对聆听圣乐的描绘，可为圣乐神学的宝贵篇章吧！

---

64 [俄]H·A·别尔嘉耶夫：《精神王国与凯撒王国》，安启念、周靖波译，杭州：浙江人民出版社，2000年，第18页。

65 申 6:4-5。

〈23〉

朵儿在对圣乐的聆听中心和身俱得自由。关于身，在这里，与在圣乐中感受到神圣的爱同时发生的，是朵儿朦胧的对小牧师秦润禾的爱。"他们的关系便是在那日建立起来的"（145）。虽然这爱在看不见的心底深处初初萌动，甚至朵儿也未必清楚，但爱的种子已在心田。天国临近的"好消息"，让"被掳的得释放"的声息，如何会不拨动她的心弦？她内心自由的生命之流，如何会不仿佛天然地循着圣乐隐秘的呼召，欢畅激越地涌向天国海洋？朵儿，岂不是苦风凄雨中漂泊的云朵、心向自由的花朵、奔向天音的有灵的耳朵？她们一起在圣乐的聆听里自由开放着了！

〈24〉

在朵儿这里，对天国圣爱的感知、对天国的爱意与尘世爱意的萌动是同时发生的，而且尘世爱意的意中人刚好是天国的尘世使者。天国之爱与爱天国使者、圣乐之感召与尘世爱人面容之光辉，诗意盎然地交互辉映，显现上帝对人性的祝福。就"爱"的一般情状来说，只有当爱者在被爱着身上看到自身的存在，在映入眼帘的异性存在者身上看到了自己的存在，即在与自己相异之人的身上看到了自己的影子，在自己的相异者或异性者身上看到了自己的"形象和样式"时，爱意才会生涌。毫无疑问，上帝是无限，人是有限，人与上帝互为异"性"。这岂不意味着，上帝爱人本身不便是神人双性的，不便含蕴了人对上帝的爱吗？与此相应，人对上帝的爱，仔细分辨，不刚好也会是双性、神人性的吗？这里不仅有精神、灵魂的委身，也同时有肉体的委身吗？当彼得、保罗等走上十字架，朋霍费尔走上绞架，当西蒙娜·薇依在贫病劳苦中辞世时，不正是神魂与身体两方面的对上帝的侍奉吗？在圣乐旋律中，朵儿对天国之音的爱，与对天国的仆人秦润禾朦胧而又确定的爱一同发生，不是完美地演绎了上帝对人以及人对上帝双向互动的爱吗？

〈25〉

然而，朵儿、秦润禾这时都是无形监狱即文化狱里的因犯。被监禁的身体如何能自由地爱呢？上帝将自由之爱与剥夺自由和爱的身体与灵魂放在监狱，不会让他们身心俱遭戕害吗？朵儿的膝盖骨被敲碎了；被活生生同秦润禾分开了；被作为不洁不祥之物自囚于居处，与之同居一室的人虽不失朴实却与自由与爱风马牛不相及。秦润禾不仅房产被夺（152），容貌被烧毁，"形儿是鬼一样狰狞"，[66]而且随时会工资停发，失去饭碗（158）。这个性权-政权合围的文化狱如此。朵儿"是热切地想和秦润禾融为一体的，她不止一次地想她就是他身上的那根肋骨，她不回到他身上，他的生命就不健全，而她的生命就不安稳"（158）。但为了恋人的生命安全，她躲开秦润禾，与憨儿结婚，默默承受白老三蹂躏，唯一仿佛能洗去她身上之耻辱、污秽的，唯有从恋人学来的《莫斯科郊外的晚上》，那甜蜜、欣乐、充满盼望而又深含忧郁，透着忧伤的来自遥远异国他乡的歌曲。但有一天她的耻辱被爱人撞见，她骤然羞耻自己配不上哪怕在心里偷偷爱她的爱人，投河自溺，虽然她记得他的牧师爱人说过，人没有资格自杀，要在上帝与魔鬼的博弈中盼望上帝得胜（154）……秦润禾将她从死神手里救了过来，秦润禾"那令她魂牵梦绕的男中音"又轻唱出《莫斯科郊外的晚上》："……我的心上人坐在我身旁，悄悄看着我不声响。我愿对你讲不知怎样讲，多少话儿留在心上。长夜快过去天色蒙蒙亮，衷心祝福你好姑娘……"身体受难，心灵蒙福。上帝之爱浸润其中的爱令朵儿肉体撕裂，但灵魂的狂喜却升入云霄："朵儿在膝盖破碎的那一刻感觉心脏也如膝盖一样嘣地一声裂破了，《莫斯科郊外的晚上》优美的词句也刹时冲上了云霄，而她却坠向了没有一丝光亮的深渊。"（167）秦润禾，是的，她是牧师所润之嘉禾。

〈26〉

此后，朵儿活死人般把自己关在屋里，连秦润禾来也未开门（167），直到文革结束，包产到户，才又走出院子。"她在走出院子的第一天碰见了秦润禾"。她热泪滚滚，飞快逃离，"早已忘却的歌词又都跳跃出来：衷心祝福你好姑娘，但愿从今后你我永不忘……"（168）。朵儿幽居时曾拒绝秦润禾看望，在秦润禾弥留之际，得绝症多年的朵儿闻讯匆忙赶来，在绘着耶稣受难像的教堂，一只腿跪在秦润禾床前。这位牧师，苦难终身的恋人"憋了好多年的话"终于说出："朵儿，我爱你！"；"一股幸福的暖流溢上朵儿的面颊。她把脸贴在秦润禾怀里，秦润禾也尽自己最大的力气搂紧她。朵儿像她第一次到教堂里听到老妇人弹的音乐一样，感觉自己弱小的生命被放进了一团光环中，在那里她微笑着闭上了眼睛。"（172）

〈27〉

人死了，爱成了，自由了。文化狱里的救赎，是这样地"出死入生"吗？也许吧。

---

66 电影《夜半歌声》插曲。田汉词，冼星海曲。

〈28〉

法国老牧师夫妇是在复活节的前一天，即耶稣受难周的最后一天，离开白果村的。匪夷所思的革命运动在这块产生文化狱的土地上又一波波展开，灾难将至。老牧师离开并非躲避受难，离开正是受难的一部分。没受难如何会有复活呢？受难是复活的脚踪。受难离复活相隔非远。耶稣基督复活与其受难之间隔了三天。老牧师夫妇离开前的日子离复活节也才只一天。这个情节也许象征着对文化狱中人来说，苦难将过，监禁将破，自由将来。小说的后头，文革结束了，白果村教堂由教堂变为学校，学校变为党支部，今重又恢复为教堂。"大海航行靠舵手"变成了"外婆的澎湖湾"，连小魔王白俊祥也装模作样地穿上了圣袍。"流泪撒种，欢呼收割"，两位一生不能拥抱自己"骨中骨，肉中肉"[67]的人，两位爱的骑士，终于在生命即将结束之际补足了生命的残缺，在教堂里终成眷属。

〈29〉

我禁不住想：在这个家国同构的文化狱织体里，朵儿、秦润禾，他们有家吗？以及——有国吗？

他们有"男女"之身，却没有"夫妇"之"家"，因为"国"野蛮暴虐，横加阻挠。"国"按照自己的权力需要，只允许他们有男身女身，但不允许他们有心灵呼声、灵魂渴求，不允许他们有个人人格：一言以蔽之，不允许其有精神、自由。《易·序卦传》的政治秩序以男女、夫妇为根基，实似是而非。因并非任何一对男女皆会组成夫妇，这中间起决定作用的是两人的价值认同。"人之所以异于禽兽者几希"，包括"仁义"[68]等在内的精神、价值抉择等岂不正是这"几希"？依别尔嘉耶夫，"上帝是精神"，[69]精神决定了人之为人。《易传》无视精神、价值而单以男性女性、男身女身论夫妇，不刚好是化"人"为"禽兽"吗？阴阳之说亦然，因阴阳之为阴阳者，正建基在男性女性之隐喻上。这样抽去了"几希"，变人为非人，然后才能构筑非人地监禁、迫压人的家国一体文化狱。一种"文化"，却先要抽去、刈除人之为人的"几稀"，除了打着"文化"之名的吃人魔窟，复何言哉！在这种地方何以家为、何以国为？

---

67 创 2:23。

68 杨伯峻编著：《孟子译注》，北京：中华书局，1980 年，第 191 页。

69 [俄]H·A·别尔嘉耶夫：《精神王国与凯撒王国》，安启念、周靖波译，杭州：浙江人民出版社，2000 年，第 18 页。

〈30〉

因此，朵儿、秦润禾没有国。他们在地上的国不是他们的国——他们何其不幸！

〈31〉

但地上无国的人儿又何其之幸运啊，他们有国在天上，有天国。

因为唯有他们听到的来于天国的声音，才给他们爱怜、珍惜、抚慰、搀扶，才引导、伴随他们的良善、爱意、诗情、浪漫奔向天国，沐浴天光般的声音。是的，他们的国在天上，在上帝身旁。

可是宝贵的岂是容易得到的？岂不是要花重价的？也许圣子耶稣基督升天的轻盈，必需十字架的沉重？别尔嘉耶夫指出，"这个世界上的恶与痛苦、苦难证明这个世界的缺陷和非最后性，证明了另一个世界和上帝存在之不可避免。……苦难仅仅是人走向另一个世界，走向超验世界的道路"。[70] 文化狱的囚徒，如果不愿堵塞倾听圣音的耳朵，不愿错过天国递来的上帝之手，朵儿们——也就是我们——拥抱苦难，方有救赎！

（4）冯小刚、刘震云：电影与小说

鲁迅先生是希望他的文章速朽的，朽了便意味着文章所说的问题解决了。这样看来，冯小刚根据刘震云小说《温故一九四二》拍的电影《一九四二》，想速朽怕是难：影片中所提出的问题不用说解决，在目前，恐怕连清楚地梳理一下其中的理路，都属不易。

〈1〉

安神父的问题。

这里所说的问题，是片中安神父的：面对那令人骇怖的灾难，为什么上帝竟无动于衷，毫无作为？

安神父当然晓得，按教义，上帝"爱人"，且"全知、全能、全在"，并是要保佑认他为救主之人的。但面对眼前可怕的人间惨剧时，这样一个神却毫无作为。不要说一路撵着饥民传福音的安神父，只要是任何稍有理智的人，对此怎无诘问？

在安神父看来，饥民遭灾受难，端在他们不信上帝，故得不到上帝保佑。

---

70 [俄]尼·别尔嘉耶夫：《自我认识》，雷永生译，桂林：广西师范大学出版社，2001年，第273页。

而所有这些灾难，也都是上帝对人之不信的惩罚。安神父忍受冻馁，冒着日军炮火以及被国军、官府、官人欺凌的危险在死人堆里奔走传教，为的就是让灾民们一旦信了，便可得救。可如今连他这位忠心侍奉上帝的仆人也几乎被炸死，他如何能不疑惑，不愤然发问，以至于愤激得颤栗难抑？

安神父是向一位来中国传教的美国传教士这么提问的。他的疑惑不会与他们所传的无关。

但传教士只说，安神父受了迷惑，没再多说。影片中除了前者领后者跪在教堂祷告，始终没有看到有谁正面回答他的问题。这正是问题所在。

〈2〉

对安神父问题的可能回答之一。

回答这个问题也还是真的不易。那些可以想象的可能的回答，其实都或者根本不是回答，或者都让人无法信服。

首先可想象的是无神论的回答：你问的是个假问题；根本就没什么上帝；安神父这样问实在是迷信得已病入膏肓，滑稽得让人忍俊不禁。

这样的回答很难算得真正的回答，无法让人打起精神来回应。因要回答一个问题，首先需要的应是进入相关问题的理路，然后对之加以辨析，而上述回答对问题中所含的内在逻辑却毫无涉及，其实并不具论理效力。

〈3〉

对安神父问题的可能回答之二。

另一方面，如从许多神学读物可看到的，不难想象，对安神父问题，除了像影片中外国传教士那样的回答外，教会或来自信众方面的回答可能会主要有三。

一，上帝面对灾难无所作为，既不意味着上帝无爱，亦不意味其无能，而只是意味着上帝的作为人类无法参透：上帝是无限、绝对，人有限而可怜的心思如何察得上帝行事的奥秘？故纵然上帝无所作为，我们仍相信"上帝是爱"，相信在我们知道去爱上帝之前，他便已"先爱我们"了。[71]虽然上帝对苦难无动于衷也许令人困惑，但在上帝如此作为之背后，必隐藏者他美善的计划，那计划是"自创世以来"上帝就安排好了的，眼前的灾难终将导向人类的福祉。

---

71 约一 4:19。

二，就像有光明就会有阴影，黑暗反会衬托出光明一样，短暂、局部的苦难恰是世界的整体和谐所需。因无论如何，我们生存于其中的这个世界乃天父上帝的世界，上帝才是世界最高之君王，世上所发生的一切都在他大能的掌管之中，都是他所允许的。上帝若不允许，甚至人的头发也不会掉下一根儿来。片中饥荒、战争、政府的腐败、军队的欺凌、领袖的虚伪、饿殍遍野、骨肉相食……但隐藏其中的上帝的最终旨意一定是美好的，只是人不知道。就像旧约中上帝让撒但击打约伯，但他最终"加给"约伯的福气却比他"先前更多"那样，[72]上帝常会利用魔鬼为他的美意服务，世上一切的灾难困苦，最终都服务于上帝给人预备的福祉。

第三，上帝借着饥荒、鬼子等手加于饥民的苦难，是上帝对人多少年来一直不信仰他的"教训"、"惩罚"，为的是让人能够明白过来，悔改信福音。

对教会可能的回答，不可不认真回应。这不是因教会比无神论有什么特权，而是因为，一，在影片中，问题是由教会中人安神父提出来的，它本就是电影的情节；二，在论辩的逻辑上，基督教并不比无神论拥有什么优越权利，但在电影及相关小说中，不论是教会的粥棚，还是那些与教会过从甚密的美国记者都与饥民同在，对政府行动救灾起到了堪称决定性的作用：安神父之问在影片中有不同寻常的情节背景。

〈4〉

安神父和历史基督教的错谬一。

不言而喻，安神父的问题是由他的信仰理解所引出的。让我们从他的信仰理解谈起。

按照俄罗斯甚具影响的宗教哲学家别尔嘉耶夫的看法，说上帝是世界的统治者乃"历史基督教"[73]所犯大错之一，是基督教将只在人类社会才适用的概念，只在人类社会才有的情形投射到上帝理解中的结果，是他所谓"类社会观"、"类人观"、"类宇宙观"的上帝观对上帝的歪曲。[74]别氏说，统治世界的是君王、凯撒，而非上帝。世界王国是凯撒王国，"上帝不管理这个世

---

72 伯 42:12。

73 [俄]别尔嘉耶夫：《末世论形而上学》，张百春译，北京：中国城市出版社，2003 年，第 213-215 页。

74 [俄]尼古拉·别尔嘉耶夫，《人的奴役与自由》，徐黎明译，贵阳：贵州人民出版社，1994 年，第 64-67 页。

界，……它处在自己的魔鬼的统治之下"。[75]称上帝为君王，以君臣比附人和上帝的关系，其中含着严重的奴性意识，是人的奴性在作祟。

似可说，这种上帝观是将新约旧约化、以旧约来理解新约的结果。在旧约中，上帝亲自带领以色列人，帮他们逃亡战斗、供应吃喝、制定法律（十诫）等，的确是以色列的统治者。但在新约中，上帝明明白白说他"不属于这世界"，[76]如何能说上帝统治世界、在世上掌权呢？

若这么说不错，所谓上帝无处不在地保佑其子民的说法便压根儿不对。试想，上帝如何保佑他们呢？他连自己的独子都没保佑，没让他"从十字架上走下来"，[77]又如何会保佑普通信徒呢？若果信上帝真会事事吉祥如意、逢凶化吉，在如此喜爱且富于"智慧"的国人中，还有谁会傻到竟不马上就跪倒在教堂呢？

〈5〉

安神父和历史基督教的错谬之二。

若说上帝不在世上掌权，那么，上帝利用魔鬼为其计划服务，将一切苦难都最终引向人的福祉云云，便顿显荒谬了。试想，一个本身就是爱的上帝，竟会残忍到拿人的生死存亡、哭喊哀嚎作为实现"世界和谐"的手段？陀思妥耶夫斯基笔下的伊凡·卡拉马佐夫说，哪怕世界和谐要以一个孩子的眼泪为代价，他也要退掉进场的门票，[78]难道爱的上帝竟是那门票的兜售者？《启示录》说在"新天新地"里上帝要擦去每个人的眼泪，[79]难道说那眼泪原来竟是上帝"允许"、甚至"利用"魔鬼制造的？若果真如此，世上的苦难岂不成了上帝或上帝"允许"的恶作剧，那其与魔鬼的区别何在？

〈6〉

安神父和历史基督教的错谬之三。

最荒谬的说法则是上帝借着苦难，管教、惩罚人的不信。

关于管教，很明显，管教所以需要，前提是有关律令的存在，违犯了方需

---

75 [俄]别尔嘉耶夫：《末世论形而上学》，张百春译，北京：中国城市出版社，2003年，第160页。

76 约17:14-16。

77 可15:30。

78 尼·别尔嘉耶夫：《俄罗斯思想》，雷永生、邱守娟译，北京：三联书店，1995年，第76-77页。

79 启21:4。

管教。但这是在旧约中的情形，是旧约中神人互动的方式，在新约中已不再存在。旧约中人的行为规则是律法，上帝以律法行管教。诚然，新约中律法的"一笔一划"也未被废去，倒是都要"成全"。[80]但如何才是"成全"？像旧约中那样对犯律的施以惩罚吗？试想：在新约中，耶稣基督惩罚过谁呢？所谓成全，耶稣基督的一生所昭示的，不是爱，不是因"爱仇敌"，因背负罪人的罪而任凭罪人在十字架上将他钉死吗？上帝对律法的成全，是用爱之光把人内心深处的黑暗照亮、驱散。

至于说上帝对不信他的要加以"惩罚"，其荒谬在于：若那样，上帝和世上暴君又有何区别？这不是极端化的类社会、类人的上帝观吗？难道上帝会用残忍的暴力，逼迫人信他、爱他？就像秦始皇用焚书坑儒，希特勒用大屠杀让人臣服？

〈7〉

安神父和历史基督教的错谬之四之五。

同样荒谬的是，像影片中的美国传教士那样，将安神父的诘问指责为受了迷惑，将教义教理当中明显不合"义"、"理"的东西，即那些从整体构架上看显然与基督精神不符、不通，甚至抵牾的东西，归为上帝的"奥秘"，归为人因心智有限而不能理解的说辞。且不说究竟应该怎样认识上帝，不说像受传统认识论影响极深的传统神学那样，以抽象概念、范畴认识上帝的方式是否适当——在别尔嘉耶夫看来，这种认识方式是须摒弃的，因为"存在自己认识自己"，"我在自己身上，在人身上，从自己出发，从人出发认识存在。只有存在才能认识存在"，认识不过是人"向存在深处的渗透，是对存在的参与"。[81]退一步说，既然传统神学是以理性思维通用的概念与方式来刻画上帝的，那么，人们便有理由要求它在自己的概念和逻辑的范围之内能自圆其说，而不可将其矛盾不通的地方以推给"奥秘"来躲避论辩。以奥秘之名而让人在诘问之前止步的，是懒惰和专横，是对上帝的嘲弄：向人作启示的上帝，其启示竟然不能让人明白，难道他竟不知如何向人说话？

还有另一个荒谬得无以复加的地方：世上一切都在上帝"计划"之中。试想：不是没有哪一种宗教比基督教更强调人的自由吗？上帝宁可以自己

80　太 5:17-18。

81　[俄]尼·别尔嘉耶夫：《论人的使命》，张百春译，上海：学林出版社，2000 年，第 4-5、16-17 页。

的宝血来洗涤人之罪，而不以其大能将之消灭，他来为召罪人而非义人的作为，[82]不是在在启示着上帝对人之自由的尊重、珍惜，怎可能在创世之初就为人"计划"好一切呢？若然，人的自由何在？别尔嘉耶夫将人的自由分为心理学意义和本体论意义上的两种，称后者为"原初自由"，[83]它甚至"先于存在"。[84]人所拥有的也就是这种自由，它是连上帝也不能剥夺和控制的。

这样来看，对于说上帝甚至计划了为人的最终福祉服务的灾难一类，与上帝是爱何处相似呢？除非甘受奴役，人怎会创造出这样的"神学"呢？别尔嘉耶夫说，罪就是对自由的放弃，魔鬼的诱惑就是"放弃自由的诱惑"。[85]信哉斯言。

〈8〉

安神父之问与上帝之爱。

那么，这样一来，上帝还是"爱"、并"先爱"我们的上帝吗？还全知全能全在吗？

当然。问题仅在于：如果说安神父及基督教传统中的上帝理解显得逻辑上难自圆其说，那只能意味着其理解是错的。

那么，该如何理解上帝的爱和大能？

这需先问：爱是什么？

是物质财富吗？不。爱不能用物质财富来交换、替代。是力量、权力？不。爱既不能强行给予，也不能强行索取。是知识发现、发明那样魔法般的奇迹吗？不。因爱是全身心的激情，是人与人之间身体、心灵甚至灵魂的吸引，是相爱者彼此的委身、交托。爱不是知识认识，而是双方存在上的融合。

当然，如此之爱，似乎像是属人的"厄洛斯"（Eros）式的爱，与上帝对人的"圣爱"（Agape）不能等同。是的。可是，一方面，既然现在我们是不得已在用传统认识论的方式在谈论上帝，便不得不容忍这种用语的误差；另一

---

82 太 9:13。

83 [俄]别尔嘉耶夫，《末世论形而上学》，张百春译，北京：中国城市出版社，2003 年，第 109-110 页。

84 [俄]尼古拉·别尔嘉耶夫，《精神与实在》，张源译，北京：中国城市出版社，2002 年，第 34 页。

85 [俄]别尔嘉耶夫：《论人的使命》，张百春译，上海：学林出版社，2000 年，第 376 页。

方面，上帝之爱虽不同且无疑超越于人之爱，但它不也当然包含着人之爱吗？作为上帝的"形象"，人之爱不当然也是上帝之爱的形象吗？上帝要人去爱的爱，不论是爱神还是爱人，不都同样是要人用自己的爱去爱吗？可以说，不论上帝或人，爱都是爱的双方在生存、生命中的融合，是两个独立人格（"person"；用于上帝即大写的"Person"[位格]）、独立个性之间，在人格、个性中的相互发现、肯定与交汇。这种种的"相互"，既是双方互爱的条件，也是双方各自生存的条件，是两个生命只所以要活着的目的：无此爱，毋宁死。对爱者来说，双方本为一体，因故分离，如今各自重新找回了各自的另一半，恰如亚当从夏娃找回了自己的"骨中骨，肉中肉"。[86]一言以蔽之：爱就是爱的双方在生存上的彼此融合、给予、寄寓。

试想：这不就是上帝吗？上帝不是"强迫的力量"，而是"照耀"之光，[87]他没用自己的力量强行将人从罪中拽出，而是用他的宝血召唤人对他所给之爱做出自由的回应，他的"大能"岂是强力？

〈9〉

安神父之问与上帝的大能。

上帝的大能只能是摒弃力量、摒弃"保佑"的魔法，是彻底的"虚己"。以此，上帝向人启示出一种以"爱"、以存在的融合为法则的生存方式，取代人堕落后以占有、征服的生存法则，将堕落后人对人、人对神的"我-它"关系，改变为"我-你"。占有、征服即无视对方作为人格、个性之自由人的生存，不把对方视为"你"。即不能蔑视对方的"存在"，只取同其存在相剥离的"本质"，视对方仅为某种能够满足其占有欲的"物"，即非人格、非个性的"它"。在堕落前，亚当夏娃互为"骨中骨，肉中肉"，在生存上全然相互委身，而堕落后则开始"害羞"，即视对方为淫欲占有对象，[88]这表明的正是爱的"存在"性与占有的"本质"性的生存方式的根本分别。

因此，赘言之，上帝的大能，就在于以其爱召唤人，使在罪中不知爱为何物的人懂得、学会爱，让人用最柔弱、最柔软的爱去爱上帝、邻人，[89]甚至"仇

---

86 创 2:21-23。

87 [俄]尼古拉·别尔嘉耶夫，《精神与实在》，张源译，北京：中国城市出版社，2002年，第36页。

88 [德]朋霍费尔，《第一亚当与第二亚当》，朱雁冰、王彤译，北京：华夏出版社，2004年，第164-165页。

89 太 22:37-39。

敌"。[90]试想：如果这种爱能够取代财富、权力、知识奇迹等所有这些物质性、功利性的东西，从而使人得到彻底改变，这样的"大能"该是何等之大！福音信仰的辩证法就在于：摒弃大能的，才有大能；摒弃力量的，才力量。上帝没用强力击碎十字架，没有免去世界强加给其独生子的死亡，但上帝却由之而胜过了世界和死亡。上帝是世界的君王，但却是"受苦的君王"，他摒弃了在地上掌权的君王般的力量。

〈10〉

强者的宗教：安神父之问与基督教信仰问题之一。

因此，信仰上帝就是信仰柔弱、受苦的君王，跟着他一起受苦。说信是为讨得上帝大能的保佑，就像说上帝以其大能行事一样，是对基督的最大亵渎。

但对这位受苦的君王，安神父既不会不知道，也一定不知道。知道，是说圣经上说得很明白；不知道，是说在呼吁人信耶稣为救主的一开始，安神父以及古往今来许多的神父、牧师，立刻就要把受苦的上帝换成力量的上帝了，仿佛受苦的上帝就不是上帝了，信起来就没有指靠似的。安神父心里一定是这么信的。否则，当看到上帝没有施展"大能"时，他怎会不"迷惑"呢？

因此，安神父的上帝更多的是旧约的上帝。他的上帝好像是十字架上遍体鳞伤的耶稣基督，但实际却是面容威严的耶和华。应该说，上帝问题从来与人的问题不可分。什么样的人才会提什么样的上帝问题。人向上帝提的问题所折射出的恰是人自身的问题。

事情很简单：安神父的信仰与福音书上所描绘的基督精神相去尚远。安神父寻求化险为夷的保佑，意味着他要寻求的不是受苦的而是一个力量威赫的上帝，但耶稣基督的十字架所给予的却是要人在苦弱中自己背起十字架的刚强。这恰如朋霍费尔所做所说："上帝在这个世上是软弱无力的，而且这正是他能够与我们同在并帮助我们的方式，唯一的方式。……基督帮助我们，不是靠他的全能，而是靠他的软弱和受难"；[91]"使基督徒成为基督徒的，不是某种宗教行为，而是在这个世界的生活中参与上帝的受难"。[92]耶稣基督不给保

90 路 6:35。

91 迪特里希·朋霍费尔：《狱中书简》，高师宁译，成都：四川人民出版社，1992 年，第 176 页。

92 迪特里希·朋霍费尔：《狱中书简》，高师宁译，成都：四川人民出版社，1992 年，第 178 页。

佑，正如圣父没有"撤去"他十字架那"苦杯"。[93] 人想上帝保佑的东西无非是物质财富、奇迹（知识）、权力等东西。但这些不正是"第二亚当"耶稣基督一开始就抵制的诱惑吗？耶稣拒绝求上帝令石头变成面包——物质财富的诱惑；拒绝魔鬼让他从山上跳下然后求上帝接住他双脚——魔法（知识）奇迹的诱惑；拒绝向魔鬼下跪而做万国君王——权力和力量的诱惑。[94] "保佑"云云与这些拒绝有霄壤之别。

〈11〉

尚须进一步询问：上述三大拒绝意味着什么呢？

意味着信奉基督的是真正精神上的强者！尼采说基督教是弱者的、奴隶的宗教，基督教道德乃奴隶的道德，起源于怨恨、呓语，显然有问题——不过，这用于安神父却是对的。

〈12〉

精神宗教：安神父之问与基督教信仰问题之二。

这还意味着：基督教是一种精神宗教。试想：若不许诺人在世界中得什么保佑，若不以功利为信仰的基石，若它要求于人的不是物质强力，而是柔弱中的爱，基督教不是精神宗教又会是什么？

别尔嘉耶夫大量著述所要申明的就是：上帝是精神。[95] 福音书说上帝是"灵"，[96] 即大写的"精神"（Spirit）。福音书是精神中心论。[97] 福音书所记是上帝的话，上帝的话就是灵，即精神。[98] 上帝给人的惟有精神，要求人的也惟有用"精神和真理"[99] 来信他。圣经说人是"上帝的形象和样式"，[100] 试想：除了"精神"，这种"形象和样式"还会是什么？世界的构成是物质，世界通

---

93 可 14:36。

94 太 4:3-10。

95 [俄]H·A·别尔嘉耶夫：《精神王国与凯撒王国》，安启念、周静波译，杭州：浙江人民出版社，2000 年，第 14-22 页。

96 约 4:24。

97 [俄]尼古拉·别尔嘉耶夫：《神与人的生存辩证法》，张百春译，上海：上海人民出版社，2007 年，第 432 页。

98 约 6:63。本节英文新国际本（*NIV*）为 "The words I have spoken to you are spirit and they are life."（*Grand Rapid, MI 49530, USA, p.1598*）。

99 约 4:24。参《圣经新译本》，约 4:24。本节英文新国际本（*NIV*）为 "God is spirit, and his worshipers must worship in spirit and in truth."（*Grand Rapid, MI 49530, USA, p.1598*）。

100 创 1:26-27。

行的东西是力量，统治世界的是无爱的必然法则，这些岂会是"上帝的形象和样式"？它们是物质的、凯撒的王国，不是上帝国。上帝国是精神王国。

因此，没有准备好信仰一个精神王国的，就还没有准备好信仰上帝。当然，在耶稣基督，上帝是成了肉身的上帝，也吃喝睡眠，有人的喜怒哀乐，信仰基督因此不是弃绝肉身生命。相反，由于对人肉身生命的无比珍爱，基督教所非常珍视的，恰包括最充盈丰沛的生命的欢宴。有哪个宗教许诺人肉身复活、人身体在天国永生？有哪种宗教对肉身生命的珍重能超乎其上呢？如别尔嘉耶夫所说，基督教是最人性的宗教，因为"在上帝里存在着永恒的人性，存在着永恒的人"，只有信耶稣基督才能使人人性化，使人的人性得以成长，使人带着自身的人性得享永生。因像耶稣基督是"神人"那样，"人性就是人神性"，[101]"真正的人性是类上帝的，是人身上的神性"。[102]

因此，对基督教，人最大的祈求无他，惟永恒生命，死后复活得永生。信耶稣基督就是为进入天国的准备和操练。何为"永生之道"，[103]这就是基督信仰的核心。别尔嘉耶夫反复说，只是因为爱人，上帝才肯定永生，[104]说"如果没有永生，就不值得生存"；[105]说"陀思妥耶夫斯基的全部世界观与个人不死的思想联系在一起。没有对不死的信仰，任何问题都不可能得到解决"；[106]"真正的人性要为永恒而斗争，因为最无人性的原则就是死亡"。[107]也许可以说，这就是基督教信仰最高的尘世性、物质性之所在，是此岸之人所最值得追求的。

不过，即使是这一点，在基督教整体信仰语境中，也同样是精神性的东西。因一方面，上帝不会此世就赐予你永生不死。在此世，这还仅是一种"盼望"。另一方面，更重要的，这种进入天国的准备和操练与携带力量自天而降的"保佑"毫无关系。进入天国的操练之苦比炼狱有过之无不及。因人处

---

101 [俄]尼古拉·别尔嘉耶夫：《神与人的生存辩证法》，张百春译，上海：上海人民出版社，2007年，第377-378页。

102 [俄]尼古拉·别尔嘉耶夫：《神与人的生存辩证法》，第377-378页。

103 约6:68。

104 [俄]尼古拉·别尔嘉耶夫：《文化的哲学》，于培才译，上海：上海人民出版社，2007年，第68页。

105 [俄]尼古拉·别尔嘉耶夫：《文化的哲学》，第112页。

106 尼·别尔嘉耶夫：《俄罗斯思想》，雷永生、邱守娟译，北京：三联书店，1995年，第178-179页。

107 [俄]尼古拉·别尔嘉耶夫：《神与人的生存辩证法》，张百春译，上海：上海人民出版社，2007年，第395页。

于物质世界却要为精神而活，便不得不承受世界强力的冲撞及其所带来的痛苦。[108]因在世界上，精神与物质相比，后者有力，前者柔弱。但只有经过了这样的冲撞的洗礼，人才是真的经过了精神的洗礼，才可能获得精神性生命，才能在基督中获得"重生"。

〈13〉

精神离中国人有多远。

这样来看，安神父离上帝其实还远。因他离精神还远，还在盼望着上帝力量的"保佑"。这让人想起黑格尔：精神的东西一概离中国人很远。[109]

有多远？

《一九四二》显明了这个"远"的长度。

在影片里，饥民们逆来顺受，在饥寒里一步一挪逃荒，卖儿卖女卖妻，骨肉相食，除了想活命，偶尔有些"思想"，便是想能活着回家再发家、续香火；"爱国"将军们想的是宁可没有国民的国土；省府大员唇枪舌剑，想的是自家利益；领袖呢，想的是他的位子、面子，所以知灾不救，赋税照旧。影片里"领袖"在教堂默坐时掉了泪，但那泪究竟是在向上帝忏悔，还是在为自己的前途忧虑？有谁在想"精神"的事情吗？没有。大家都离精神很远。

离精神很远的，还包括《一九四二》的母本，刘震云小说《温故一九四二》。小说中"我"责怪饥民们竟不敢去杀去抢，对敢于杀抢的毋得安则称颂有加，认为乃"民族的脊梁和希望"，因"一个不会揭竿而起只会在亲人间相互残食的民族，是没有任何希望的"。[110]这里边包含的逻辑是：为了活命，可以没有道德约束地去杀人。这个逻辑之中潜含的价值判断是：人活着首先需要的是食物，道德、精神等是次要的，他们仅仅是要"吃"，所谓"民以食为天"、"仓廪实而礼仪足"等，便是这种精神状态的实话实说。这与耶稣基督的话：人活着靠的不但是食物，而且是上帝口中所出的话恰天渊之别。陀思妥耶夫斯基《卡拉马佐夫兄弟》里"宗教大法官"一章所申说的，不正是警惕为食物而放弃精神、自由的诱惑与危险吗？在陀氏眼中，那正是"敌基督"的本有含义。

刘震云先生不会看到：饥民们所以逆来顺受，卑怯猥琐地毫无作为，不是

---

108 [俄]别尔嘉耶夫，《末世论形而上学》，张百春译，北京：中国城市出版社，2003年，第117页。

109 [德]黑格尔：《历史哲学》，王造时译，上海：上海书店，1998年，第122-143页。

110 刘震云：《温故一九四二》，北京：人民文学出版社，2009年，第458-459页。

因不敢杀人，实是因他们没有圣经所讲的对上帝"应许"的"盼望"，没有上帝"应许"人的那必来、且正在来、既济未济的"新天新地"、"天上之国"的信仰。他们心里只有一个"现实"，一个"地上之国"。正如莫尔特曼（Jurgen Moltmann）所尖锐地指出的：逆来顺受、听天由命、向现实灾难妥协的"劣根"，是没有对上帝之盼望的结果，乃由无上帝信仰的土壤所孕育。卑怯自贱之罪，实为骄傲自大之罪的另一面相。没有盼望，人的生命之火才会熄灭，人性才会冷冻、僵化。[111]

因此，为食物而放弃道德、精神，正是刘震云《温故一九四二》中的"我"最可怕的地方。当然，为活命而杀人似乎比亲人骨肉相残显得像是至少具有某种动物性的血气，骨肉相残着实卑怯、懦弱、冷血到了动物不如的境地。但须知两极相通，那种动物性的生命强力，与丧失生命力量的卑怯、猥琐、冷血等这两个极端，其实都同出一源，同出于"民以食为天"对大写的精神之天的僭越。骨肉相残的民族没有希望，为自己活而杀死别人的民族呢？那不同样是种骨肉相残吗？历史上此类暴民有过多少？不仅河南人，全中国多少人岂不都是毋得安的后代？想想诸多为"吃"而"造反"的"农民起义"，给中国究竟带来、传下了多少道德、精神的财富？今日如此之道德败坏，"食为天"至少是恶因之一吧！并且，有暴民才有暴君，暴君乃暴民之暴的汇集。暴民一头制造暴君，另一头则制造懦弱卑怯得只会逃荒路上骨肉相食的饥民。"食为天"除制造一代代暴君饥民还会有什么？

应能看到，"以食为天"与"上帝保佑"，实际上是暗同款曲的。因为"天"给食物与上帝保佑人生存安康，恰是同质同构的。至少在中国，当为前述安神父信仰的"前理解"。更深入地看，所谓上帝保佑，除了保佑人用心灵和诚实爱他，保佑人在这不是他的国的世界里心灵和精神不离开他的国，还是什么呢？上帝是看不见的神，是看不见的心灵和精神，是永生，哪里是"食物"等诸般世上的"保佑"呢？对那类"保佑"的渴望恰是对上帝的拒绝，因其与精神太远。

〈14〉

电影《一九四二》增加了小说所没有的安神父"迷惑"的情节，让一个中国基督徒基于信仰提出了对传统教义的质疑，这当是其不同寻常之所在。

---

111 莫尔特曼：《盼望神学-基督教终末论的基础与意涵》，曾念粤译，香港：道风书社，2007 年，第 15 30 页。

在从二十世纪二三十年代至今的中国基督教文学中，见到的差不多也都是堪称前陀思妥耶夫斯基的那种情形：人们"都由一种舒适惬意的信仰支撑着"，遵循着信仰的不变的"历史形式"，其中没有陀氏式的对信仰的"猜测和犯错"。[112]但依别尔嘉耶夫，基督教既是法律的、救赎的、更是创造的伦理学。由于创造是前所未有的行动，其中必有个人的领悟、领受，必有同传统教义的紧张、龃龉，对传统信仰理解的某些质疑势所难免，但这也恰恰是信仰由外在而内在化的标志，[113]是基督教信仰更自由、更趋近其精神品质之标志。这是我看重《一九四二》甚于不少对基督教有直接肯定之作品的原因。不论导演有没有基督信仰，由于传统信仰理解的质疑，电影已然得跻身于基督教文学了。把上帝信仰与中国人的生存问题联系起来思考，从而打开思维新维度，当为这部影片的意义所在。反对或不信上帝都没有问题。问题在于，是否介入了对上帝问题的思考，是否从上帝信仰的内在理路思考信仰，从而是否拒绝进入一个新的存在空间的可能。

如今《一九四二》使我们获得了在对上帝问题的思考、体悟中更开阔、更具精神品质的进路。在此意义上，《一九四二》堪称一部了不起的电影。虽然电影并未回答所提出的"安神父之问"，但提出了问题即其价值之所在的：[114]中国人、中国基督徒因《一九四二》而离精神稍近了些吧！

3 戏剧

（1）张晓风

就戏剧来说，张晓风女士无疑是现当代中国（台海两岸）第一位成熟的基督徒戏剧家。其《第五面墙》写于 1971 年，是年末至翌年初演出，[115]大陆没有比之更早的了。由于大陆无出版，她以散文及小说在大陆闻名，而其戏剧则知者寥寥，[116]但其戏剧艺术上却是同样娴熟的佳品。不仅如此，即使就整个中

---

112 [美]古斯塔夫·缪勒：《文学的哲学》，孙宜学、郭洪涛译，桂林：广西师大出版社，2001 年，第 162-163 页。

113 参[俄]尼古拉·别尔嘉耶夫：《文化的哲学》，于培才译，上海：上海人民出版社，2007 年，第 25-26 页。

114 参卢卡契："陀思妥耶夫斯基"，载《卢卡契文学论文集》（二），北京：中国社会科学出版社，1981 年，第 430-431 页。

115 张晓风：《晓风戏剧集》，台北：九歌出版社，2007 年初版，2011 年初版 2 印，第 84 页。

116 笔者也只是迟至 2019 年岁末才由姜原来得有幸拜读。

国当代基督教文学而言，从发展的逻辑脉络上看，张晓风的戏剧也应当放在前面。因为基督教文学在中国要努力应对的，自然是中国人心性的改塑问题，而一国人心性的塑造养成文学力莫大焉。在这个意义上，基督教文学所要首先面对的，其实也就是这个传统文学的改塑，是对这个传统的重新评价问题。这也就是说，中国传统文学典籍、传统文学典型意向、支柱性观念、概念等，其实也就是基督教文学所首当其冲地要处理的议题，要拈之过来再行使用、打扮的题材和意象了。前者——传统文学观念、概念等——首先见诸于刘小枫《拯救与逍遥》等，后者——传统文学意象等——则首先见诸于张晓风了。[117]

一望而知，除却《第五面墙》，《晓风戏剧集》里的每出戏几乎都有对传统文学意象、形象的某种袭用，有以之为言说背景或故事布景的浓浓的影子。《武陵人》：陶渊明《桃花源记》；《自烹》：易牙烹子；《和氏璧》：和氏献璧；《严子与妻》：《蝴蝶梦》、《大劈棺》、《庄子修鼓盆成大道》；[118]《一匹马的故事》：塞翁失马/得马；《猩猩的故事》：朝三暮四，如此等等。张晓风借用这些现成的故事、形象、情景，然后注入基督教信仰观点，鸠占鹊巢般地既宣扬了基督教之"道"，也同时对传统文学加之以解构。这使得张晓风的戏剧基本上是寓言式戏剧：以基督教观念作为先行之主旨，剪裁传统文学故事，糅合现实生活景象，构建戏剧情节。基督教信仰与传统的冲突，于是乃其戏剧冲突之枢纽。

比如《武陵人》。故事脱胎于陶渊明《桃花源记》。《桃花源记》本系一乌托邦故事，讲述一个备受暴秦苛政与战乱之苦，渴望远离暴政乃至于远离王朝统治，安于日出而作，日落而息，和平安宁地劳作生息之时日的盼望，而对此《武陵人》恰是弃之若履：那种娴静安适的幸福生活，只不过"是一种次等的理想"，"次等的美善"，"比丑恶更令人不能忍受"，是"比秦更可怕的东西"，因为秦还有毁灭之时，而桃花源里生老病死的自然循环已经被人安之若命，"他们的欢乐是一种凝结窒息的欢乐"，人连"作梦的权利"也失去了。[119]武陵人虽然困苦，却"可以因为苦难的煎熬而急于追寻第一等的美善"，"以艰难为饼"，"在长久的磨难里"，可激发人"切切地渴想着天国"，使人"至少有向往天国的权利"，而桃花源那种"次等的幸福麻痹了灵

---

117 这里只涉及其戏剧。

118 马森："为晓风的戏剧定位——序晓风戏剧集"，见张晓风：《晓风戏剧集》，台北：九歌出版社，2007 年初版，2011 年初版 2 印，第 231 页。

119 张晓风：《晓风戏剧集》，第 122-124 页。

魂"，不仅让人"忘记了天国"，甚至连人"思索的权利"也被给取消了。[120]

很明显，这种关于《桃花源记》观念，不是从戏剧情节自身之中所流出来的，而是从另外的世界即基督教教条之中而来的。可以很清楚地看到，它们因为来自于戏剧之"外"而给人从外面强行"嵌入"戏剧的"突兀"、"牵强"之嫌。试想：晋人哪里晓得基督教的"天国"呢？

戏剧形式是寓言化的，但人物形象样式却是现实性的，写实主义的，这两者之间的分裂，使得张晓风的戏剧不得不取用许多种实验、象征、非写实的戏剧手法（如《武陵人》的主角黄道真一人需要化之为黄、黑、白道真三个），从而使得戏剧的"做戏"意味过浓，艺术魅力大打折扣。如一个常年溪边捕鱼的渔夫，不用说讨论人哪里来、往何处去、活着有什么意义这些把人"向上拉"、"往高处提"的问题[121]显得牵强，而且说话也牵强得像个白面书生、才子佳人了："这里是桃花垒成的峡谷，夹得我衣衫都红了，我怕这桃花会塌方，我怕我会被这温柔的红压死。"[122]

《晓风戏剧集》首篇《第五面墙》不存在此类问题，它是出不涉及传统文学作品的实验剧。该剧拆除了舞台与生活的界限，举重若轻，将演员、导演、观众、戏里戏外生动活泼地连为一体，有实验剧的思想介入、观念渗透，但却无不少实验剧几乎与生俱来的生疏、晦涩、牵强，呈现给观众的基本是写实剧那样的生活场景和样式，看起来不迟不滞，戏味十足。实验剧写得自然天成，并无"实验"的刀痕斧迹，功力稍缺，断无可能。戏的主旨也明明白白，正是剧中"先知"宣读的圣经《传道书》的意思：一代代的人们在生老病死、婚丧嫁娶、蝇营狗苟、喜怒哀乐、成败得失……人人只知盯着眼前看得见的东西，唯独不抬头看"最美"的即"开向湛湛青天"的"第五面墙"。大家浑浑噩噩，一家人有血缘亲情却缺心灵的契合与爱，不过一群活着的死人而已，最终皆将灰飞烟灭，归于"虚空的虚空"，生命并无意义可言的。

不难看出，这种对生活的解读对观众的震动该是显而易见的。但同样显而易见的是，这样的解读是全然独白型的宣说，是作者由自己的观念出发，从生活之外对生活所做出的认识性、单方面的评判。它甚至不是从戏剧情节、生活现实之中自然流出来的结论。生活在此仅仅是纯粹的认识对象、客体，那些结

---

120 张晓风：《晓风戏剧集》，第 122-128 页。
121 张晓风：《晓风戏剧集》，第 114-117 页。
122 张晓风：《晓风戏剧集》，第 100 页。

论不过仅仅是作者从"外面"对其之评判，其中不仅仅没有与人物的互动，对于观众，它能够诉诸于的也主要是理智，而非感情、意志等。它更多地引起的是人的思索，而非人情感的震惊，以及意志的决断，更非人人格全体参与的生命。与她其他的剧目相比，张晓风的实验剧实际上也同样堪称为寓言剧，像她的寓言剧一样，是以外在之信仰教条、思想观念为链条、色剂，将既有的生活图案重新加以编织，重新予以显影而已。它可以让人的固有人生信念产生某种松动，却很难让信仰进入人的内心，因为它没有与观众的"我-你"对谈。这里并不是低估这种寓言式戏剧的重要性。恰如黑格尔所谓现实的就是合理的，这种寓言式戏剧既然历史地发生了，便自然意味着其有着某种逻辑上的必然性，就像在张晓风之后仍然还会有这类戏剧产生一样，比如齐宏伟。而且，寓言这种文体对中国基督教文学发展嬗变的推动作用也许还只是刚刚展现，我们有理由期待其蔚为大观的时刻。

（2）姜原来

〈1〉

在大陆，戏剧这一当代中国基督教文学重要文类，几乎是姜原来[123]一帜独撑的。因在基督教戏剧家中除了姜原来，其他稍知名[124]的就只有齐宏伟、张鹤了。张鹤有话剧两部（详后），齐宏伟也只有一部形制不大的独幕剧，[125]故几乎是姜原来一人撑起了大陆当代中国基督教文学中戏剧这个门类，即中国基督教文学版图诗歌、小说、戏剧、散文四文类的四分之一，姜原来戏剧创作的意义也首先可在此见出。在中国古今基督教文学中，戏剧基本阙如，故至少对大陆而言，说姜原来乃中国基督教戏剧的开创者可不为过。在中国文学史上，戏剧的发生远迟于诗歌、散文、小说，就基督教文学言，情形同样如此。教会里各种搬演圣经故事和宣教舞台剧近几年出现渐多，但这类作品文学上还颇嫌幼稚，这里暂不论。

---

123 姜原来，本名姜孝瑾，1983 年决志，1989 年受洗。曾有公职，后辞职全心致力于基督教信仰和文学创作。1992 年起，除讲道讲学，着力于小说、诗歌、散文、儿童故事等的创作，以话剧为主。其话剧截至目前（2019 年 9 月）有六部。独幕剧《洪水滔滔时》、《万里夕阳垂地大江流》、《落日江头万籁沉》；大型话剧四部：《贝多芬在中国》(六幕)、《莎士比亚在嘉兴》(六幕；2004 年)、《雁荡平安夜》(六幕；2007 年)、《兰林复活节》(六幕；2017 年)。

124 相信民间还有基督教戏剧创作，只是未得公开出版和演出，难为人知。

125 齐宏伟：《鹰训传奇》，北京：华夏出版社，2017 年。该剧在出版前即已曾上演多年，还"获得过高校演出一等奖"。见该书 110 页。

〈2〉

谈论姜原来戏剧，让人无法绕过十九世纪俄罗斯诗人丘特切夫 Choutchev（F. I. Tyutchev，1803-1873）的感人诗句：

> 祖国啊，在你的大地上，
>
> 背负着十字架的上帝，
>
> 作为一个奴隶四处走遍，
>
> 他祝福你每一寸土地。[126]

姜原来当然不是背十字架的上帝，可作为一个"打地铺的作家"（姜原来语），他却也像一个衣衫褴褛的奴隶那样，背负行囊，常年风尘仆仆奔走于大江南北的山间湖畔，"走遍"了一众作家、学者脚迹罕至的"贫困的村庄，/这贫瘠的自然，/长期忍辱负重的故土"，与那些"墨面农夫工匠"、"墨面山民渔夫"、"尤其是默默承担着骇人生存重负的农家船家妇女"，[127]同诵福音，共唱神恩，吟咏华词美章。与那些得到体制荫庇的作家不同，姜原来一早放弃公职，仿佛方济各的神贫，以朱生豪夫妇那样对清贫甘之如饴的"清心"，[128]为基督信仰的传播，为基督教信仰对文学的浇灌，以墨面同工的激情风尘仆仆地四处奔走，陪伴辗转挣扎在被吃险恶中的墨面渔民农民，与他们一起抵抗和警戒吃人的诱惑，用对上帝之爱的赞颂祝福这"每一寸土地"，[129]且以其戏剧创作，为基督教文学在公共文学艺术殿堂奇葩繁茂，芬芳四溢而不倦欢乐地耕耘。[130]迄今为止，就笔者所知，姜原来已然创作多幕戏剧部，出版了戏剧集两部，即《一切从墨面基督和不吃人开始》、[131]《贝河浩荡莎林华》，[132]有的还在十分困难的情况下，由多为基督徒的演员们在北京、上海等地义务公演。

---

126 [俄]丘特切夫："'这些贫困的村庄'"，见《丘特切夫诗全集》，朱宪生译，桂林：漓江出版社，1998 年，第 310 页。

127 姜原来：《贝多芬在中国》，载氏著：《贝河浩荡莎林华——来自大地深处的两部东西方艺术交流史诗剧》，第 30 页。

128 姜原来：《莎士比亚在嘉兴》，载氏著上书。

129 [俄]《丘特切夫诗全集》，朱宪生译，桂林：漓江出版社，1998 年，第 310 页。

130 姜原来年即在上海组织"马槽剧社"。

131 姜原来：《一切从墨面基督和不吃人开始——来自中华大地深处的两部史诗剧》，香港，手民出版社，2017 年。

132 姜原来：《贝河浩荡莎林华——来自大地深处的两部东西方艺术交流史诗剧》，陈玉林出版，高雄，2019 年。

〈3〉

这种清贫、清心、虔敬和墨面激情所呵护的信仰，赋予了姜原来戏剧鲜明强烈的古希腊悲剧品质，这是我所格外珍视的。

古希腊悲剧堪称理念戏剧。那些伟大的悲剧英雄几乎都是崇高理念的践行者、殉道者。索福克勒斯（Sophocles，约前 496-406）的《安提戈涅》堪称希腊悲剧的典例：每个主人公都各自秉持一个矢志不渝的理念（黑格尔称其中每一个主人公都为一伦理理念的代表），都慷慨悲歌地为之而舍生取义。姜原来每出戏都是对相关信念、理念的充满激情的讴歌：《贝多芬在中国》贝多芬所象征的天国悲悯、激情、爱，《莎士比亚在嘉兴》对清贫清心之福的讴歌，《平安夜》对天国之平安的深情、宁静、如歌如诉、诗意流淌的祈祷，《兰陵复活节》对"一切从不吃人开始"的几乎是狂暴的呐喊……姜原来哪一部作品不是对信仰激情与观念一往无前、汹涌澎湃的浪漫主义式宣说、呼喊呢？这中间没有丝毫心智和意志的迟疑游移，没有丝毫今是昨非的思虑迷惑，没有漫漫天路历程中的辗转反侧、迂回曲折，有的只是直截明快、喷薄而出的信心、信念、观念之激情，深沉而又清澈，简洁而又丰饶，既直言不讳而又余味悠长：试想，在当代中国基督徒作家（我没有说诗人）中，有谁做到了这一点呢？比如北村和施玮，他们更多的是对上帝信仰千回百转的体悟、挣扎、悔改、彷徨、渐入胜境的旅程。如果说张晓风的戏剧是寓言性和寓言式的，而寓言则是由先行的观念、理念所主导而编排的故事，较大程度上还停留于先在观念对世界的外在性诠释，还尚未化之为人生活的血肉和激情的话，[133]那么，在张晓风戏剧全盛时期过了多年之后，在经过了灾难深重、罪恶滔天、败坏遍地的磨难以及基督教在一波波严酷的逼迫之后，大陆姜原来戏剧中那些出自信仰的理念，已经不再是书斋里、平静岁月里的沉思和静观，而全然是人们以血泪和勇气活出来的激情的理念或理念的激情，随着朝圣的脚踪步步绽放的理想之花了。

〈4〉

这种信仰、激情的奔涌迸射，信念、观念的清澈流泻、信仰与理念的交融，将中国基督教戏剧推到了与同古希腊悲剧一脉相承的西方基督教戏剧的接壤之地，使得我们有了在对自觉承继希腊悲剧传统的西蒙娜·薇依（Simone Weil，1909-1943）戏剧的注目中谈论姜原来的可能。

---

133 参拙作："终末论视域：寓言时代的寓言"，见查常平主编：《人文艺术》第 16 辑，上海：上海三联书店，2017 年，第 240-257 页。

薇依的悲剧就是希腊悲剧那样一种纯粹观念、理念之激情角力的戏剧。纯粹观念性、理念性激情的相互冲撞是西方悲剧之魂。舍此古希腊悲剧与其它悲剧——譬如中国古典戏剧里的悲情戏——的分别何来呢？古希腊悲剧里不同观念、理念的冲撞，其实也就是真实、真理世界与幻像、谬误世界的冲撞、对立，这显然与基督教所谓天国与尘世、天堂与地狱的冲撞、对立是同构的。因柏拉图所谓理念与现实相隔、真理与幻象对立之说，与基督教天上之城与地上之城两相对立的信念，恰是同构的，虽然柏拉图的理念与基督教的上帝有异。

柏拉图理念与现实的区隔、真实与虚幻的区别所要凸显的乃真理的神圣性问题。虽然道德问题与之相随相伴，但核心是真理、真实，真理的才是道德的。故真理、错谬虽然分别与善恶牵连，但首当其冲的则是真理与虚谎、实在与虚无的甄别。希腊悲剧的搬演的乃真理与错谬、真实与假象的冲突，而非道德上的善与恶。

中国传统戏剧反是，占据首位与核心的则是道德上的善恶，而非理念上的真缪。从张晓风的戏剧既是观念、理念先行的寓言，真与缪、实与幻的冲突与甄别，便与传统戏剧之偏于善恶、疏于求真里程碑性地区别开来。当然，真与谬、实与幻的分别与冲突在张晓风那里还主要是认知性、观念性的，只是到姜原来才拥有了更充分的生存品质，有了更强烈的生存论品格，堪称张晓风之后中国基督教戏剧的另一个里程碑。

观念在形式结构上相同的东西同更易于融合。作为所谓"两希"结合的西方基督教，后来西方基督教戏剧对古希腊戏剧诗学上显得仿佛天衣无缝的融合，自然应结因于此。中国基督教既然也是基督教，其与西方基督教观念结构的同构自然不言而喻。这就使下面的推论显露出来：既然基督教与古希腊在观念结构上的同构诞生了西方基督教戏剧同古希腊戏剧的融合，这种融合也许便恰是中国基督教戏剧很难避免的内在走向，至少不可避免地会被视为其之发展的重要参照：这使我们联系薇依对姜原来的诗学勘察显得既是可能的，也是必要的。

〈5〉

虽然观念上姜原来比张晓风的推进是明显的，但在诗学上，姜原来的推进却有限。他信仰和观念的宣告既是理念论的，也同时是道德论的，既关乎救恩也同时关乎善恶，是信仰与道德的联姻。也就是说，姜原来尚未臻至希腊悲剧的那种观念的彻底与纯粹，却是将观念的道德品质给与了更鲜明的彰显。

在大陆近几十年来的背景中看，这一点是极易解释的：遍地触目惊心的腐败堕落，令人不寒而栗的"吃人"恶行和"被吃"惨剧，都在震耳欲聋地呼吁着道德根基的重整与德性秩序的重建。"墨面"、"不吃人"这姜原来戏剧的两大底色、底音，显而易见来自于鲁迅；而立足于草根上帝信仰的虔敬和道德操守的单纯与洁净，更是姜原来接过鲁迅"改造国民性"的议题，并补足鲁迅信仰之维的缺失的命意所指，亦为其戏剧的重大意义所在。但这种信仰、理念与伦理的混合，亦给其戏剧带来了明显的不足：过多大段的宣道式道白，减弱了戏剧的动作性，拖慢了戏剧节奏，甚至浅化或浮泛了戏剧冲突的生存论品质，这些方面似有不逮于张晓风。

试想：怎可能不是这样呢？在希腊悲剧里，观念、理念直接就"是"主人公，就"是"主人公的"存在"、生命，主人公不言不语、浑然不知地就活成了他的观念、理念，在对道德德性的超越中，主人公更高地跻身于理念的、真理的德性——不是标举德性的真理，而是标举真理的德性，如此古希腊悲剧主人公为自己赢得了非凡的或神性的光环。姜原来的主人公恰好相反，他们标举的刚好堪称"德性的真理"——比如，《兰陵复活节》时刻要申明的乃是不吃人、不被吃的德性，是这一德性源自于上帝之爱及人对上帝的信望爱。这当然没错。但同样不错的则是：这里有人对上帝的单向度听从，人向着上帝的生成，却缺乏了上帝向着人的生成，缺乏了人对上帝的创造性参与。《兰陵复活节》里人物的许多信仰及道德告白，乃出于他要将那些道德成就作为其存在的本质性标志。但刻意的表白恰表明其"存在"尚宥于"道德"的遮蔽，尚未及跨入存在的"澄明"。因为只有"本质"、"标志"才需要特意说明，"存在"则只需乎呈现而已。

当然，我的意思不是说基督教信仰的道德品格不足，仅是些空洞的教条及观念，因哲学家的上帝与以撒、雅各的上帝的分别，一直是基督教所十分警惕的。我的意思是说，由于上帝就是言说，言说又意味着在位格、及这里所谓身位间展开的词语概念的逻各斯，意味着逻各斯之真对于道德善恶的超越性。故毫无疑问的是，虽然"上帝是爱"，但上帝之爱同样要以其言说表达，虽然其言说甚至表达为"道成肉身"，但成肉身的仍然是道，是那"道"要成为肉身的，道或言说方是肉身之魂。故只有彻底地超越于德性之真理，才可能抵达更高的真理之德性。

〈6〉

我们看薇依的《拯救威尼斯》。

主人公加斐尔出于对朋友和团队的爱而接受了领导叛乱的受命；由于对威尼斯城居民的怜悯，对单纯美丽的威尼斯姑娘维奥莱塔的爱，以及对朋友和战友的爱而向威尼斯当局自首，致使朋友和战友全部被捕，他亦遭威尼斯当局背信放逐，受到每个人的愤怒恶毒的诅咒，遭到最可耻的羞辱、蔑视与唾弃，落得在世上仿佛根本"不存在"一般，"灵魂哀嚎只是徒劳的渴求"，[134] "痛苦把我撕扯，无穷无尽地撕扯"。[135] 加斐尔无疑是个为爱而受难的耶稣基督般的悲剧形象，虽然全剧没有一句话提起基督，但他却浑身散发、透显着基督的气息和情怀。耶稣基督的受难是上帝受难的人化形象；加斐尔的受难是人的受难的神化形象；耶稣基督身上可听到的是作为神的神人双声回旋和鸣，加斐尔身上所萦绕不去的则是作为人的神人双声回旋和鸣；在耶稣基督身上上帝成为被神抛弃的人，在加斐尔身上人成为被人抛弃的上帝。但在整部戏剧中，加斐尔没有一句话说及信从和依靠上帝，可比起许多口口声声"主啊，主啊"的剖白，加斐尔岂非离上帝更近吗？他不言必称基督而活成了基督的形象和样式了。也就是说，薇依的主人公是一种不言基督而追随基督的基督徒形象，一种洗尽了道德铅华、被剥夺了所有道德光环、唯以接近残酷真相、纯粹真理为鹄的即以真为德的道德品质。相比之下，姜原来的主人公则显得像是"以德为真"，即以遵从上帝圣训——这无疑是最高的真理、真实——为生命真道的。这是薇依、姜原来两人之一个显著分别吧。

〈7〉

这种对观念的浪漫宣说的偏爱，很自然地使得姜原来戏剧很难不是独白型的，因为他要对人们各种行为的善或恶做出清晰明白的"盖棺论定"。

薇依《拯救威尼斯》是复调型的吗？复调和独白是针对小说叙事的不同方式说的，戏剧没有叙事，竟也会有独白型和复调型的问题？

复调与独白的主要区别是由作者之"他"在作品里的"处身位置"即"身位"所决定的。不论小说还是戏剧，"作者"却都是存在的。那么，《拯救威尼斯》作者的身位是何样的呢？

---

134 [法]西蒙娜·薇依：《拯救威尼斯》，吴雅凌译，北京：华夏出版社，2019 年，第86 页。

135 [法]西蒙娜·薇依：《拯救威尼斯》，第 91 页。

〈8〉

《拯救威尼斯》演示了主人公身位性的丧失或被剥夺。加斐尔失去了任何一个"你"：他的朋友、战友、甚至敌人，只有完全外位于他的一个个冷漠的"他"。由于"他"是客体的标志，因而，加斐尔已经被从"人"之中驱逐，已不被当作人看待，作为人他已经"不存在"。也就是说，加斐尔成了孤独的、没有了"你"、"他"的我。而如果"我"总是与对自身主体性、个体性，自身与他人的区分相牵缠的，那么，丧失了"你"、"他"、不被当人看的人，便连"我"也难再谈起，即其身位性便彻底丧失了。

这与发生在耶稣基督那里的情形恰也是相似的。

对于耶稣基督来说，他被钉时是被圣父抛弃了，已经不是圣父之"我"的"你"，圣父之言的"言"已经对他闭口了。由于言说即意味着言说、聆听、见证三者的一体共在，那么，在失去了言说者圣父的情形下，我们也许可推论说，见证者圣灵也同时悄然缄默不语，从言说中隐去。因若说见证者是对说、听两造言谈之见证的话，若那言谈本不存在，见证者又能"见证"什么？若无可见证，则见证者何来之有？这样，在这种情况下，是否可以说圣子的言说的位格性亦遂告丧失呢？由于位格性在一定意义上即人格性，那么，丧失了人格性的圣子，岂不是也从人之中被驱逐、被唾弃了吗？是的，兵丁土吐沫在他脸上。[136]由于位格性与身位性多所类似，这样，位格性的丧失也就同时意味着身位性的丧失——加斐尔的身位性荡然无存。这是加斐尔与耶稣基督相似的根本之点。

〈9〉

加斐尔与耶稣基督的这种相似深意可究。

我们知道，耶稣基督是完全的神，完全的人。他的这种神人二性使得我们可以说：失去身位性的是作为人的上帝，而不是作为神的上帝。正因作为人的上帝死了，才有作为上帝的人耶稣的复活。这也就是说，人的身位性之被世界剥夺、失丧，"人死"，恰是其在上帝那里"出生"或"重生"的准备。在人那里失去生命的，在上帝那里才得到生命。加斐尔始终没有将自己作为"外在于"人的"他"，他始终是将人作为与自己拥有同样人格的人而与之"我-你"对待的。他成了他人眼中的"它"一样的"他"，但他却始终是以人为

---

136 太 27:27-30。

"你"的，尽管那每一个"你"都视其为无物一样地不理不睬，就像上帝圣父不理睬圣子耶稣基督。

〈10〉

这便显露出来，与陀思妥耶夫斯基一样，薇依作为戏剧作者的身位也是圣灵性的。理由是简单的：她"让"主人公以完全沉默的方式，抗拒世上每个人对他所做之外在的盖棺论定，并让主人公以这同一个沉默不语，无声地说出对自己的评判。正像耶稣基督之从死后的沉寂中复活一样，被人唾弃、不言不语的加斐尔才站在世界舞台的中央说出了自己关于自己的话：他像耶稣基督那样死去，故他将像耶稣基督那样复活。加斐尔恰如陀思妥耶夫斯基的主人公：关于他自己、他的未来，只能由他自己论断。

〈11〉

从文体看，也许薇依与陀思妥耶夫斯基难以比较。戏剧没有叙事者，有的只是主人公的直接"模仿"。但正像陀思妥耶夫斯基复调小说里作者圣灵般"让"作者与主人公、主人公与主人公在多重"我-你"对话里多音齐鸣那样，《拯救威尼斯》也是多音齐鸣的。当然，薇依戏剧的复调和陀思妥耶夫斯基小说的复调形式并不完全相同。陀思妥耶夫斯基主人公的言说随时随地都是对其之聆听的言说，并内在地激发着相应的回应，见证着相应对话的发生和过程，从而一直地回荡徘徊，萦绕不绝。薇依的复调却是像无声的交响乐一样，要在其最后一个音符隐去，最后一缕乐音消散，一切都归于静寂之后方告完成，其各种各样声音的铺展、振动、交汇、碰撞、共鸣才突然山呼海啸般轰然响起，经久不绝。当此时也，我们听到的既是主人公们相互言说的声音，而又不再是主人公们的声音。那声音在加斐尔的沉默中已然经沉淀而升华、灵化。因为加斐尔已像被宰的羔羊耶稣基督在死后的沉默中复活、升天、进入了不可见的天国那样，加斐尔是以其无言之言、不言之言而言人与上帝的"我-你"言说的。

〈12〉

我曾把戏剧性的本质理解为从未来返身对现在的观看。戏剧结构上，这种"从未来返身观看"或"由来观今"表现为在戏剧开头就将末尾要解决的问题那个"瓜"或明或暗显露出来，然后顺"瓜"摸藤，演示最终结局之石投入现今之河所激起的波澜与漩涡、水流。中国古代戏剧发生比较晚，原因便在于中国古代时间观是循环的，缺乏来自未来的力量对现实的逆向性介入。[137]

进一步的思考让我们看到，所谓"来"对"今"的介入实即具有未来力量的精神对于现在生存秩序的冲撞，即"来"与"今"两种时间所挟带的不同的意识认同、生命祈向、命运谋划等等之间的对话，即该对话之中各种声音的或迎或拒、或谐或逆、共鸣与融汇、压制与激荡、隐匿消亡与迸发新生、顺理成章之中出人意外的匪夷所思、灵光乍现之"突转"（亚里士多德语）……的交响。也就是说，"戏剧性"归根结底是终极与现实的身位性言说、对话中不可操控、不可预估的歧变。而这种歧变所以发生，盖因对话的各方各为互相独立平等的主体，这种独立平等使得无谁可单方面操控言说内容及其走向和结论，而这种操纵的不可能则为言说事件的意外歧变，为言说、对话的意外奇音跌出、异声连连、各种非人工所能营造的胜境妙像邪逸旁出打开了方便之门。也就是说，"戏剧性"应为处于不同身位的各方——言说者、聆听者、见证者——在自由言说之中非操控性的言说逻各斯之突然绽露。亚里士多德以"突转"描绘戏剧中出人意外的事情的重大变化当然是不错的，诗学家当然可以用不同的语言、从不同的角度、以不同的理论模型对之进行描述，但"突转"之所以发生，从本体论层面上看，如果不是各个独立平等的主体在身位性对话之中所发生的重大事件，不是那事件对真理、对某种意义重大的逻各斯的突然绽露，又会是什么呢？

〈13〉

因此，如果可以说姜原来戏剧叙事意味太浓，戏剧性不足，那便正意味着在其戏剧中那种陀思妥耶夫斯基似的人言与神言、人灵与圣灵的平等对话、双向生成的努力稀少、微弱。理念与伦理的混合给姜原来戏剧带来的一大不足，是过多大段道白对戏剧动作性的减弱。与此紧密相关的另一面，当是其戏剧的叙事化倾向有余而戏剧性不足。我觉得姜原来的戏剧情节大多显得是"顺藤摸瓜"的由"今"及"古"地向"未来"、结局的顺序推进，而非"顺瓜摸藤"的由"来"向"今"的突破、突入。姜原来戏剧集《一切从墨面基督和不吃人开始》的名称出自《兰陵复活节》，该剧的叙事意味其实颇为明显。该剧末世论意识并不淡薄，演绎的几乎是一派"吃人"与"不吃人"，罪恶、堕落与救恩、"救人"，"幸福神学"与"牺牲神学"两支大军终末搏杀的生

---

137 参拙著：《诗学与时间——神学诗学引论》，上海：上海三联出版社，2005 年，第 201-214 页。

死较量，"世界大战"，背景也是耶稣基督复活、上帝救恩莅临的复活节，构成戏剧核心对抗的恰好是上帝的终末性救恩与人的现实罪恶。但剧中维系这种对抗的却始终只是一个技巧性的细节，即有些疯癫的石头弟兄时不时地、或隐或显的"吃人了，打仗了"的呼喊，以之营造和保持这场"世界大战"非世俗意味以及战争的严酷和紧张。但一方面，整个戏剧情节却陷在大段冗长的对话中进展迟缓，另一方面，戏剧冲突的形成和推进都更像是事件由过去、现在到将来或者终局之时的累积，而不是未来力量突入当前所引起的变故，而这一点则使戏剧的终末论意味大打折扣。在 2019 年北京民间戏剧节双双获奖的《莎士比亚在嘉兴》、《贝多芬在中国》情况好一些，但仍未得根本改善。

顺便说，从诗学类型上看，这种由"古"而"今"、而"来"的"顺藤摸瓜"式的单向顺序的情节推进，显然独白型的吧。

（3）张鹤

〈1〉

张鹤的戏剧作品主要为 2017 至 2019 年间的两部话剧：《心霾》（三幕剧；2017.1-2018.3)、《如果》（四幕剧；2019.11-12）。张鹤堪称稍迟于姜原来的当代中国基督教戏剧的另一个重镇。

〈2〉

《心霾》明显看得见些张晓风式的寓言余风，即高母在天堂的出场。她虽然一直隐约在场，但直到最后才作为天堂中天使在舞台上出现，且一显身而将每个人的形象照彻无余，颇有些降神机的意味：除保姆刘姨朴实的样子，其他一个个光鲜亮丽、自命不凡的人物都被世上污链秽锁捆绑曲扭，仿佛地狱里蠕动翻滚的丑物一般而自以为得计，唯独自惭形秽，觉得几乎亏欠了每一个人的出狱囚犯高歌，才听从天使母亲的劝导悔改而跻身天堂。《心霾》的寓言成分较张晓风自己大为稀微，但却是照明戏里每个人物心灵面貌的一道天上之光。也就是说，《心霾》人物的地狱状态，他们心里的雾霾，既是而又不全是透过人物自身的命运遭际显露出来的。是，是说他们里里外外的行为表明他们几乎全然生活在虚谎之中，心灵被各种各样的败坏堕落和谬见误识的雾霾所吞没而不自知；不是，是说其之心霾之为霾，主要乃是由天堂里高母的洁净、清亮所显露出来的情状，他们自己却甘之如饴。不过，无疑的，"天堂"情节的楔入虽至关重要，但戏剧对一众高家男女嘴脸的刻画，却也完全一派实描景象，张晓风作品里的那种寓言世界的遥远意味或遥远感已经了无踪影。"遥远感"不言而喻既为寓言所需，也是其所难以克服的。人们觉得寓言的故事"遥远"，乃因其所讲述的是某种普遍经验，普遍性道理、世相，是一定程度和意义上"大家皆有"而非"唯我独有"的东西，故其显得仿佛离"我"很远了。

当然，这里并不是说张鹤有意要参看张晓风。将人们的生存情状置于基督信仰之光中评估观照，对于大多在自己这一代方归信的基督徒文学家来说是种自然、普遍的冲动。自然，是说他们也是刚刚走过了从"不信"到"信"的旅程，恰如从黑暗进入光明，对黑暗如何抗拒光明以及终被光引出黑暗的喜悦记忆犹新，体验真切强烈；普遍，是说作为世世代代在中国传统"异教"氛围浸润之中走出来的人，对于自身以及那氛围之罪性的体认既深入骨髓，亦有切肤之痛。故在信仰光照之下揭露人之"心霾"，自很容易成为中国基督徒作家的切身性主题。从基督教既有教条教义教理等审人察世，本身即是寓言式的视角和目光，因寓言也就是"主题先行"地对既有观念乃至概念的叙事性搬演。[138] 故作品中出现寓言手法实属自然。不过，张鹤时候的信仰比张晓风毕竟已是对生活更深入了多年，从对高家爷儿们入木三分的刻画来看，《心霾》却又全然是通常所谓现实主义的，为张晓风所不及也。

〈3〉

《如果》一定意义上似可看为《心霾》的姊妹篇。因若说《心霾》揭示的是抗拒基督的那些心灵的昏昧、污秽，《如果》亦然。虽然那些被律师王雷、记者石丽、以及归信基督之前的陈麦所趋之若鹜、自相标榜的东西，那些传统文人、士人自认超凡绝尘、鹤立鸡群、傲视芸芸众生的做派，似乎与人无伤，但那种恃才傲物、自命不凡的张狂，却恰是中国酱缸文化（柏杨语）最恶毒的肿瘤，最丑陋的蛆虫。因在那些自视才高八斗、气干云霄的文人恶趣陋习之中，潜藏的正是中国人根深蒂固的自以为大，自我偶像化、非凡化、自我崇拜且要人崇拜的政治文教生态的根源。这只要一看陈麦的大学女校友石丽、他的同学王雷对其未归信基督之前的才气、成就、风度等的臣服膜拜，便可了然。陈麦与北村《玻璃》里的李达特可为孪生兄弟。所不同的仅是：李达特是为了将诗人、诗歌至尊之位的固守、神化而杀人，陈麦引来或造就的却是四围对处于那

---

138 参拙文："终末论视域：寓言时代的寓言"，载《人文艺术》第16期，上海：上海三联书店，2017年，第240-257页。

至尊之位上至尊之人的臣仆般的顶礼膜拜。《如果》堪称对《玻璃》李达特身上另一种"未显之恶"或"未识之恶"的揭露，一定程度上两者应是可"对观"或"同观"的吧。

〈4〉

不过，《如果》与《玻璃》的不同却极其醒豁：同样才高八斗、成就斐然的两位诗人，李达特顽固抗拒上帝，最终杀了自己的好友，陈麦却做出了生命的完美跳跃，皈信基督，为教会事工而被偶然的交通事故所杀。

不过，张鹤《如果》与北村《玻璃》以及其他当代中国基督徒作家的不同，其实还不在这里。虽然揭示出了李达特的另一面已经是令人赞叹的成就，但不论在神学抑或诗学上，《如果》更可谈论的却不在这里。如果说施玮《叛教者》里受尽磨难的李夜声最熠熠夺目的奇异之光、最令人感动的奇异恩典乃是他即将安息主怀前夕，那种心疼得泪流难止的感觉自己亏欠了爱妻的充满人性温情的发现，从人性、人灵的触角探入了上帝神性、圣灵的深情和奥秘，那么，在神学上，《如果》最不同寻常之处乃是它让主人公内心深处最人性化、最属人之灵的气息，融入了上帝的气息，领受——也是"成就"、"完成"——了上帝的救恩。

陈麦所以归信基督，乃由其三大心结牵连。一，他对父亲的鄙视、冷漠使他实际上成了杀死父亲的凶手，这在他内心造成了无法祛除的害怕、恐惧；二，因为虚荣而未能适时对母亲和姐姐尽服侍之心的欠然之情，以及领受着母亲不言之爱的羞惭愧疚；三，对于世界究竟真谛、生命究竟真义难以舍弃的求问。应当说，正是这些涌自陈麦在"人性"、"人灵"泉底的东西，这些其人性、人灵深处声嘶力竭、不休不止的呼号，驱动他接过了教会师母方梅的圣诞邀请，从而避开了那个拒不接受的"如果"。试想：陈麦为什么不接受邀请，不去听听来自奥斯维辛之前的诗歌呢，既然"奥斯维辛之后，做诗是野蛮的"，那么，奥斯维辛之前发生了什么？奥斯维辛为何会发生？奥斯维辛惨剧之剧本、导演完全有没有可能发生在奥斯维辛之前呢？向陈麦递邀请的方梅说得明白：她邀请上的诗歌"写于奥斯维辛之前。也许读完它就能明白，为什么会有奥斯维辛的残酷、冷漠与罪恶。你与我，内心深处可能都藏着一个希特勒"。剧中没讲说陈麦如何听道、信道的心路历程。此应是作者刻意为之，文心独运。读者及观众无疑不难自行补出这里的空白：将陈麦对父亲、母亲等的冷漠、愧疚、亏欠，以及浸润于被人崇拜的陶然飘然之感、求问真理真义的雄心，与供认心中潜伏着个希特勒的原罪勾连起来，对用心的读者岂是难事？"听"与"说"总是互相含蕴、互相应和的，救恩当然是白白赐下的，但人性的昏暗岂不是既需要也呼求上帝之光的照耀吗？人灵的愚顽虽逃避、拒绝却岂不暗中也需要、吁请着圣灵启示的降临？恰如迷途的羔羊由于渴望牧人而对牧人的召唤会格外机敏一样，"如果"没有方梅的邀请，陈麦也许就无从得着救恩，但不是同样可以提出另一个"如果"吗："如果"没有陈麦人性、人灵的摸索，上帝已在那里的矛伤钉痕他又如何能够触到？牧人为迷羊而殷殷呼唤，但"如果"迷羊不切切盼望牧人的臂膊，"如果"迷羊没有迷失羊群的凄凉恐慌，牧人如何会为寻其归圈而备尝辛苦，以至于舍命？拯救是上帝和人的共同事业，没有人的积极参与，上帝的救恩岂不要落空？诚然"如果"方梅没有邀请，"如果"陈麦没有接受邀请，《如果》中的一切都不会发生。但方梅归根结底岂非上帝所差派？上帝差派她岂不是听到了陈麦无声的哀告？陈麦岂不会接受邀请？因为他的"心"、他的"灵"岂不正切切盼望着那奇迹般的寻见？在主人公们嘈嘈切切、连绵不断的对话里，很微细但也很清晰地我们"听"到了人之声与上帝之声、人灵与圣灵之间的应和、汇通。此应为《如果》与众不同的神学体味。"如果"可以谈论"戏剧神学"，这也许可说即《如果》的神学蕴含吧。

〈5〉

恰如"诗歌神学"召唤相应的"诗歌'的'神学"那样，与当代中国其他基督徒戏剧家相比，《如果》格外引人注目之处，即其在"戏剧的神学"上的努力，即对戏剧对话之身位性乃至于复调性的探索。

一，表演极简的纯粹对话。

戏剧是对一定长度的行动的模仿（亚里士多德语）。虽然这种模仿需要最大限度地借助于戏剧语言，即借助于人物对话来实现，但舞台场景、人物行动的情节性变换、演员肢体动作、舞台表演尽可能的惟妙惟肖、连绵不断，也是非常重要的戏剧艺术手段。但《如果》却规定主人公们木偶一样"基本坐着不动"，唯一可做的动作仅不过是需要时举举手臂动动手指，舞台上的一切都完全聚焦到了人物的对话、人物的话语言说上面。言说，像是成了《如果》唯一的角色，舞台也不再是舞台，却仿佛成了语言之声音交互鸣响的神殿。

好像是为凸显语言对舞台的临在，不仅人物几乎静坐不动，《如果》的场景也是基本固定不动的。该剧每一幕第二场的房间是一样的，只用途稍有变异：第一幕第二场的地点是"一间书房"，是"律师麦子的工作地点"；第二幕第二场的地点仍是"一间书房"，是"诗人麦子写作的地方"；第三幕第二场的地点同样是"一间书房"，只是变成了"学者麦子工作的地方"。更有甚者，每一幕第一场的房间和用途都是一成不变的，即"方梅和陈麦住处的客厅（同时也是教会聚会的地方）"。

每一场的时间也是安静的，即基本不动：晚上，七点。除了不是"一天"之内的一个七点，而是三个"一周"中的三个七点的交错。但由于时间在同一个点上的交错重复，故其营造的舞台时间便仍然像是在同一天之内的同一个时刻，与千变万化的对话声音相比，时间便更像是近乎于"不动"的了。

与人物、地点、时间的不动相映成趣，《如果》对话的行动性、动作性却紧张、强烈到无以复加，可以说将戏剧对话的动作性发挥到了极致。笼罩、掌控、占据着舞台的唯一的力量即言说。戏剧的所有故事情节，所有人物行动都是由言说、对话呈现、完成的。在该剧寥寥三人从容单调得近乎寂寥落寞的对话里，人们听到、看到的却像是千军万马雷霆万钧的争战。三个人的话语在连绵不断的交集、碰撞、折冲、上腾中形成为一场思想的风暴，一场奔涌呼啸、席卷云天的话语疾风暴雨，其给人的震撼谓之胆战心惊当不为过的。

二，对话的身位统一性的探索。

《如果》不仅改变了舞台的主角，将舞台"让"给了言说，而且，它还呈现出来一种我们很少见到的言说景象，即对于对话的身位统一性的探索。

《如果》的主角是陈麦，他是戏剧言说的中心人物。与陀思妥耶夫斯基常常让主角一个人到处走来走去，专事找人说话，从而把多种声音构筑成完整乐章相映成趣的是，除了序幕，《如果》不让陈麦出场，也不让他说一句话，却只让主人公们互相说话，并在说话中说他，即让每个人说他的话都由他而来、并冲他而去。他实际上是始终存在于每个主人公的言说之中的中心、枢纽。正是这一点，使《如果》的戏剧言说显得十分接近人称代词三身位之统一，在形式上与所谓复调性颇显接近。

（一）首先，人们谈论、"说"陈麦，自然意味着大家的说都来自于对陈麦的"听"，即大家知道、了解陈麦，也就是对他的广义的"听"，因大家关于他所说的话皆出自对他生前的言论和行为的回忆、感受、思忖和论断。不言而喻的，被别人谈论，相对于谈论的两造，陈麦乃是外在于他们双方的"他"，而谈论他的两造，自然也就是面对面的"我"和"你"了。也就是说，他虽然不在舞台现场，但却作为被人们"我-你"谈论的"他"，陈麦在人们的对谈中在场，即在人们的身位性言说中拥有其身位性。

（二）既然人们"听"他、"说"他，他在人们的听和说中出场，便意味着作为外在于人们的"他"，陈麦也同时是内在于他们的。也就是说，相应于人们对他的"说"，一定意义和程度上，他也是他们的"聆听者"、和"回应者"。虽然在外表上陈麦不在场，但内在上他却又是在场的。因一方面，人们就是在他曾在的房间里说他的，他人不在却又像是在的；另一方面，在大家的言说、对谈里，陈麦的形象是时时地变化着、变换着乃至于成长着的，这些变化、变换等既是人们的言说所塑造、呈示的，同时，由于陈麦的形象与人们的言说联系如此密切，如此如影随形，让人觉得那就是人们说他的声音在"他"那里所激起的回声，是陈麦本人对人们如何"说"他的一种回应。

（三）最后，很重要的还有：一方面，当大家谈论他时，不言而喻在"处身位置"上是陈麦的"他"。也就是说，人们是在陈麦之外彼此相互谈论他，谈论他的所言所行的，故人们对陈麦的谈论实际上都是对陈麦言行的见证，是陈麦与人曾有之言说的"见证者"。相应地，由于陈麦不在场的在场，作为外在于他们的聆听者，陈麦也同时见证了他们的对话，是他们对话的"鉴察者"、"评鉴者"。

不难看到，陈麦与其谈论者的身位关系，接近于前述我、你、他关系当中最完美、最理想的那种，即"我-你"与"他"在言说中是内在地有着身位性关切，并且，还内在地互为"我-你"和"他"的。在这里，我、你、他可以说是"三身位一体"的。

〈6〉

在这里，我们看到，对于对话之中各种声音的多重角色、多重职能的审视，与陀思妥耶夫斯基对复调的关注是至少在努力方向上接近或接壤的。因巴赫金所谓之复调，在形式上说的主要也就是在人的言说中对于"听"的回应，以及对于他人所说的见证。

不过，遗憾的是《如果》最终仍未走进复调，未跳出独白型的创作范式。因《如果》主人公的一切都是由作者盖棺论定的。也就是说，主人公们的对话、言说形式上似乎也是个性化的，但实际上却是类型化的，主体性欠充分的。若参照陀思妥耶夫斯基，我们可将充分的主体性理解为主人公拒绝盖棺论定，而只接受自己对自己的论断，或对自己的论断只允许自己做出。这样，《如果》

主要主人公陈麦的意识、论断的自主程度便显然是不足的。因如前所言，若可将陈麦作李达特的另一面来看的话，则陈麦的最后的话——也就是其之认信基督——便不过是从一般情理之中引导出来的某种普遍性的结果。在这个意义上，陈麦便正是那种客体性的认识对象，其之自我意识便不过是作者眼中的自我意识，即作者对于世界"客观现实"之意识，而非陀思妥耶夫斯基复调型人物那样的自我意识。我们说到，所谓客观认识得出的判断，实际上都具有寓言品质，因为其皆为某种普遍性的概念或观念，寓言所执守的多为普遍性相。前边说到张鹤与寓言的牵连，原因在此。故虽然《如果》道说的是陈麦个人内心意识的心声，但若与陀思妥耶夫斯基的主人公比便很容易看出，他的意识便仍然不过是作者对主人公的意识，而不是主人公自己对自己的意识。这就是说，《如果》中的言说离"复调"尚有距离。

〈7〉

不过，需要强调，《如果》在方向上毕竟已踏上了复调之途。复调型言说的前提是主人公主体性的获得，《如果》主人公陈麦个人心绪向基督心灵的延伸、探触，显然乃蕴含着这种主体性的觉知。除了对主人公意识内容的揭示，《如果》还揭示了这种意识的形式特征。我们看到，陈麦的形象颇具崇高意味，抵达了这种意识境界的也就是由戏剧对话所营造的陈麦形象的上腾。

我们看到，当该剧的地点即交错循环、似变未变，或为书房、或为起居聚会之地的房间，与主人公们充满张力和动作性的对话贯通起来之际，那房间便在悄然不觉间已然耸立为直腾穿苍的哥特大教堂穹顶。房间的崇高化与陈麦形象的崇高化结果，与其之崇高性之获得相连。而陈麦的崇高化则毫无疑问与其在舞台上的虚化相关。陈麦并未出场，他无所不在而又无所在，舞台上是一个全然"虚化"的角色，他的一切都是从别人的对话声中折射、拼贴出来的。[139] 不要说与上帝，连与人的对话他也阙如。像他的在场是虚化的一样，他的声音也是虚化的，是被作者"留白"为一个巨大的空白的。然而，虚的也正是在上、向上、上腾的东西。恰正是这种虚化、留白，为陈麦设置了飞升跃腾、向至高处抵近的空间和势能。他的"虚"使得他愈益地吸引人

---

139 从张鹤的这种处理也许可对其之"戏剧的神学"略窥一斑。陈麦的这种在而不在、不在而在，与该剧所纪念的陈亚萨的品格恰是一脉相承的。在追忆文章中张鹤说陈亚萨"他这个人好到这样一个程度——在的时候仿佛不存在一样，可是真地不在了，才发现到处都是他"。参冰帆诗社 2015 年 5 月 17 日书拉密（张鹤）文："纪念战友"。

的注视、凝望，使之成了位之于高之处的巨大黑洞，吸引着舞台对话的声流向之旋风般翻卷升腾。此堪称《如果》的无言之言，应为张鹤用心戏剧语言之一例吧。

4 散文

（1）何光沪散文

〈1〉

散文是当代基督教对公众影响最大且最早的文学样式，何光沪则是最早蜚声全国的散文家。虽然何光沪受洗是在 1998 年复活节，但其散文却几乎是一开始就以其难以尽掩的基督教思想光芒吸引了读者目光，以至于朋友间一读到其文便争相传告。他的散文一部分是对东西方哲学家、神学家及其他相关学者的评介，对宗教、社会和人生问题的研究和评论，一部分是对所编各种丛书、选集等的序跋随笔，曾在《读书》等各种报刊发表，后收集成书。[140]散文议题涉及中国及国际现实、历史、社会、文化、道德、宗教等诸方面，但显在核心是正义、公义，潜在的则是公义之源上帝圣爱。

〈2〉

何光沪谈公义一是从对精神的终极源头及对宗教的相关考察着眼，二是从理性的辨析着手，由公认的公理丝丝入扣地摆事实，讲道理。他所以将以公义作为核心关切，乃因"中国历史上乃至世界历史上"从未有国家自上世纪五十年代以来有那么多的"平民在和平时期死于非命"；取宗教为思考的入口，乃因"'文革'的灾难以及之前'左的路线统治时期'的种种祸害，都是通过精神领域造成的，比如个人崇拜，比如狂热盲从，等等"；取用理性语言谈宗教，则为避免偏狭，以及宗教间的和谐和理解。[141]"用哲学的语言来说，就是理性的标准；用宗教的语言来说，就是上帝的法则；上帝的法则体现在理性之中，即中国人所说的'天理'或'天道'。在天道或理性法则之中，最重要的一条就是公正……一切规则的最终基础，就是与终极者相联系的公正"。[142]上帝乃何光沪散文中公义、天理之根。

---

140 参何光沪："自序：点燃自己的心"，见氏著：《秉烛隧中》，北京：新星出版社，2014 年，第 1 页。

141 见氏著：《秉烛隧中》，第 329-331 页。

142 见氏著：《言有尽》，第 299-300 页。

〈3〉

何光沪散文中抽象的概念显然众多，《言有尽》尤为凸出。仅以书中第三部分的篇目为例："关于人性"、"关于人与人生"、"关于自我"、"自我与世界"、"生与死"、"关于爱"、"我、你、它的关系"、"人之尊严"；其它的诸如"关于基督教思想"、"关于上帝"超越与存在"、"境界与真理"、"多元与排他"、"关于传统"、"关于民族主义"、"宗教精神与超民族主义"、"关于国教"、"关于恐怖主义"、"关于儒教、儒家"、"关于时间"、"关于环境"……[143]皆为此类看似很"学术"、很"小众"的问题，何光沪先生均在文中条分缕析地娓娓道来，令人对之"常常有茅塞顿开、豁然开朗的感觉"。[144]其所以对之大声疾呼，不厌其烦，乃因这些似"小众"的问题其实正每天与"大众"切身相关，更重要的是体制的力量还在推动着太多误识、谬见的流布，并且在许多"会带来毁灭的宣传活动中，有一些竟是以学术的方式进行的（凡了解种族主义理论对青年希特勒的巨大影响者，对此当不会意外）"。[145]这正是作者"忧心"之处。没有理性，何谈公义！作者谈及前苏联的古拉格群岛、"今日波黑战争和昔日'文化革命'中一些年轻人杀人不眨眼的行为"，除指出那类"共产主义教育"、"爱国主义传统教育"、"杀敌即英雄"、"你死我活"那类非理性的仇恨教育难脱干系之外，更凸出地讲个人、集团、民族之间矛盾的解决所需要的是"只能通过理性的对话，耐心的对话。这里需要的首先是善意，是'我活，也让你活'的态度"，即"善意和'友好共存'"的和平而非暴力。"和平是爱在社会关系中的起码表现，是爱对人际关系的最低要求。和平常常需要强力作用支持，这体现出了爱的另一面，那一面不是争，更不是恨，而是正义"。[146]

公义即上帝的"天理"，上帝之爱和对上帝的爱，或曰与天理相合的良心，即所谓"天理良心"，是何光沪散文的另一大主题。爱是上帝公义的另一面，是公义之源。美国黑人民权运动领袖马丁·路德·金（及印度非暴力主义者圣雄甘地等）"认为基督福音不是个人精神的福利奖券，而是社会公义的实践要求。但在争取社会正义的斗争中，他认为'爱心是我们惟一的武器'。他

143 见氏著：《言有尽》"目录"，第1-4页。
144 见何光沪译约翰·麦奎利：《基督教神学》"序言"。[英]约翰·麦奎利：《基督教神学》，何光沪译，上海：上海三联书店，2007年，第6页。
145 见氏著：《有心无题》第74页。
146 见氏著：《有心无题》，第204-213页。

说：' "爱你的敌人" ' ……是指圣经希腊文的 agape（圣爱），是无视敌友亲疏、仿效上帝的无私博爱"；"这种来自信仰的精神之强大，在马丁·路德·金争取社会正义的斗争中，就表现为一种道义上的强大或道德上的自强"，"争取社会正义"，惟有"立足道德自强"。[147]把基督教等说的爱"运用于较少有个人性和情感性的社会事务上，就体现为对正义的追求"。[148]

〈4〉

与惟有圣爱方能培植公义相关，何光沪指出，公义泯灭、天理不彰的根本原因，乃在于人"顺从人的私欲而违背神的旨意或法则，因骄傲不信而背离了上帝"的原罪。[149]不仅政治迫害与战争等是人祸，即使自然灾害也"主要是人祸"，尤其当"自我中心观念""以制度形式表现，为祸更大"。[150]"天理"、"公义"可说是由爱而向外、向社会求；向内求，即求人的合乎天理的"良心"，求人从" '我' 走向 '我们' "，尤其"在礼俗崩坏或法治未立的社会中，或者在秩序或公正没有保障的情况下，人类生活即社会生活就只依靠一件东西来维持，那就是 '天理良心' "。而可悲复可怕的是，在"中国社会几千年的礼俗逐渐崩溃而普通理性的法治尚未建立"，而仅靠"天理良心""此二端维系的""这一个半世纪"里，"中国竟无人从社会伦理角度作系统的思考论述"！[151]凡此种种，皆何光沪之"心忧"，其著文除"天道遍人人心"外，无复"何求"。[152]

而欲"天道遍人人心"，惟"个人道德的自强"，[153]即以自己的双脚，将天理或上帝之道在世间彰显出来。"面对中国社会的道德形势，每一个人都可能会觉得自己能力微薄，能做的事情真正是杯水车薪，甚至是滴水车薪！然而，一滴一滴相加，就是一杯，一杯一杯相加，就是一车……让我们尽己所能，至少使自己心安罢。我相信，人人心安之时，也就是国泰民安之日！"[154]即一方面，是"爱仇敌"，"仿效上帝的无私博爱"，为公义，不问是否成功，只

---

147 何光沪：《天人之际》，北京：中国社会科学出版社，2003 年，第 192-196 页。

148 见氏著：《秉烛隧中》，第 3331 页。

149 见氏著：《言有尽》，第 91 页。

150 见氏著：《有心无题》，第 273-275 页。

151 见氏著：《有心无题》，第 149-150 页。

152 见氏著：《有心无题》，第 277 页。

153 见氏著：《天人之际》，第 192-196 页。

154 见氏著：《天人之际》，第 79 页。

问是否正当地以身躬行；[155]另一方面，则是以对上帝的爱去"爱邻人"，以同与上帝的"你-我"关系为基，以"你-我"态度去待每一个人。[156]

〈5〉

这两种爱的温情，以这两种爱为支柱的"道德自强"之光，闪烁于何光沪先生散文字里行间。系之于上帝之道的公义公德，天理良心，是何光沪先生散文的份量所在；其文中溢于言表的饥渴慕义的赤子之心，以自己的全部生命在践行上帝大道的行道之德，那种虽知微薄而不捐，在黑暗的隧道点心为烛，照亮同伴的面孔，和同伴们"相鼓励、互相搀扶、互相帮助"的爱心，[157]是何光沪先生散文的魅力所在；心以求道，思以知道，身以行道，文以载道，使何光沪先生的文章，真真切切地成为"道德文章"！

何光沪这种"道德文章"，成就了当代中国散文史上一个熠熠闪光的景象：他的散文塑造了一个既先知般疾言厉色、仗义执言，又夫子般谦和温柔、爱意暖人的可敬、可亲、可爱的艺术形象。常常何光沪每有文出，师生、同学、朋友争便相传告，以其为人感人亲切之故也！

（2）刘小枫散文

〈1〉

刘小枫散文[158]多数基督教思想品质清晰，且由于其诗意的叙说风格和思想进路，"单单是他的散文创作成就也足以令人瞩目"。[159]

刘小枫称其散文为"小品"，[160]在基督教视域中如何看待现代性境遇中个体的生命感觉，或"个体信仰的现代可能性"，[161]当是其散文之问题意识。"基督教视域"意思两层：一是说现代性以前的教条、教理、教义，类似于旧约里普适的律法，强调上帝的管束、公义与力量，二是凸出上帝的怜悯、宽恕、

155 见氏著：《天人之际》，第 192-196 页。

156 氏著：《有心无题》，第 7-15 页。

157 见氏著：《秉烛隧中》，第 3 页。

158 刘小枫散文集中在《诗化哲学》（1986）、《沉重的肉身》（1999）、《拯救与逍遥》（2001）、《刺猬的温顺》（2002）、《圣灵降临的叙事》（2003）、《拣尽寒枝》（2007）、《这一代人的怕和爱》（2007）、《罪与欠》（2009）、《现代人及其敌人》（2009）、《重启古典诗学》（2010）、《西学断章》（2016）等十余部书中（各书收文有重复）。

159 陈奇佳、宋晖：《被围观的十字架》，北京：中国社会科学出版社，2010 年，第 68 页。

160 刘小枫：《沉重的肉身》"前记"。

161 见氏著：《我们这一代的怕和爱》，第 227 页。

爱，强调上帝的爱、苦弱与自由；"现代性境遇"，主要是说自中世纪统一的基督教世界观瓦解后，个体的心性质地介入了对上帝之道的判断，个体生命感觉在信仰中获得更广阔的自由和权力。他散文的核心问题是在上帝的律法、公义与上帝的爱、苦弱与人个体生命感觉的张力中，怎样处理个体如何在生活中信仰及如何在信仰中生活的生存伦理。

〈2〉

刘小枫认为，伦理学所为即"考究各种生命感觉的真实意义。伦理学自古有两种：理性的和叙事的。理性伦理学探究生命感觉的个体法则和人的生活应遵循的基本道德观念，进而制造出一些理则，让个人随缘而来的性情通过教育培育符合这些理则。……叙事伦理学……讲述个人经历的生命故事，通过个人经历的叙事提出关于生命感觉的问题，营构具体的道德意识和伦理诉求"。前者关乎伦理的普遍法则，后者则关乎"在某一个人身上遭遇的普遍伦理的例外情形，不可能编织出具有规范性的伦理理则"。前者关乎"应然"道德律令，主要由人类过往的共同生存经验所形塑，相对保守；后者所涉则为在充满偶然的个人遭际中生命感觉的"实然"，讲"一个人的生命感觉曾经怎样和可能"，但"这并不等于叙事伦理学根本不理会应然——那样就谈不上伦理的道问学了，它只是不从与具体的人身不相干的普遍理则，而是从一个人曾经怎样和可能怎样的生命感觉来摸索生命的应然"，它使得"小说的兴起"能够成为"现代性的标志"，成为"勘察个人的具体生存的学问"。[162]

〈3〉

因此，刘小枫散文关乎小说、电影、诗人的很多。他复述米兰·昆德拉说，"塞万提斯的小说之所以伟大，就在于它肯定或认可了人生的道德相对性和模糊性"。[163]这种情形发生的原因在于上帝离开了领导宇宙、评判善恶的法官地位，将评判权交给了个人。"小说'存在的唯一理由'，就是个体偶在的喃喃叙事，就是小说的叙事本身：在没有最高道德法官的生存处境，小说围绕某个个人的生命经历的呢喃与人生悖论中的模糊性和相对性厮守在一起，陪伴和支撑每一个在自己身体上撞见悖论的个人捱过被撕裂的人生伤痛时刻"。[164]

---

162 见氏著：《沉重的肉身》，第143-144页。
163 见氏著：《沉重的肉身》，第145页。
164 见氏著：《沉重的肉身》，第149页。

〈4〉

个体生命感觉来自人的肉身与灵魂在世上的相逢。肉身与灵魂一样，具有为对方所不具有的"感受性和认知能力"，这使得他们需要互相找到对方。"肉身是偶在的，所以它沉重。身体的沉重来自于身体与灵魂仅仅一次的、不容错过的相逢"；但在"现代之后"，身体卸下重担，"轻飘起来，灵魂就再也寻不到自己的栖身处"，[165]这会使"身体上的灵魂"破碎裂伤。但比如说特丽莎，"受伤就是她的成熟，成熟到她的身体灵魂更加清纯透明——经历过并懂得了人生中的污浊和破碎的清纯"，[166]破碎成就了圆满。"爱的碎片只是生活中的诸多碎片之一，然而是唯一可以支托偶在个体残身的碎片"。这是"另一种爱的能力"，如电影《蓝》中，"基斯洛夫斯基寄托了自己对欧洲和世界的信、望、爱"。[167]

〈5〉

刘小枫将梅列日科夫斯基小说称为"圣灵降临的叙事"，与对这"另一种爱的能力"的关注有关。梅氏鄙视在各种"主义"间东奔西突的"内在的流浪汉"，而将生命根基牢系于圣灵。在上帝第一（圣父的国或曰旧约时代）、第二次临世（"新约（或者说）圣子时代"）之后，"第三阶段的圣灵王国是来临中的国，它使得永远处于现世深渊中的精神能够有所凭靠地承负现世的恶"；"这种圣灵基督教的历史神学，来源于耶稣被捕前对门徒密传自己将要离去然后再来的话"（即约 16:4-14），那段话意味着人要被圣灵"引导"才能"明白"或"进入"的真理福音书里可能并未明确记载，它需要人自己去决断，去在上帝面前为自己辩护。[168]这使得上帝与魔鬼冲突的战场从外界挪到了人内心，使所有冲突的焦点都归为是"人而神"，还是"神而人"。前者总会以各种"主义"之名阉割人的自由，唯后者才守护自由，"'自由'始终是上帝的恩典，圣灵降临的赐福——生命在上帝手中的'自由'"。[169]

〈6〉

刘小枫说，关注个体生命的叙事私语，也是探讨公义的另一条进路。"在

---

165 见氏著：《沉重的肉身》，第 95-97 页。
166 见氏著：《沉重的肉身》，第 99-100 页。
167 见氏著：《沉重的肉身》，第 254-256 页。
168 氏著：《圣灵降临的叙事》，第 169-173 页。
169 氏著：《圣灵降临的叙事》，第 197 页。

古代社会中，公义的社会秩序的正当性基础是以神义论为基设的，在现代社会中，则是以人义论为基设的"。人对《约伯记》的讨论表明，"讨论现代人义论必不可少的步骤"是"区分人的在体性欠缺与道德性的缺失（罪），从而提供另一个探究公义问题的角度"。[170]在此歧义难以避免，一个作家的作品里也会出现不同声音，即所谓"复调"，[171]但对此进路却不可因有风险而为之却步。

也许可以说，在当代中国基督教文学中，精神气质即在对个性自由的向往上刘小枫与陀思妥耶夫斯基不乏相近之处。虽然刘小枫后来变化很大，但在中国基督教文学的精神旅途中，他仍是留下了他的脚踪。

---

170 氏著：《罪与欠》，第149-150页。

171 氏著：《陈思寮枝》，第76-84页。

后　记

2005 年我出版了第一本神学诗学书：《诗学与时间——神学诗学引论》。这是第二本诗学。我喜欢"神学诗学"这个名称。我觉得只有神学诗学才更配称诗学。因为寻常诗学自外于神学，而神学诗学却能将之包括进来，因此至少视野更为开阔吧。但愿这不是偏见。

本书第八部分，并不是全书理论建构的一部分，不过它既不游离于书的理论之外，而且，谈论圣灵文学而不谈及当代基督徒文学家的相关情形，显然是过不去的。虽然中国基督徒作家大多离圣灵文学是有距离的，但这也使做些谈论显得更有理论意义吧。

这是我最后一本诗学著作了。"最好的是下一本"，但我已逾古稀，没有时间了。我眼下正在写一本"大部头"，遗憾却不再是神学诗学。不过，在天国，是不是还有诗学要做呢？不知道。但我想，既然我们的神既是创造的神，是自由、爱，在被罪辖制的尘世，祂还激励、引导祂的民做诗意的栖居和创造，在自由和爱的天国，祂怎会让我们与诗学绝缘呢？也许那时的生活直接也就是诗了，可那岂不需要更加完善、纯粹的诗学吗？上帝就是言说，天国的言说还不比地上更丰富、更富于创造吗？

感恩上帝赐我才德天使般的妻子，让我在温馨安适里完成了写作。是的，没有她我能做什么呢？

哈利路亚！以马内利！

2023.3.22 于漯河

《基督教文化研究丛书》

主编：何光沪、高师宁

（1-10 编书目）

初 编 （2015 年 3 月出版）

ISBN：978-986-404-209-8   定价（台币）$28,000 元

册　次	作　者	书　名	学科别（／表示跨学科）
第 1 册	刘　平	灵殇：基督教与中国现代性危机	社会学／神学
第 2 册	刘　平	道在瓦器：裸露的公共广场上的呼告——书评自选集	综合
第 3 册	吕绍勋	查尔斯·泰勒与世俗化理论	历史／宗教学
第 4 册	陈　果	黑格尔"辩证法"的真正起点和秘密——青年时期黑格尔哲学思想的发展（1785 年至 1800 年）	哲学
第 5 册	冷　欣	启示与历史——潘能伯格系统神学的哲理根基	哲学／神学
第 6 册	徐　凯	信仰下的生活与认知——伊洛地区农村基督教信徒的文化社会心理研究（上）	社会学
第 7 册	徐　凯	信仰下的生活与认知——伊洛地区农村基督教信徒的文化社会心理研究（下）	
第 8 册	孙晨荟	谷中百合——傈僳族与大花苗基督教音乐文化研究（上）	基督教音乐
第 9 册	孙晨荟	谷中百合——傈僳族与大花苗基督教音乐文化研究（下）	

第 10 册	王 媛	附魔、驱魔与皈信——乡村天主教与民间信仰关系研究	社会学
	蔡圣晗	神谕的再造，一个城市天主教群体中的个体信仰和实践	社会学
	孙晓舒 王修晓	基督徒的内群分化：分类主客体的互动	社会学
第 11 册	秦和平	20 世纪 50－90 年代川滇黔民族地区基督教调适与发展研究（上）	历史
第 12 册	秦和平	20 世纪 50－90 年代川滇黔民族地区基督教调适与发展研究（下）	
第 13 册	侯朝阳	论陀思妥耶夫斯基小说的罪与救赎思想	基督教文学
第 14 册	余 亮	《传道书》的时间观研究	圣经研究
第 15 册	汪正飞	圣约传统与美国宪政的宗教起源	历史／法学

二 编 （2016 年 3 月出版）

ISBN：978-986-404-521-1　　　　　　　　定价（台币）$20,000 元

册　次	作　者	书　名	学科别（／表示跨学科）
第 1 册	方 耀	灵魂与自然——汤玛斯·阿奎那自然法思想新探	神学／法学
第 2 册	劉光順	趋向至善——汤玛斯·阿奎那的伦理思想初探	神学／伦理学
第 3 册	潘明德	索洛维约夫宗教哲学思想研究	宗教哲学
第 4 册	孙 毅	转向：走在成圣的路上——加尔文《基督教要义》解读	神学
第 5 册	柏斯丁	追随论证：有神信念的知识辩护	宗教哲学
第 6 册	李向平	宗教交往与公共秩序——中国当代耶佛交往关系的社会学研究	社会学
第 7 册	张文舉	基督教文化论略	综合
第 8 册	赵文娟	侯活士品格伦理与赵紫宸人格伦理的批判性比较	神学伦理学
第 9 册	孙晨薈	雪域圣咏——滇藏川交界地区天主教仪式与音乐研究（增订版）（上）	基督教音乐
第 10 册	孙晨薈	雪域圣咏——滇藏川交界地区天主教仪式与音乐研究（增订版）（下）	
第 11 册	张 欣	天地之间一出戏——20 世纪英国天主教小说	基督教文学

三　编 （2017 年 9 月出版）

ISBN：978-986-485-132-4　　　　　　　　定价（台币）$11,000 元

册　次	作　者	书　名	学科别 （／表示跨学科）
第 1 册	赵　琦	回归本真的交往方式——托马斯·阿奎那论友谊	神学／哲学
第 2 册	周兰兰	论维护人性尊严——教宗若望保禄二世的神学人类学研究	神学人类学
第 3 册	熊径知	黑格尔神学思想研究	神学／哲学
第 4 册	邢　梅	《圣经》官话和合本句法研究	圣经研究
第 5 册	肖　超	早期基督教史学探析（西元 1~4 世纪初期）	史学史
第 6 册	段知壮	宗教自由的界定性研究	宗教学／法学

四　编 （2018 年 9 月出版）

ISBN：978-986-485-490-5　　　　　　　　定价（台币）$18,000 元

册　次	作　者	书　名	学科别 （／表示跨学科）
第 1 册	陈卫真 高　山	基督、圣灵、人——加尔文神学中的思辨与修辞	神学
第 2 册	林庆华	当代西方天主教相称主义伦理学研究	神学／伦理学
第 3 册	田燕妮	同为异国传教人：近代在华新教传教士与天主教传教士关系研究（1807~1941）	历史
第 4 册	张德明	基督教与华北社会研究（1927~1937）（上）	社会学
第 5 册	张德明	基督教与华北社会研究（1927~1937）（下）	社会学
第 6 册	孙晨荟	天音北韵——华北地区天主教音乐研究（上）	基督教音乐
第 7 册	孙晨荟	天音北韵——华北地区天主教音乐研究（下）	基督教音乐
第 8 册	董丽慧	西洋图像的中式转译：十六十七世纪中国基督教图像研究	基督教艺术
第 9 册	张　欣	耶稣作为明镜——20 世纪欧美耶稣小说	基督教文学

五 编 （2019 年 9 月出版）

ISBN：978-986-485-809-5　　　　　　定价（台币）$20,000 元

册　次	作　者	书　名	学科别（／表示跨学科）
第 1 册	王玉鹏	纽曼的启示理解（上）	神学
第 2 册	王玉鹏	纽曼的启示理解（下）	
第 3 册	原海成	历史、理性与信仰——克尔凯郭尔的绝对悖论思想研究	哲学
第 4 册	郭世聪	儒耶价值教育比较研究——以香港为语境	宗教比较
第 5 册	刘念业	近代在华新教传教士早期的圣经汉译活动研究（1807～1862）	历史
第 6 册	鲁静如 王宜强 编著	溺女、育婴与晚清教案研究资料汇编（上）	资料汇编
第 7 册	鲁静如 王宜强 编著	溺女、育婴与晚清教案研究资料汇编（下）	
第 8 册	翟风俭	中国基督宗教音乐史（1949 年前）（上）	基督教音乐
第 9 册	翟风俭	中国基督宗教音乐史（1949 年前）（下）	

六 编 （2020 年 3 月出版）

ISBN：978-986-518-085-0　　　　　　定价（台币）$20,000 元

册　次	作　者	书　名	学科别（／表示跨学科）
第 1 册	陈倩	《大乘起信论》与佛耶对话	哲学
第 2 册	陈丰盛	近代温州基督教史（上）	历史
第 3 册	陈丰盛	近代温州基督教史（下）	
第 4 册	赵罗英	创造共同的善：中国城市宗教团体的社会资本研究——以 B 市 J 教会为例	人类学
第 5 册	梁振华	灵验与拯救：乡村基督徒的信仰与生活（上）	人类学
第 6 册	梁振华	灵验与拯救：乡村基督徒的信仰与生活（下）	
第 7 册	唐代虎	四川基督教社会服务研究（1877～1949）	人类学
第 8 册	薛媛元	上帝与缪斯的共舞——中国新诗中的基督性（1917～1949）	基督教文学

七　编 （2021 年 3 月出版）

ISBN：978-986-518-381-3　　　　　　　　定价（台币）$22,000 元

册　　次	作　者	书　　名	学科别（／表示跨学科）
第 1 册	刘锦玲	爱德华兹的基督教德性观研究	基督教伦理学
第 2 册	黄冠乔	保尔．克洛岱尔天主教戏剧中的佛教影响研究	宗教比较
第 3 册	宾静	清代禁教时期华籍天主教徒的传教活动（1721～1846）（上）	基督教历史
第 4 册	宾静	清代禁教时期华籍天主教徒的传教活动（1721～1846）（下）	
第 5 册	赵建玲	基督教"山东复兴"运动研究（1927～1937）（上）	基督教历史
第 6 册	赵建玲	基督教"山东复兴"运动研究（1927～1937）（下）	
第 7 册	周浪	由俗入圣：教会权力实践视角下乡村基督徒的宗教虔诚及成长	基督教社会学
第 8 册	查常平	人文学的文化逻辑——形上、艺术、宗教、美学之比较（修订本）（上）	基督教艺术
第 9 册	查常平	人文学的文化逻辑——形上、艺术、宗教、美学之比较（修订本）（下）	

八　编 （2022 年 3 月出版）

ISBN：978-986-404-209-8　　　　　　　　定价（台币）$45,000 元

册　　次	作　者	书　　名	学科别（／表示跨学科）
第 1 册	查常平	历史与逻辑：逻辑历史学引论（修订本）（上）	历史学
第 2 册	查常平	历史与逻辑：逻辑历史学引论（修订本）（下）	
第 3 册	王澤偉	17～18 世紀初在華耶穌會士的漢字收編：以馬若瑟《六書實義》為例（上）	语言学
第 4 册	王澤偉	17～18 世紀初在華耶穌會士的漢字收編：以馬若瑟《六書實義》為例（下）	
第 5 册	刘海玲	沙勿略：天主教东传与东西方文化交流	历史
第 6 册	郑媛元	冠西东来——咸同之际丁韪良在华活动研究	历史

册次	作者	书名	学科别
第 7 册	刘影	基督教慈善与资源动员——以一个城市教会为中心的考察	社会学
第 8 册	陈静	改变与认同：瑞华浸信会与山东地方社会	社会学
第 9 册	孙晨荟	众灵的雅歌——基督宗教音乐研究文集	基督教音乐
第 10 册	曲艺	默默存想，与神同游——基督教艺术研究论文集（上）	基督教艺术
第 11 册	曲艺	默默存想，与神同游——基督教艺术研究论文集（下）	
第 12 册	利瑪竇著、梅謙立漢注 孫旭義、奧覓德、格萊博基譯	《天主實義》漢意英三語對觀（上）	经典译注
第 13 册	利瑪竇著、梅謙立漢注 孫旭義、奧覓德、格萊博基譯	《天主實義》漢意英三語對觀（中）	
第 14 册	利瑪竇著、梅謙立漢注 孫旭義、奧覓德、格萊博基譯	《天主實義》漢意英三語對觀（下）	
第 15 册	刘平	明清民初基督教高等教育空间叙事研究——中国教会大学遗存考（第一卷）（上）	资料汇编
第 16 册	刘平	明清民初基督教高等教育空间叙事研究——中国教会大学遗存考（第一卷）（下）	

九 编 （2023 年 3 月出版）

ISBN：978-626-344-236-8　　　　　　　定价（台币）$56,000 元

册　次	作　者	书　名	学科别（／表示跨学科）
第 1 册	郑松	麦格拉思福音派神学思想研究	神学
第 2 册	任一超	心灵改变如何可能？——从康德到齐克果	基督教哲学
第 3 册	劉沐比	論趙雅博基本倫理學和特殊倫理學之串連	基督教伦理学
第 4 册	王务梅	论马丁·布伯的上帝观	基督教与犹太教
第 5 册	肖音	明末吕宋之中西文化交流（上）	教会史

册　次	作　者	书　名	学科别
第 6 册	肖音	明末吕宋之中西文化交流（下）	
第 7 册	张德明	基督教五年运动与民国社会（上）	教会史
第 8 册	张德明	基督教五年运动与民国社会（下）	
第 9 册	陈铃	落幕：美国新教在华传教事业的终结（1945～1952）	教会史
第 10 册	黄畅	全球史视角下基督教在英国殖民统治中的作用——以 1841～1914 年的香港和约鲁巴兰为例	教会史
第 11 册	杨道圣	言像之辩：基督教的图像与图像中的基督教	基督教艺术
第 12 册	張雅斐	晚清聖經人物漢語傳記研究——以聖經在華接受史的视角	基督教艺术
第 13 册	包兆会	缪斯与上帝的相遇——基督宗教文艺研究论文集	基督教文学
第 14 册	张欣	浪漫的神学：英国基督教浪漫主义略论	基督教文学
第 15 册	刘平	明清民初基督教高等教育空间叙事研究——中国教会大学遗存考（第二卷：福建协和神学院）	资料汇编
第 16 册	刘平、赵曰北 主编	传真道于中国——赫士及华北神学院百年纪念文集（第一册）	
第 17 册	刘平、赵曰北 主编	传真道于中国——赫士及华北神学院百年纪念文集（第二册）	
第 18 册	刘平、赵曰北 主编	传真道于中国——赫士及华北神学院百年纪念文集（第三册）	论文集
第 19 册	刘平、赵曰北 主编	传真道于中国——赫士及华北神学院百年纪念文集（第四册）	
第 20 册	刘平、赵曰北 主编	传真道于中国——赫士及华北神学院百年纪念文集（第五册）	

十　编　（2024 年 3 月出版）

ISBN：978-626-344-629-8　　　　　　　定价（台币）$40,000 元

册　次	作　者	书　名	学科别（／表示跨学科）
第 1 册	李思凡	奥古斯丁人学思想研究	神学研究
第 2 册	胡宗超	自律、他律到神律：蒂利希文化神学研究	神学研究
第 3 册	毕聪聪	以信行事：后现代语境的宗教信仰含义（上）	基督教与宗教学
第 4 册	毕聪聪	以信行事：后现代语境的宗教信仰含义（下）	

第 5 册	毕聪聪	基督教与近代中国变局	基督教与社会学
第 6 册	张德明	法国巴黎外方西藏传教会进藏活动研究（1844～1864）（上）	基督教与历史
第 7 册	张德明	法国巴黎外方西藏传教会进藏活动研究（1844～1864）（下）	
第 8 册	刘瑞云	我你他：通向圣灵文学之途（上）	基督教与文学
第 9 册	刘瑞云	我你他：通向圣灵文学之途（中）	
第 10 册	刘光耀	我你他：通向圣灵文学之途（下）	
第 11 册	〔英〕法思远 主编 郭大松、杜学霞 译	近代山东基督教历史资料译丛——中国圣省山东（上）	基督教史料
第 12 册	〔英〕法思远 主编 郭大松、杜学霞 译	近代山东基督教历史资料译丛——中国圣省山东（下）	
第 13 册	〔英〕令约翰、白多加 著 郭大松 译	近代山东基督教历史资料译丛——近代中国亲历记：瑞典浸信会山东宣教事工纪实	基督教史料
第 14 册	〔美〕奚尔恩 著 郭大松 译	近代山东基督教历史资料译丛——在山东前线：美国北长老会山东差会史（1861～1940）（上）	基督教史料
第 15 册	〔美〕奚尔恩 著 郭大松 译	近代山东基督教历史资料译丛——在山东前线：美国北长老会山东差会史（1861～1940）（下）